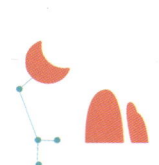

달달영월
문화예술로 인구소멸을 넘어서는 영월군 이야기
두근두근

김병희 저

학지사비즈

머리말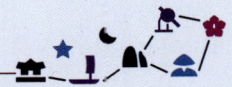

느린 여행의 기쁨

강원특별자치도의 영월군은 노마드(nomad)의 고장이다. 오늘도 영월은 태백산맥을 가로질러 동강과 서강이 모이는 천혜의 자연을 품고 유유히 발전하고 있다. 조선왕조의 제6대 왕인 단종의 유배지로 한국사에서 중요한 의미를 지닌 영월은 짧고 비극적인 단종의 일생이 스며 있는 역사문화 공간이다. 영월은 또한 조선시대 후기에 삼천리 방방곡곡을 안방처럼 떠돌던 방랑시인 김삿갓이 한때 살았던 곳이자 지금도 묻혀 있는 곳이다. 영월의 관계인구 1호 인물인 단종과 조선시대의 노마드 1호 인물인 김삿갓의 인생을 속속들이 느낄 수 있는 곳이 영월이다.

편안할 영(寧)에 넘을 월(越) 자를 쓰는 영월(寧越)은 편안하게 넘어가라는 지명 자체에 노마드의 정신이 담겨 있다. 과거의 노마드가 유목민을 의미했다면 오늘날의 노마드는 한곳에 머무르지 않고 자유롭게 이동하며 일과 여가를 병행하는 사람들이다. 영월에 안 가본 사람은 있겠지만, 한 번만 가 본 사람은 없을 것이다. 그만큼 영월은 자주 방문해서 관계를 맺고 싶은 곳이다. 마치 조선시대의 단종처럼 우리도 언제든 영월의 관계인구가 될 수 있다. 이제, 영월은

머리말

태국의 치앙마이, 인도네시아의 발리, 포르투갈의 리스본처럼 디지털 노마드의 성지로 부상했다.

　디지털 시대의 여행자들은 느린 여행(slow travel)과 체험형 관광을 추구한다. 한곳에서 머무르는 전통적인 정주 방식에서 벗어나 여러 곳에서 일과 휴가를 병행하는 '워케이션' 프로그램이 유행하는 현실에서, 영월은 지역 문화를 차근차근 체험하는 느린 여행자에게 여행의 기쁨을 알려 줄 것이다. 단종과 김삿갓이라는 두 인물을 통해 '운명과 자유'라는 주제를 떠올리게 하는 곳이 영월이다. 이 책은 영월의 문화유산과 천혜의 자연경관을 바탕으로, 석탄광산(石炭鑛山)에서 문화광산(文化光山)으로 영월을 바꾸기 위해 영월군과 주민들이 변화와 혁신을 어떻게 추구해 왔는지 살펴본 행정 혁신의 기록이다. 지역 재생 보고서나 관광 안내서의 성격을 탈피하겠다는 취지에서 집필한 『달달영월 두근두근: 문화예술로 인구소멸을 넘어서는 영월군 이야기』를 마침내 세상에 내보낸다. 모두 8개의 장으로 구성된 이 책의 내용을 간략히 소개하면 다음과 같다.

　제1장 '디지털 시대에 빛나는 노마드 정신'에서는 노마드 트렌드와 역사와 자연이 공존하는 문화도시영월의 이동하는 삶의 가치와 영월의 역사문화를 톺아보고, 영월의 관계인구 1호 인물인 단종과 노마드 1호 인물인 김삿갓의 인생에서 우리는 무엇을 배울 수 있는지 검토했다. 나아가 석탄을 생산하던 광산촌에서 문화도시로, 박물관 고을로, 귀농귀촌 1번지로, 관계인구 체류지로 변모한 영월의 4가지 표정을 살펴보았다.

　제2장 '영월을 빛내는 문화유산과 자연경관'에서는 영월에 산재한 유무형의 문화유산, 영월 10경과 자연 자원, 박물관 고을 영월, 영월

의 문화관광 축제, 영월에서만 만날 수 있는 체험 마을, 영월의 음식과 특산물, 영월의 세시풍속에 대하여 다각도로 조명했다. 조상들의 발자취를 모두 돌아보는 문화유산 관광이 오래도록 관광산업의 핵심 위치를 차지해 왔던 이유를 가슴 깊이 느끼도록 생생한 사례를 들어 서술했다.

제3장 '영월 문화관광의 어제와 오늘과 내일'에서는 영월 문화관광이 걸어온 길과 걸어갈 길을 안내하고, 석탄광산에서 문화광산으로 전환한 문화도시영월의 기획력을 분석했다. 역사와 문화 그리고 탄광과 생태가 공존하며 흥미로운 인문 지리와 탐험과 레포츠를 바탕으로 관계인구를 늘리는 데 영향을 미치는 영월의 문화관광 콘텐츠에 대해 촘촘히 살펴보고, 국제 행사와 축제는 물론 지역 예술가의 창작 공간도 소개했다.

제4장 '관계인구 1호 단종과 단종문화제'에서는 단종이 짧은 한평생을 어떻게 살다 갔는지 영월과의 관계성 측면에서 살펴보고, 고전 문학, 현대 문학, 영화, 드라마, 뮤지컬, 오페라, 연극, 미술 같은 문화 콘텐츠에 단종의 생애가 어떻게 재구성되었는지 소개했다. 나아가 영월이 세계 어디에 내놓아도 손색없는 이야기의 고장이라는 문화자본이 있다는 전제하에 단종문화제를 글로벌 축제로 발전시킬 방안을 제시했다.

제5장 '노마드 1호 김삿갓과 호모 비아토르'에서는 한평생을 방랑했던 김삿갓의 생애를 비롯해 조선 팔도를 떠돌며 부패한 관리들을 통렬하게 질타했던 그의 풍자시를 살펴보고, 김삿갓의 시를 연구하는 데 평생을 바친 이응수 선생의 업적을 강조했다. 나아가 소설, 시, 방송, 뮤지컬 같은 문화 콘텐츠에 김삿갓의 생애가 어떻게 재구성됐는지 진단하고, 현대인에게 필요한 노마드의 철학과 호모 비아

토르의 가치를 환기했다.

제6장 '영월 박물관에서 배우는 발견의 기쁨'에서는 박물관의 개념에 대해 살펴보고 영월 박물관 고을의 육성 과정을 소개한 다음, 영월의 공립박물관과 사립박물관의 특성과 매력에 대해 촘촘히 설명했다. 나아가 체험경제 이론에서 제시하는 오락적 체험과 교육적 체험은 물론 일탈적 체험과 심미적 체험에 따라 박물관의 활성화 방안을 살펴보고, 영월 박물관의 마케팅 커뮤니케이션 활동에 필요한 시사점을 제시했다.

제7장 '인구소멸 시대를 넘어서는 생활인구'에서는 인구소멸 시대에 문화관광산업의 구체적인 기능을 살펴보고, 생활인구를 확대하는 영월의 문화관광 생태계를 구축하는 데 필요한 현실적인 방안을 모색해 보았다. 나아가 영월 관광 브랜드의 도입 배경과 개념을 검토하고 영월 관광 브랜딩의 구성 요인을 제시하면서, 영월의 문화관광 브랜딩 전략 수립과 혁신을 바탕으로 문화관광 브랜드를 활성화할 방안을 탐색했다.

제8장 '문화도시영월의 지속가능성을 찾아서'에서는 미래로 나아가는 문화도시영월의 지향점을 도출하고, 사이사이 사람 충전으로 빛나는 영월, 굽이굽이 활력 충전으로 신나는 영월, 구석구석 공간 충전으로 넘치는 영월의 지속가능성을 가늠해 보았다. 나아가 문화도시영월이 지역 사회에 미친 영향과 진화하는 문화도시의 지속가능한 성장 방안을 분석한 다음, 문화도시영월이 남긴 성과와 미래의 발전 방향을 제시했다.

이 책이 나오기까지 영월군에서 많은 도움을 주셨다. 먼저 최명서 영월군수님께 감사드린다. 영월군을 "어두운 석탄광산에서 빛나는 문화광산으로" 바꾸기까지, 혁신 행정의 중심에는 최 군수님이 계셨다. 처음부터 이 책의 기획을 응원하며 집필 과정에 도움을 주신 영월군의 정대권 과장님과 황숙희 팀장님 그리고 영월의 문화관광 사업을 이어 가실 안백운 과장님께 특별한 감사 말씀을 올린다. 문화도시영월을 비약시킨 영월문화관광재단의 박상헌 대표이사님과 김경희 전 문화도시센터장님은 물론 박물관 관련 원고를 감수해 준 영월군 박물관팀의 황현주 학예연구사님께도 감사드린다. 또한 함께 기획했지만 개인적인 사정 때문에 단행본의 원고 집필에는 참여하지 못한 상지대학교의 전영철 교수님께도 아쉬움과 감사함을 전한다. 출판 여건이 어려운데도 기꺼이 책을 출판해 주신 학지사의 김진환 사장님과 최임배 부사장님 그리고 원고를 검토해 더 좋은 책으로 만들어 준 편집부의 김순호 이사님과 김서영 대리님께도 고맙다는 인사를 전한다. 공들여 개발한 '달달영월' 관광 브랜드 로고를 표지에 사용하도록 허락해 주신 매스씨앤지의 이희곤 대표님께도 감사 인사를 올린다.

영월은 단순한 관광지를 넘어 '머물고 싶은 곳' '일하고 싶은 곳' '삶을 충전할 곳'으로 발전하고 있다. 천혜의 자연경관과 유구한 문화유산을 바탕으로 영월은 디지털 노마드의 새로운 성지로 떠올랐다. 독자 여러분이 들고 있는 이 책은 영월군의 자연경관과 문화유산을 소개하고 있지만 결코 단순한 여행 안내서가 아니다. 지역 행정을 맡고 있는 수백만 명의 공무원과 공공기관 종사자가 이 책을 꼭 읽었으면 좋겠다. 낮은 재정자립도와 불리한 교통 여건에도 불구하고, 영월군의 혁신 행정이 주민들의 참여를 어떻게 이끌어 냈는지 배울 수 있기 때문이다. 더불어 이 책이 인구 절벽 시대에 창의적인 아이디어와 끈질긴 노력으로 지역의 산업구조를 바꾼 땀과 열정의 기록으로 읽히기를 기대한다.

　기존의 관광이 짧은 일정에 특정 명소를 급히 방문하는 데 치중했다면, 최근의 관광은 특정 지역에 천천히 머물며 지역의 문화와 일상을 체험하는 '느린 여행'을 지향한다. 영월군은 2001년에 국내 최초로 '사진의 마을'을 선포하고, 2002년에는 제1회 동강사진축제를 개최했으며, 2010년에는 사진의 마을로 유명한 일본 홋카이도의 히가시카와초(東川町)와 사진 마을 문화교류 협정을 체결했다. 영월에 다녀온 사람들이 인스타그램이나 메타에 올린 여행 후기를 살펴봐도 영월은 모름지기 '인스타그래머블(instagramable, 인스타그램에 올릴 만한)'한 사진의 마을이라 할 만하다. 지금 신발 끈을 매고 있는 호모 비아토르(homo viator, 여행하는 사람)여! 강소(强小) 지방자치단체인 영월에 가서 이곳저곳을 천천히 둘러보고 느긋하게 사진도 찍으며 '느린 여행'의 기쁨을 맛보기를 바란다.

2025년 8월

사영사(謝盈舍)에서 김병희

차례

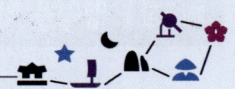

🌙 머리말 _ 3

제1장 | 디지털 시대에 빛나는 노마드 정신 · 13

1. 이동하는 삶과 영월의 역사문화 _ 15
    1) 노마드 트렌드와 관광의 변화 _ 15
    2) 영월의 지리적 특성과 매력 _ 18
    3) 영월의 역사적 배경과 상징성 _ 20
    4) 영월군의 문화도시 추진 배경 _ 24
    5) 석탄광산에서 문화광산으로 _ 29
    6) 역사와 자연이 공존하는 문화도시 _ 33
    7) 노마드 트렌드와 영월의 잠재력 _ 37
2. 관계인구 1호 인물과 노마드 1호 인물 _ 40
    1) 단종은 영월의 관계인구 1호 인물 _ 40
    2) 조선의 비운이 깃든 청령포와 장릉 _ 44
    3) 유배의 교훈과 유배지 관광의 의미 _ 47
    4) 김삿갓은 조선의 노마드 1호 인물 _ 50
3. 광산촌에서 변모한 영월의 4가지 표정 _ 54
    1) 광산촌에서 문화도시로 변모한 영월 _ 54
    2) 광산촌에서 박물관 고을로 변모한 영월 _ 58
    3) 광산촌에서 귀농귀촌 1번지로 떠오른 영월 _ 59
    4) 광산촌에서 관계인구 체류지로 도약하는 영월 _ 60

제2장 | 영월을 빛내는 문화유산과 자연경관 · 63

1. 유무형의 문화유산 _ 65
2. 영월 10경과 자연 자원 _ 75
3. 박물관 _ 91
4. 문화관광 축제 _ 92
5. 체험 마을 _ 95
6. 음식과 특산물 _ 97
    1) 음식 _ 98
    2) 특산물 _ 100
7. 세시풍속 _ 103

제3장 | 영월 문화관광의 어제와 오늘과 내일 · 105

1. 영월 문화관광의 과거와 현재 _ 107
    1) 영월 문화관광이 걸어온 길 _ 107
    2) 영월 문화관광이 걸어갈 길 _ 109
2. 문화도시영월의 기획력을 찾아서 _ 112
    1) 석탄광산에서 문화광산으로 전환 _ 112
    2) 영월 문화관광의 지속가능성 _ 118
3. 영월의 문화관광 콘텐츠 _ 120
    1) 역사와 문화가 공존하는 현장 _ 121
    2) 탄광과 생태가 공존하는 풍경 _ 123
    3) 생생하고 흥미로운 인문 지리 _ 124
    4) 레포츠와 탐험을 즐기는 매혹 _ 125
    5) 관계인구 확대하는 관광 마중물 _ 126
4. 국제 행사와 축제 _ 127
5. 지역 예술가의 창작 공간 _ 132

제4장 | 관계인구 1호 단종과 단종문화제 · 135

1. 단종의 일생 _ 137
2. 단종의 생애를 재구성한 문화 콘텐츠 _ 147
   1) 고전 문학 _ 149
   2) 현대 문학 _ 151
   3) 영화 _ 161
   4) 드라마 _ 164
   5) 뮤지컬 _ 168
   6) 오페라 _ 171
   7) 연극 _ 172
   8) 미술 _ 176
3. 단종문화제를 글로벌 축제로 _ 178

제5장 | 노마드 1호 김삿갓과 호모 비아토르 · 193

1. 김삿갓의 생애와 그가 쓴 시 _ 195
2. 김삿갓의 생애를 재구성한 문화 콘텐츠 _ 207
   1) 소설 _ 207
   2) 시 _ 212
   3) 방송 프로그램 _ 217
   4) 뮤지컬 _ 218
3. 노마드의 철학과 호모 비아토르의 가치 _ 219

제6장 | 영월 박물관에서 배우는 발견의 기쁨 · 227

1. 박물관의 개념과 박물관 고을 육성 _ 229
2. 영월 공립박물관의 특성과 매력 _ 237
3. 영월 사립박물관의 특성과 매력 _ 252
4. 체험경제 이론에 의한 박물관 활성화 _ 262

1) 오락적 체험 _ 265
2) 교육적 체험 _ 265
3) 일탈적 체험 _ 266
4) 심미적 체험 _ 267
5. 영월 박물관 마케팅을 위한 시사점 _ 272

제7장 | 인구소멸 시대를 넘어서는 생활인구 · 281

1. 인구소멸 시대에 문화관광의 기능 _ 283
2. 생활인구를 확대하는 영월의 문화관광 _ 289
3. 문화관광 생태계를 구축하기 위하여 _ 293
4. 영월의 문화관광 브랜드 전략과 혁신 _ 301
   1) 영월 관광 브랜드의 도입 배경 _ 301
   2) 영월 관광 브랜드의 개념과 사례 _ 305
   3) 영월 관광 브랜딩의 구성 요인 _ 307
5. 영월 문화관광 브랜드의 활성화 _ 312

제8장 | 문화도시영월의 지속가능성을 찾아서 · 323

1. 미래로 나아가는 문화도시영월의 지향점 _ 325
2. 사이사이 사람 충전으로 빛나는 영월 _ 327
3. 굽이굽이 활력 충전으로 신나는 영월 _ 334
4. 구석구석 공간 충전으로 넘치는 영월 _ 339
5. 문화도시영월의 성과와 미래 발전 방향 _ 343
   1) 문화도시영월이 지역 사회에 미친 영향 _ 343
   2) 진화하는 문화도시와 지속가능한 성장 _ 346

☾ 참고문헌 _ 349
☾ 찾아보기 _ 361

제1장
디지털 시대에 빛나는 노마드 정신

1. 이동하는 삶과 영월의 역사문화

1) 노마드 트렌드와 관광의 변화

사람들은 점점 더 유동적이고 개방적인 삶을 추구하고 있다. 디지털 시대에는 개인의 삶과 일의 경계가 흐려지고, 한곳에 정착하기보다 여러 곳으로 이동하며 살아가는 노마드(nomad, 이동)[1] 트렌드가 라이프 스타일이 되었다. 태백산맥을 가로질러 동강과 서강이 모이는 천혜의 자연을 품고 유유히 발전해 온 영월은 노마드의 고장이다. 편안할 영(寧)에 넘을 월(越) 자를 쓰는 영월(寧越)은 편안하게 넘어가라는 뜻의 지명 자체에 이미 노마드의 정신이 담겨 있다. 과거의 노마드가 유목민을 의미했다면, 오늘날의 노마드는 한곳에 머무르지 않고 자유롭게 이동하며 일과 여가를 병행하는 사람을 뜻한다.

한국사에서 중요한 의미를 지닌 영월은 단종의 비애를 간직한 유배지이자 방랑시인 김삿갓이 한때 살았던 곳이며 그의 주검이 묻힌 곳이다. 영월은 역사문화의 숨결이 살아 숨 쉬는 유적지와 문학적 정취가 가득한 명소들이 어우러져 있다. 단종의 유배와 김삿갓의 방랑이라는 두 가지의 상징적 사건은 영월의 역사와 문화를 형성하는 핵심 요인이다. 영월은 단종과 김삿갓이라는 두 인물의 삶을 통

---

[1] 노마드(nomad; 유목민)란 프랑스의 철학자 질 들뢰즈(Gilles Deleuze, 1925~1995)가 자아를 찾아 쉼 없이 이동하는 현대인의 본성을 설명하기 위해, 삶의 방식을 특정한 곳에 고정하지 않고 새로운 공간을 찾아 끊임없이 이동하는 유목민에 비유한 철학적 용어로 유목주의라고도 한다. 철학자 이진경은 질 들뢰즈와 펠릭스 가타리(1980)의 『천개의 고원, 자본주의와 정신분열증(Mille Plateaux, Capitalisme et schizophrénie)』에 나타난 유목주의에 주목해, 노마디즘(Nomadism)을 새로운 삶을 탐사하는 사유의 여행으로 정의했다. 보다 자세한 내용은 『노마디즘 1, 2』(이진경, 2002, 휴머니스트)를 참조하라.

해 '운명과 자유'라는 대비되는 주제를 떠올리게 한다. 두 인물을 중심으로 영월의 역사와 문화를 탐색하며 그 안에 담긴 의미와 가치를 되새겨 볼 필요가 있다.

   한곳에서 머무르는 전통적인 정주 방식에서 벗어나 일과 삶과 여행을 유연하게 결합하는 방식이 확산되고 원격 근무 여건도 발달하면서 변화의 속도는 더 빨라졌다. 기존의 사무실 개념이 사라지고 접속만 되면 어디든 사무실이라는 개념이 확산되자, 자연 속에서 일하며 삶의 질을 높이는 근무 형태도 늘었다. 태국의 치앙마이, 인도네시아의 발리, 포르투갈의 리스본은 디지털 노마드(digital nomad)의 성지로 부상했다. 우리나라에서도 제주도와 강원특별자치도 영월을 비롯한 여러 지역에서 일과 휴가를 병행하는 '워케이션(worcation: work+vacation)' 프로그램을 적극 도입했다. 특정 지역에 단기 체류하며 지역 문화를 체험하는 느린 여행자(slow traveler)를 비롯해, 도시와 지역을 오가며 다양한 삶을 탐색하는 사람들이 늘고 있어 디지털 시대의 노마드 정신은 그 가치를 더욱 인정받고 있다.

   노마드 트렌드는 관광 패러다임의 변화와도 상관관계가 높다. 기존의 관광이 짧은 일정 속에서 특정 명소를 방문하는 패턴이었다면, 최근의 관광은 단순한 방문을 넘어 특정 지역에 머물며 지역의 문화와 일상을 체험하는 패턴을 지향한다. 자연 친화적이고 체험을 중시하는 지속가능한 관광(sustainable tourism)이 확산됨에 따라, 관광산업이 활성화되면 지역 경제도 활력을 되찾는다. 지속가능한 관광이란 경제적 지속가능성, 환경적 지속가능성 그리고 사회문화적 지속가능성이라는 3가지 차원을 포괄하는 관광의 개념이다. 여기에서 경제적 지속가능성은 관광이 지역 공동체의 발전에 경제적으로 기여한다는 의미다.

영월에서 살았던 방랑시인 김병연은 삿갓을 쓰고 조선 팔도를 유람한 조선의 노마드 1호 인물로 규정할 수 있다. 영월에서 삶을 마친 조선의 제6대 왕인 단종(端宗, 1441~1457)도 영월과 떼래야 뗄 수 없는 관계인구 1호 인물이다. 현대 사회에서 인구 절벽 현상은 지역 경제와 관광산업에 심각한 도전 과제가 되었다. 저출산과 고령화로 인해 전국적으로 인구 감소 문제에 봉착하자, 여러 지방자치단체에서는 인구 유입과 경제 활성화에 필요한 여러 정책을 추진하는 상황에서 '관계인구(關係人口)'의 개념은 특별한 주목을 끌고 있다. 관계인구란 일회성 방문객이 아니라 특정 지역과 지속적인 관계를 맺으며 주기적으로 방문하거나 원격으로 교류하는 사람들을 의미한다. 여러 지방자치단체에서는 지역의 역사와 문화적 가치를 체험하고 장기간에 걸쳐 주기적으로 지역과 교류하는 관계인구를 유치하는 데 사활을 걸고 있다.

인구 절벽 시대에 영월은 문화관광을 활성화하고 관계인구를 늘려, 지역 경제를 지속적으로 성장시킬 잠재력을 지니고 있다. 영월군은 문학과 예술을 기반으로 체험형 문화관광과 문화도시 정책을 추진해 왔다. 영월군은 단종과 김삿갓을 비롯한 역사문화적 자산을 활용해 관광객이 직접 체험할 몰입형 콘텐츠를 개발했는데, 체험형 관광은 관광객의 문화적 몰입도를 높이고 반복 방문을 유도해 지역 경제를 활성화할 수 있다. 영월은 단순한 관광지를 넘어 '머물고 싶은 곳' '일하고 싶은 곳' '삶을 충전할 곳'으로 발전할 수 있는 최적의 여건을 갖추고 있다. 천혜의 자연환경과 유구한 문화유산 그리고 문화예술의 흐르는 영월의 기반 여건은 영월을 디지털 노마드의 새로운 성지로 부각시킬 중요한 자산이다. 장기 체류를 할 수 있는 자연친화 지역이 워케이션 장소로 주목받는 상황에서, 영월은 노마드 생활에 적합한 매력적인 문화 관광지로 떠올랐다.

2) 영월의 지리적 특성과 매력

강원특별자치도의 남서부에 위치한 영월군은 동쪽으로 정선군, 남쪽으로 충청북도 제천시와 단양군, 서쪽으로 강원특별자치도 원주시, 북쪽으로 평창군과 접하고 있는 내륙 지역이다. 영월군은 태백산맥의 줄기인 산악 지형이 전체 면적의 약 85%를 차지하는 산간 지역이자 강원도의 전형적인 자연환경을 간직한 곳이다. 한반도지형으로 유명한 서강과 동강이 영월군의 중심을 가로지르고 있어, 아름다운 강줄기와 협곡이 어우러진 독특한 지형을 형성한다. 서강과 동강은 과거에는 교통로이자 생활의 터전이었고, 오늘날에는 생태관광과 레저관광의 자원이 되고 있다.

영월군의 자연지리적 특성을 살펴보자. 총 면적은 약 1,127km²이며, 평균 고도는 200~800m의 산악 지대이고, 동강, 서강, 주천강, 태화산, 백덕산, 계방산이 있고, 냉온대성 기후라 여름에는 덥고 습하며 겨울에는 춥고 눈이 많이 내린다. 이런 자연환경 때문에 맑은 물, 깨끗한 공기, 생태 자원이 풍부한 영월은 생태관광, 치유관광, 레저관광의 중심지가 되었다. 영월군은 행정적으로 2개 읍(영월읍, 상동읍)과 7개 면(산솔면, 김삿갓면, 북면, 남면, 한반도면, 주천면, 무릉도원면)으로 구성돼 있다. 영월군의 총 인구는 36,000명 내외이다. 석탄산업이 활발하던 시기에는 석탄산업 노동자가 유입돼 인구가 많았지만 폐광 이후부터 급격히 감소했다.

대한민국 석탄산업의 중심지로 번성했던 영월은 1970~1980년대에는 강원도의 대표적인 산업도시였으나, 1989년부터 석탄산업 합

[그림 1-1] 영월군의 행정구역 지도

리화 정책이 시작된 이후부터 급격히 쇠퇴하기 시작했다. 현재는 관광산업, 농업, 문화예술산업, 에너지 및 환경산업이 영월을 대표하는 주요 산업이다. 최근에는 폐광 지역의 재생 사업과 법정 문화도시 사업을 통해 문화관광산업 위주로 영월의 경제 구조가 재편되고 있다. 영월의 지리적 특성은 아름다운 자연경관에 머무르지 않고 지역의 역사문화와 상관관계가 높다.

영월은 산과 강이 어우러진 천혜의 자연환경과 그 안에 깃든 역사 이야기와 문화 자원을 두루 갖춘 강원특별자치도의 보석 같은 지역이다. 영월은 자연지형과 역사문화가 조화를 이루며, 산간지대 특유의 공동체 문화를 형성하고 있다. 폐광촌의 독특한 광산마을 문화는 광부마을 체험을 비롯한 문화광산(文化光山) 프로젝트로 발전했으며, 영월 주민의 삶의 방식은 농촌 체험과 음식 체험으로 계승되고 있다. 영월 특유의 공동체 문화는 석탄산업 도시에서 문화관광 도시로 변모하는 원동력이 됐으며, 앞으로도 영월의 지속가능한 발전에 필요한 중요한 자산이 될 것이다.

3) 영월의 역사적 배경과 상징성

영월의 역사는 선사시대까지 거슬러 올라간다. 구석기 시대와 신석기 시대의 유물은 물론 청동기 시대의 고인돌과 토기 유적이 영월 지역에서 다수 발견됐다. 태곳적부터 사람들이 영월에 정착해서 살아왔다는 근거이다. 영월은 삼국시대에는 고구려의 영토였으나, 신라가 삼국을 통일한 다음부터는 신라로 편입돼 중요한 군사적 요충지이자 농업 중심지로 발전했다. 고려시대에는 불교문화가 전파돼 영월의 산악 지대에 사찰과 암자 문화가 번성했다.

조선시대에 영서 지역에서 행정과 군사의 중심지로 기능하던 영월은 단종이 영월 청령포로 유배된 사건으로 인해 역사적 전환점을 맞이했다. 영월이 전국적으로 널리 알려지게 되는 중요한 계기는 단종의 유배와 죽음이다. 세조(수양대군)에 의해 왕위에서 쫓겨난 단종은 1457년에 청령포로 유배돼, 같은 해 영월 관풍헌(觀風軒)에서 비극적인 최후를 맞이했다. 이 사건은 영월의 역사적 정체성과 문화적 상징성을 대표한다. 단종과 관련되는 유적인 청령포, 관풍헌, 장릉은 영월을 대표하는 역사문화 자원이다.

근대에 접어들어 영월은 전환점을 맞이했다. 일제강점기부터 1980년대까지 영월은 석탄산업의 중심지로 성장했다. 상동광업소(1923)와 영월광업소(1935) 및 함백광업소(1957)가 순차적으로 개광된 사실에서 알 수 있듯이, 석탄은 경제개발 5개년 계획 시기에 중요한 에너지 자원이었다. 이 시기에 광부마을과 탄광촌 특유의 공동체 문화가 형성됐고 영월은 산업화의 상징 도시로 떠올랐다. 그러나

1989년에 정부에서 시행한 석탄산업 합리화 정책에 따라 대부분의 광산이 폐광되자 영월의 경제 상황이 나빠지고 인구도 급격히 감소했다. 1990년대 이후 영월군은 석탄산업의 기반 도시에서 문화관광 도시로 정책의 패러다임을 바꾸며, 폐광 지역의 재생 프로젝트를 가동하고 역사문화 유산과 자연 자원을 바탕으로 관광산업을 집중적으로 육성해 왔다.

정책의 패러다임을 바꾼 전환점에서 주목할 점은 단종을 기리는 대표적인 역사문화 축제인 단종문화제를 부활시켰다는 사실이다. 나아가 영월군은 동강 래프팅을 활성화하고 생태 탐방로를 조성해 동강 유역의 생태관광을 추진했고, 폐광촌을 문화예술 공간으로 바꾸는 광부마을의 재생 프로젝트를 진행했다. 박물관과 전시관을 확충한 것도 영월군 전체를 보다 가치 있는 공간으로 만드는 데 기여했다. 마침내 2021년에는 영월이 법정 문화도시로 지정되면서 주민 참여형의 문화도시 정책이 본격적으로 가동됐다.

영월의 역사적 변천사는 단순한 기록의 변천이 아니며, 지금 영월의 주요 문화관광 자원과 밀접하게 연결돼 있다. 영월의 주요 변화를 보면 선사시대부터 고려시대까지 사람들은 영월에 살면서 불교문화를 진흥했고(고인돌 유적지, 법흥사), 조선시대에는 단종 유배의 비극이 있었지만 군사와 농업의 중심지로 자리 잡았다(청령포, 관풍헌, 장릉). 근대 이후 산업화를 일궈 낸 시기에 영월은 석탄산업의 성장과 더불어 광산촌이 형성됐고(광부마을, 석탄박물관, 광산체험관), 석탄산업이 쇠퇴한 1990년대 이후에는 문화관광 중심 도시로 방향을 바꾸며 발전을 거듭해 왔다(폐광 지역 문화재생, 문화광산, 동강 관광, 문화도시 사업).

〈표 1-1〉 영월의 역사적 변천과 역사문화 관광 자원

시대	주요 사건	역사문화 관광 자원
선사시대~ 고려시대	구석기·신석기 정착, 불교문화, 고구려·신라 통치	고인돌 유적, 법흥사, 전통 사찰 등
조선시대	단종 유배와 죽음, 장릉 조성, 행정·군사적 중심지	청령포, 관풍헌, 장릉, 단종문화제
일제강점기~ 산업화 시기	석탄산업 성장, 광산촌 형성, 산업화의 중심지	석탄박물관, 광부마을 체험, 문화광산
산업화 시기~ 현재	폐광 이후 관광·문화 중심 도시로 전환, 법정 문화도시 지정	동강 생태관광, 폐광 재생, 박물관 관광, 문화도시 프로그램

역사와 문화가 숨 쉬는 영월의 상징은 다양한 측면에서 꼽을 수 있지만 가장 중요한 상징성은 다음과 같은 4가지로 정리할 수 있다.

첫째, 단종의 비극을 품은 역사적 상징성이다. 영월이 한국사에서 특별한 위치를 차지하는 중요한 이유는 단종의 비극 때문이다. 단종은 숙부인 수양대군(세조)에게 왕위를 빼앗기고, 1457년에 영월 청령포로 유배돼 관풍헌에서 생을 마감했다. 이 사건은 조선 정치사의 암울한 권력투쟁의 상징이지만, 영월이 '충절의 고장'으로 자리매김하는 데 결정적인 영향을 미쳤다. 단종이 유배돼 인생의 마지막을 보낸 청령포는 사방이 강물로 둘러싸여 있어 '자연 감옥'이라 불렸고, 단종이 사약을 받았던 관풍헌은 비극의 절정을 보여 주는 상징 공간이다. 사후에 단종이 묻힌 왕릉인 장릉은 2009년에 유네스코 세계문화유산으로 등재된 영월을 대표하는 문화유산이다. 이처럼 영월은 단종의 일생을 상징하는 공간으로 자리매김했다.

둘째, 충절을 지켜 온 도덕적 상징성이다. 단종의 비극은 지역 주민의 가치관에도 상당한 영향을 미쳤다. 조선시대부터 영월 주민들은 단종에 대한 충절과 의리를 지키고 기리는 전통을 이어 왔다. 해

마다 열리는 단종문화제는 단종의 충절을 기리고 영월의 정체성을 강화하는 대표 행사로 자리 잡았다. 단종문화제는 단순한 기념행사가 아닌 지역 주민과 관광객이 함께 과거의 역사를 기억하고 현재의 가치로 재해석하는 상징적 축제이다. 국악, 전통의례, 재현극 같은 문화예술작품을 통해 문화관광 콘텐츠를 자원화함으로써, '충절의 고장 영월'이라는 도시 브랜드 정립에 기여하고 있다.

셋째, 석탄광산에서 문화광산으로 바꾼 전환적 상징성이다. 영월의 또 다른 역사적 상징 공간은 산업화의 상징이자 상처인 폐광 지역이다. 20세기 후반까지 대한민국 석탄산업의 중심지였던 영월은 1989년의 석탄산업 합리화 조치로 인해 침체를 겪었지만, 폐광촌인 석탄광산을 문화예술로 재해석해 '문화광산(文化光山)'이라는 새로운 상징성을 만들어 냈다. 광산 노동자들의 삶을 재현하는 공간인 광부마을 예술촌, 석탄산업 유산을 보존하면서 산업화와 지역 주민의 삶을 전시하는 석탄박물관, 폐광 공간을 문화창작 공간과 공연장으로 전환한 문화광산 프로젝트가 대표적이다. 석탄산업의 쇠퇴를 문화예술을 통해 극복한 영월군과 영월군민의 노력은 역경을 문화적 자산으로 전환한 대표적 사례로 평가할 수 있다.

넷째, 자연과 역사가 어우러진 '영월 10경(十景)'의 문화적 상징성이다. 영월의 지형과 자연경관 또한 역사적 서사와 깊이 연결돼 있다. 특히 영월 10경은 자연의 아름다움과 역사적 의미가 스며 있는 명소들로, 영월의 브랜드 자산을 키우는 기반으로 작용한다. 역사문화적 상징성을 갖춘 대표적인 명소는 단종에 대한 충절과 비운의 상징인 청령포, 우리나라의 지도 모양이 형상화된 한반도지형, 단종의 위엄과 한 많은 일생이 흐르는 장릉, 민속 설화에서 신령스러운 바위로 전해지는 선돌, 영월 생태관광과 레저 활동을 상징하는 동강과 서강이 있다.

영월의 역사적 배경이 제공하는 현재와 미래 가치는 무엇일까? 과거의 영월은 고난과 번영을 동시에 경험한 지역이었고, 현재의 영월은 그러한 역사적 배경을 토대로 문화와 관광을 통해 재도약하고 있다. 최근의 관광 정책은 하드웨어 중심에서 소프트웨어 중심으로 바뀌었다. 관광 거점도시, 스마트 관광도시, 테마 여행 10선, 관광두레 PD제도, 지역관광추진조직(Destination Management Organization: DMO)의 육성 사업은 거의 소프트웨어 중심의 정책을 지향하고 있다. 영월에서도 지역 주민 주도형의 지역관광을 추진하는 조직과 문화관광 소프트웨어 시스템을 구축해 방문자 경제(visitor economy)의 가치를 높이고 있다.

4) 영월군의 문화도시 추진 배경

영월군은 대한민국을 대표하는 석탄산업의 중심지였으나, 산업의 기반이던 석탄광산이 문을 닫으면서 인구가 감소했고 경제 위기도 심화됐다. 이런 현실 앞에서 영월군은 지역 재생과 경제 활성화를 모색하기 위해 문화도시 정책을 추진해 왔다. 석탄산업이 남긴 공간과 시설은 활용 가치가 높은 문화자산이 될 수 있다는 점에서 주목을 받았다. 영월군은 문 닫은 광산을 문화예술 공간으로 재탄생시켜, 산업 전환을 통한 지속가능한 발전 방안을 모색했다. 이는 "어두운 석탄광산(石炭鑛山)에서 빛나는 문화광산(文化光山)으로"라는 문화도시영월의 미션을 정립하는 밑거름이 되었다. 영월군이 정부의 문화도시 정책 방향에 발맞춰 정립한 문화도시영월의 비전 체계를 제시하면 [그림 1-2]와 같다.

미션	어두운 석탄광산(鑛山)에서 빛나는 문화광산(光山)으로
비전	시민 행동으로 빛나는 문화충전도시 영월

핵심 가치	사이사이 – 사람 충전 단절된 이웃을 단단한 관계로	굽이굽이 – 활력 충전 정체된 시간을 동적인 시민으로	구석구석 – 공간 충전 개별적 공간을 개방적 공유로
핵심 목표	[사람연대] 지속가능한 지역발전	[문화창조] 도시문화 브랜드 창출	[문화누림] 문화 불균형 해소

추진 사업	문화도시 경영체계 구축 • 지속가능한 문화도시 → 문화도시센터 운영 • 성과 관리와 성과 확산 → 도시문화 연구개발(R&D)	문화가치 발굴 · 활용사업 • 영월과 문화도시의 기록 → 아카이브 영월 • 문화자산 가치의 발굴과 활용 → 도시자산 브랜딩	누구나 누리는 문화 참여 · 향유 • 문화 참여와 향유 환경 조성 → 문화광산 영월
	다양한 주체 참여 · 협력 • 다양한 주체의 참여와 협력 → 문화도시 거버넌스	문화인력 양성 및 일자리 창출 • 창의적 문화 인재 양성 → 문화광부학교 • 지역 콘텐츠와 브랜드 육성 → 지역생활 실험실	문화공간 조성 · 활용 · 재생 · 발굴 • 문화활동 공간 조성 · 운영 → 구석구석 문화영월

특 성 화	[문화혁신] 지역 특화형 문화 발전
	문화적 관계 확장, 생활인구 확대
	문화적 관계 확장으로 편안히 넘나드는 영월(寧越)

[그림 1-2] **문화도시영월의 비전 체계**

문화체육관광부의 법정 문화도시 지정 사업은 영월군이 문화도시를 추진할 수 있는 결정적인 동력을 제공했다. 문화도시 사업은 지방자치단체가 지역 고유의 문화적 특성을 바탕으로 지속가능한

〈표 1-2〉 **문화도시 사업계획의 세부 내용**

구분	사업계획 및 추진업무	사업내용(요약)
문화도시 경영체계 구축	① 지속가능한 문화도시 **문화도시센터 운영**	**목표** 문화도시 조성사업의 성공적 추진을 위한 운영 관리 **내용** 문화도시센터 조직 운영, 문화도시 조성 사업관리, 통합적 문화정책 담당, 전담인력 업무역량 강화
	② 성과관리·성과확산 **도시문화 연구·개발**	**목표** 교육 연구 등을 통한 문화도시 성과관리·성과확산 **내용** 문화도시 사업 효과, 가치 발굴 및 확산을 위한 연구, 모니터링 및 만족도 조사 등 자문·컨설팅 운영
다양한 주체 참여·협력	③ 다양한 주체 참여·협력 **문화도시 거버넌스**	**목표** 공동의 목표를 위한 협력적 문화도시 거버넌스 구축 **내용** 문화영월반상회 운영, 분과협의회, 정책실험실, 문화영월총회, 중간지원조직협의회, 행정지원협의체 등
문화가치 발굴·활용 사업	④ 영월과 문화도시의 기록 **아카이브 영월**	**목표** 영월의 문화자산과 문화도시 사업에 대한 DB 구축 **내용** 지역 문화자산 발굴 및 체계적인 아카이브, 문화도시 사업에 대한 기록 체계화
	⑤ 문화자산 가치 발굴·활용 **도시자산 브랜딩**	**목표** 고유한 문화적 가치가 반영된 도시브랜드 창출 **내용** 영월의 잠재력 있는 주요 문화자산 브랜딩, 문화도시 가치를 확산하는 콘텐츠 제작 및 공유
문화인력 양성 및 일자리 창출	⑥ 창의적 문화 인재 양성 **문화광부학교**	**목표** 지역 내 문화 기획자 및 활동가 양성 **내용** 지역문화인력 역량 과정으로 시민주체의 성장, 새로운 문화 일거리·일자리 창출 및 창업 촉진
	⑦ 지역 콘텐츠·브랜드 육성 **지역생활실험실**	**목표** 지역문제 해결을 위한 문화실험 및 문화창업 유도 **내용** 지역콘텐츠 발굴·지역브랜드 등 지역밀착형 성장, 모델 발굴·지원(능동적 주체 발굴 및 일자리 창출)
누구나 누리는 문화 참여·향유	⑧ 문화 참여·향유 환경 조성 **문화광산 영월**	**목표** 문화 참여·향유 확대로 지역 정주·생활 만족도 향상 **내용** 지역 간 문화 격차 해소, 생활문화 환경 조성, 대상별 문화 활동 촉진을 위한 프로그램 운영
문화공간 조성·활용·재생·발굴	⑨ 문화활동 공간 조성·운영 **구석구석 문화영월**	**목표** 문화 참여·향유를 위한 문화공간 조성 및 활성화 **내용** 9개 읍면 문화공간 확대 및 지역문화 접근성 개선, 문화도시 플랫폼 문화충전샵, 우리동네 문화충전소 등
문화적 관계 확장, 생활인구 확대	⑩ 문화적 관계 확장 **편안히 넘나드는 영월**	**목표** 문화적 관계 확장으로 생활인구 확대 및 지역 경제 활성화 **내용** 지역특화형 콘텐츠 개발, '문화적 환대-화답' 문화 조성, 문화도시·인근 도시 간 문화교류 및 협력사업 진행, 영월 문화도시 콘텐츠, 국내외 유통 및 보급 활성화

출처: 영월문화관광재단 문화도시센터(2024).

발전 모델을 구축하도록 지원하는 정책이다. 2022년 12월 6일, 문화체육관광부는 문화도시심의위원회 심의를 거쳐 「지역문화진흥법」에 따른 제4차 문화도시로 영월군을 비롯해 고창, 달성, 울산, 의정부, 칠곡 등 모두 6곳을 지정했다. 영월군은 문화도시영월의 문화관광 정책을 수립하면서 핵심 사업을 10가지로 세분화했다. 그리고 사업 목표를 구체적으로 설정해 성과를 체계적으로 관리했다. 〈표 1-2〉에서 문화도시 사업 계획의 세부 내용을 확인할 수 있다.

영월군은 2021년 11월에 '시민행동으로 빛나는 문화충전도시 영월'이라는 비전으로 문화도시 선정 사업에 도전해 제4차 예비 문화도시로 지정됐다. 그 후 본격적인 문화도시로 지정받기 위해 '사이사이-사람 충전, 굽이굽이-활력 충전, 구석구석-문화 충전'이라는 핵심 가치에 알맞게 27개 사업을 추진했다. 2019년부터 2022년까지 4차에 걸쳐 문화도시로 지정된 총 24곳의 지자체 중에서 수원시의 인구가 120만으로 가장 많고 영월군이 3만 8천여 명으로 가장 적었다. 이는 인구가 적은 도시도 문화도시로 선정될 수 있다는 사실을 보여 준 신호탄과 같았다.

문화도시 조성을 위한 영월군의 프로젝트는 정부 차원의 지원을 기반으로 지역의 문화적 특성을 살리면서도, 창의적이고 실험적인 문화 활동을 활성화하는 데 기여했다. 정부의 법정 문화도시는 제1단계(2018~2022)와 제2단계(2023~2027)로 진행됐다. 제2단계 법정 문화도시는 '문화로 지역 발전, 문화도시로 문화 매력 국가 선도'라는 정책 비전에 따라 진행됐다. 제1단계 법정 문화도시의 성과를 바탕으로, 제2단계에서는 고유성을 바탕으로 지역 문화의 자치 확대, 누구나 누리는 공정한 문화 환경의 조성, 협력 네트워크로 지역의 동반 성장, 실질적 성과 창출이라는 가치를 강조했다. 정부의 문화도시 정책의 목표는 문화를 통한 지역의 지속 가능한 발전, 문화를 통한 지역사회의 문제 해결, 지역 주민의 문화 향유 기회의 확대, 지역문화의 기반 조성과 역량 강화라는 4가지 목표에 집중되었다.

영월군은 문화도시 조성을 단순한 행정 주도의 프로젝트가 아닌, 지역 주민과 함께하는 '참여형 문화도시'로 설계하고자 했다. 문화도시는 지역 주민들이 스스로 문화를 창출하고 향유하는 환경이 조성될 때 지속가능성이 높아진다. 이에 따라 영월군은 '사이사이-사람 충전' 같은 주민 주도형 문화 프로그램을 운영하며, 지역 주민이 직접 문화 기획과 실행 과정에 참여하도록 독려했다. 이런 노력은 문화예술이 특정 계층의 전유물이 아닌 지역 공동체의 삶 속에서 자연스럽게 형성되고 유지되도록 하려는 전략적 접근 방법이었다.

영월군이 문화도시를 추진하는 데 있어서 핵심 목표는 '문화충전도시'로 지역의 정체성을 확립하고, 지속가능한 문화관광 생태계를 조성하는 것이었다. 영월군은 다음과 같은 방향성을 설정했다. 즉, 과거의 석탄산업 유산을 문화적 맥락에서 재해석하고, 폐광 지역의 공간 재생을 통해 문화예술의 체험 공간을 조성했다. 또한 탄광의 역사적 의미를 재해석해 문화관광 콘텐츠를 개발하고, 영월의 자연경관을 역사문화 유산과 연계해 문화관광을 활성화하고, 단종 유배지와 역사문화 자원을 활용해 관광 상품을 개발했으며, 자연경관과 연계하는 생태문화 관광 모델을 구축했다. 나아가 주민이 주도하는 문화 생태계를 구축하고, 주민이 직접 기획하고 참여하는 문화예술 프로그램을 확대하고, 공동체가 중심이 되는 창작 활동을 지원하고 역사문화의 기반 시설을 확충했다. 더욱이 관계인구를 창출해 지속가능한 발전을 모색하면서 방문객과의 지속적인 교류를 유도하는 프로그램을 운영한 것도 빼놓을 수 없는 성과이다.

영월군은 영월을 단순한 관광지가 아닌 지역 주민과 방문객이 함께 문화를 만들어 가는 지속가능한 문화도시로 성장시키고자 했다. 영월군은 체계적인 정책을 수립해 문화도시의 정체성을 보다 공고히 하면서, 지역 공동체의 활성화와 경제적 파급 효과를 동시에 모색했다. 영월군이 문화도시를 추진한 배경에는 산업 구조의 변화, 문화자산 활용의 필요성, 주민의 참여, 정부의 정책적 지원, 지속가능한 문화관광 발전 전략이 결합돼 있다. 지금도 영월은 제반 요인을 바탕으로 '문화충전도시'의 정체성을 강화하고, 공동체가 중심이 되는 역사문화 생태계를 계속 발전시키고 있다.

5) 석탄광산에서 문화광산으로

영월군은 한때 대한민국의 대표적인 석탄산업 중심지로, 1970~1980년대에는 강원도 내에서도 주요한 광업 지역으로 번성했다. 석탄산업이 지역 경제의 핵심이던 시기에 수많은 광산이 운영돼 도시 경제가 활성화됐고 인구도 꾸준히 증가했다. 그러나 1989년에 정부가 석탄산업 합리화 정책을 시행하면서 영월을 비롯한 폐광 지역들은 산업의 급격한 쇠퇴 과정을 겪었다. 광산이 하나둘씩 문을 닫으면서 일자리가 줄어들고 인구가 유출돼 결국 영월은 지역 경제의 위축이라는 위기에 직면했다.

광산업 종사자들이 떠나고 영월의 경제 기반이 무너지는 상황에서, 영월군은 폐광 지역의 새로운 활용 방안을 모색했다. 폐광 지역을 버려진 공간이 아니라, 문화와 관광이 융합된 새로운 경제 모델로 탈바꿈할 필요가 있었다. 영월군은 "어두운 석탄광산에서 빛나는 문화광산으로"라는 비전을 바탕으로, 산업 전환을 통한 지속가능한 발전 전략을 본격적으로 추진했다. 석탄 채굴이 중단되면서 폐광 지역의 활용 가치가 낮아졌지만, 독특한 공간 구조를 갖춘 석탄산업의 유산을 보존하면서도 문화예술 공간으로 활용할 수 있다는 점에서 새로운 가능성이 있었다. 영월군은 갱도를 비롯한 기존의 광산 시설에 문화적 가치를 부여하는 전략을 수립하고 '문화광산'이란 개념을 도입했다. 폐광 공간을 예술 창작과 전시 및 공연이 가능한 문화예술 공간으로 탈바꿈시키는 노력을 기울였는데, 대표적인 문화광산 프로젝트를 3가지만 살펴보자.

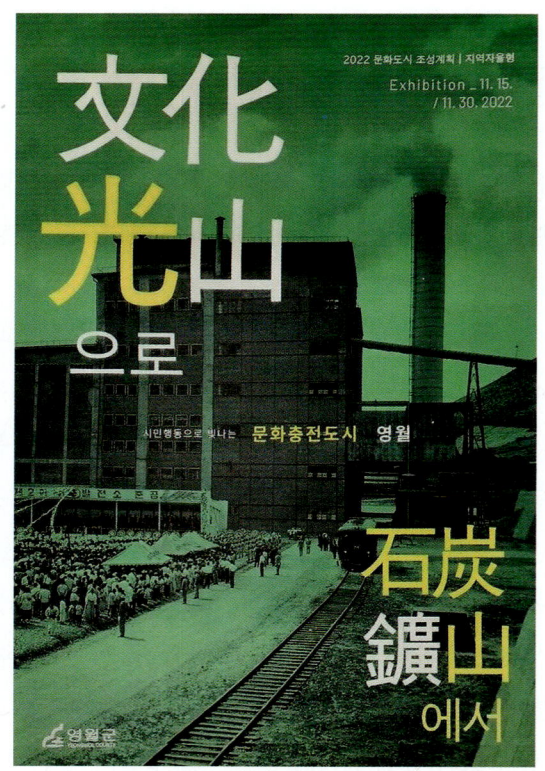

[그림 1-3] '석탄광산에서 문화광산으로' 전시회 포스터

별마로천문대는 석탄광산이 있던 해발 800m의 고지대를 활용해 만든 천문과학 문화시설로, 폐광 지역의 경관을 활용한 관광 자원화의 사례이다. 영월군은 또한 마차탄광문화촌을 조성해 광산 노동자의 삶과 역사를 조명하는 박물관과 체험 프로그램을 운영하며, 지역 주민이 직접 참여해 문화유산을 보존하는 전승 사업을 전개했다. 광부마을 재생 프로젝트는 광부들이 거주하던 마을을 예술가 마을로 전환해 창작촌으로 발전시킨 레지던시 프로그램으로 외부 예술가와의 교류 활성화에 도움이 된다. 이런 프로젝트는 폐광 지역의 재개발을 넘어 지역의 역사와 정체성을 유지하면서 새로운 문화적 가치를 창출하는 방향으로 진행됐다.

석탄광산을 문화광산으로 바꾼 영월군은 기존의 관광과 차별화된 경험을 관광객에게 제공했다. 자연경관 위주의 다른 관광지와 달리, 폐광 지역은 산업 이야기와 체험형 콘텐츠를 결합할 수 있다는 강점이 있다. 광산을 활용한 주요 관광 콘텐츠는 다음과 같다. 광산 탐험 프로그램의 제공, 폐광 터널을 활용한 미디어 아트 전시 및 가상현실(VR) 체험 기회의 제공, 탄광 작업 환경을 간접 체험할 상호작용 콘텐츠의 개발, 탄광의 역사 체험과 스토리텔링 관광, 광부들의 생활을 재현한 테마 관광 운영, 지역 주민과 함께하는 '광부 이야기' 문화공연과 연극공연 진행, 석탄산업 유산과 문화예술의 융합, 폐광산의 어두운 공간을 활용한 라이트 아트 전시와 퍼포먼스 공간의 조성, 탄광 관련 예술작품 전시와 지역 예술가의 창작 활동 지원 등이다. 폐광 지역의 산업적 특성을 살리면서도 방문객에게 특별한 경험을 제공하도록 설계된 프로그램을 통해 영월은 단순한 역사 관광지를 넘어 문화와 체험이 결합된 차별화된 관광 자원을 구축하게 됐다.

영월군은 폐광 지역이 지역 경제의 새로운 동력으로 작용하도록 정책적 지원을 뒷받침했다. 폐광 지역의 경제 활성화 방안은 창작자 유입을 위한 예술인 지원 정책, 레지던시 프로그램의 운영과 창작 공간의 제공, 폐광촌의 유휴 건물을 활용한 예술가 커뮤니티의 조성, 지역 주민과의 협력 강화, 폐광촌 주민이 직접 참여하는 체험 프로그램 운영, 지역 특산물과 연계한 관광 상품의 개발, 일자리 창출과 지역 상생 모델의 구축, 해설사와 체험 운영자 같은 문화관광 일자리의 확대, 청년 창업 지원을 통한 지역 기반의 문화 비즈니스 육성 등이다. 정책적 지원을 바탕으로 폐광 지역은 사라진 산업의 흔적이 아닌, 지역 경제와 연계된 문화관광의 새로운 거점으로 떠올랐다.

폐광 지역의 활성화 사례는 국내외에서 지속가능한 산업 전환의 대표적인 모델로 평가받고 있다. 다음과 같은 맥락에서 특별한 의미가 있다. 먼저, 산업 전환의 대표적 성공 사례라는 의미이다. 석탄산업의 중심지를 문화 공간으로 전환함으로써 지역 경제의 재활성화에 성공하고, 폐광촌 주민들이 중심이 되어 문화 생태계를 조성했다는 점이다. 다음으로, 지속가능한 문화관광 모델을 구축했다는 의미이다. 영월 마차탄광문화촌은 문화 콘텐츠를 창작하는 공간으로 변모했고, 석탄산업 유산과 문화예술 및 관광을 결합한 융합형 관광 모델로 발전했다. 마지막으로, 관계인구를 창출하고 지역의 정체성을 확립하는 데 영향을 미쳤다는 의미이다. 영월군은 석탄광산에서 문화광산으로 전환해 방문객과 지역 주민이 지속적으로 교류할 문화 프로그램을 운영하고, 영월의 정체성이 반영된 문화도시 브랜드를 구축했다. 결국 폐광 지역의 활성화 사례는 단순한 공간 재개발이 아닌, 석탄산업 유산을 창의적으로 재해석해 경제적 가치를 창출한 성공 모델이라 평가할 수 있다. 앞으로도 영월군은 문화광산 프로젝트를 발전시키며, 문화와 관광이 결합된 지속가능한 발전 모델을 완성해 나갈 것이다.

6) 역사와 자연이 공존하는 문화도시

영월군은 역사문화 유산이 숨 쉬는 지역이자 자연경관이 뛰어난 관광 명소이다. 단종의 유배지인 청령포와 단종의 무덤인 장릉, 조선의 방랑시인 김삿갓의 무덤, 근대 산업화의 흔적을 간직한 탄광 유산과 박물관 같은 다양한 역사문화 유산이 영월에 산재하고 있다.[2] 동강과 서강 그리고 한반도지형에서 알 수 있듯이, 신비로운 경관은 영월의 브랜드 가치를 높이는 데 크게 기여하는 자연 유산이다. 영월은 역사적 요인과 산업적 요인이 공존하는 문화도시로 과거와 현재가 조화롭게 어우러져 있다.

1999년 2월, 영월군은 영월문화관광종합계획을 수립했다. 종합계획의 핵심 목표는 문화관광 자원과 상품의 적극적인 개발, 자연환경 보전을 위한 경관 조성, 다양한 관광 네트워크를 구성해, 체류형 관광지화를 유도하고 주민이 참여하는 관광 상품을 개발하는 데 있었다. 이 과정에서 영월은 석탄산업 유산을 현대의 문화 콘텐츠로 재해석하고, 생태관광, 예술창작 산업, 역사문화 관광, 디지털 노마드에 적합한 환경을 조성하며 지속가능한 발전을 모색해 왔다. 단종 문화유적의 정비, 김삿갓 유적의 정비와 개발, 문화관광 이벤트와 상품의 개발, 새로운 문화관광 공간의 개발 같은 구상이 대표적이다. 영월 문화의 거리 조성, 들꽃공원 조성, 버드파크 조성, 산업박물관 건립, 법흥사 불교문화 지대 조성, 고씨굴 레포츠 시설 조성

---

2) 영월군청 홈페이지(2025). "영월 소개." https://www.yw.go.kr

[그림 1-4] 영월 관광 브랜드의 로고

도 이 시기에 수립된 주요 계획이었다.[3]

지금 영월은 "달마다 새롭게 달달영월"이라는 관광 브랜드를 바탕으로 영월의 문화관광 자산을 날로 풍요롭게 가꿔 나가고 있다.[4] 관광 브랜드를 정립하고 나서 문화예술을 결합한 체험형 관광 사례가 증가했으며, 지역 주민이 함께하는 관계형 관광 사례도 활발하게 이루어지고 있다. 단순한 관광지가 아닌 과거와 현재가 공존하는 역사문화 거점인 영월은 디지털 시대에 노마드의 거점으로 도약할 가능성이 높다. 영월에 산재한 역사문화 자원 중에서 영월의 시공간적 가치를 다음과 같은 4가지로 요약할 수 있다.

첫째, 역사의 숨결이 깃든 공간으로서의 영월이다. 영월은 단종의 유배지로 널리 알려져 있다. 단종의 비극적인 운명을 간직한 청령포와 그의 넋을 기리기 위해 조성된 장릉은 역사적 장소 이상의 의미를 지닌다. 방문객들은 '역사의 흐름을 따라가는 여행'이라는 주제를 따라가며 단순한 관광을 넘어 조선 왕조의 운명을 되새기며 역사

---

3) 영월군(2021). 『영월문화도시 조성계획』. 강원: 영월군. p. 10.
4) 영월군청 홈페이지(2025). "달마다 새롭게 달달영월." https://www.yw.go.kr/tour/index.do

의 의미를 체험할 수 있다. 청령포를 따라 걸으며 조선시대를 배경으로 몰입형 스토리텔링 관광을 할 수 있고, 단종의 이야기를 현대적 감성으로 재해석한 미디어 아트 전시를 구경할 수도 있다. 유배 체험이나 치유 프로그램 같은 체험형 콘텐츠가 노마드 세대에게 놀라운 경험을 제공할 것이다.

둘째, 자유로운 영혼을 위한 공간으로서의 영월이다. 김삿갓은 왕조시대의 사회적 모순을 비판하고 자유로운 삶을 추구하며 전국을 떠돌았는데, 그의 방랑 정신은 오늘날의 노마드 정신과 일맥상통한다. 영월에 있는 김삿갓문학관, 김삿갓 계곡 그리고 김삿갓문화제는 노마드 정신을 체험할 수 있는 구체적인 공간이다. 방문객은 김삿갓의 시를 읽으며 방랑의 의미를 되새기고, 자연 속에서 글을 쓰고 명상하며 스스로를 돌아보는 기회를 가질 수 있다. 현대의 디지털 노마드는 영월에서 영감을 얻고 창작 활동을 하며 활력을 충전할 것이다.

영월군 김삿갓면은 2012년 10월에 강원도에서 최초이자 국내에서 열한 번째 슬로시티(slow city)로 지정됐다. 국제적인 슬로시티로 인증되려면 인구 5만 이하의 마을에, 세계적인 네트워크를 구축할 보편적인 문화를 보유해야 하며, 대형 마트나 패스트푸드점이 없어야 하고, 산책로를 확보하고 주차를 제한하는 동시에 외부인의 부동산 소유를 제한해야 하고, 전통적인 수공업과 조리법을 보전하고, 자연친화적으로 생산한 지역 특산물이 있어야 하고, 지역 주민들이 전통문화에 자부심을 가져야 한다는 까다로운 조건들을 두루 충족시켜야 한다. 영월군 김삿갓면은 슬로시티 인증에 필요한 여러 조건을 두루 갖추고 있어 결국 슬로시티로 지정됐다. 이탈리아에서 시작된 슬로시티 운동은 느린 삶을 통한 '느림의 미학'을 지향하며 디지털 시대에 필요한 중요한 가치로 자리매김했다. 영월은 국내외 300여 곳 이상의 슬로시티 가맹 도시와 교류하며 지속가능한 지역 공동체를 발전시키고 있다.

셋째, 근대 산업화의 흔적을 새로운 문화 공간으로 탈바꿈시킨 영월이다. 한때 탄광 산업이 번성했던 영월은 산업화 시대의 유산을 고스란히 간직하고 있다. 하지만 석탄산업이 쇠퇴하면서 도시 정체성을 재정립해야 한다는 시대적 과제에 직면했다. 지금도 영월에 가면 석탄산업의 유산을 문화예술과 결합해 새로운 관광 콘텐츠로 탈바꿈하는 다양한 활동이 전개되고 있다. 영월 마차탄광문화촌은 석탄산업의 중심지였던 영월의 근대사를 체험할 수 있는 교육문화 공간으로 재탄생했다.[5] 폐광 지역을 활용한 예술창작 공간과 문화 행사가 점점 늘어나면서 과거와 현재가 공존하는 문화 공간으로 자리 잡은 영월은 노마드 세대에게 체험형 관광의 또 다른 차원을 제공하고 있다.

넷째, 자연 속에서 휴식과 생태관광의 시공간을 제공하는 영월이다. 영월의 자연경관은 우리나라의 아름다운 경관 중에서도 손에 꼽을 수 있다. 동강과 서강 그리고 한반도지형이 만들어 내는 신비로운 절경은 방문객에게 일상의 스트레스를 해소하고 자연 속에서 치유할 기회를 제공해 왔다. 동강을 따라 펼쳐지는 래프팅, 카약, 트레킹 코스는 활력 있는 노마드 일상을 즐기는 사람들에게 놀라운 감동을 선물하고 있다. 자연과 함께하는 삶을 꿈꾸는 사람들에게 영월은 단순한 관광지가 아닌 머물고 싶은 곳이자 앞으로도 계속 찾아오고 싶은 장소로 자리매김할 것이다.

---

5) 영월군(2025). "탄광마을로의 시간 여행: 영월 마차탄광문화촌." I Love Gangwon. https://ilovegangwon.com/trip/10291

영월은 역사적 사건과 자연환경을 토대로 문화도시영월이라는 새로운 가치를 만들었다. 앞으로 영월의 상징성을 확대하는 방향은 석탄산업의 유산과 생태 자원을 융합한 미래 지향적 문화관광지를 지향하고, '사람 충전 문화 충전'이라는 도시 슬로건을 브랜드화하고, 주민과 방문객이 지속가능한 영월을 함께 만들고, 일회성 방문이 아닌 장기적 관계를 유지하는 관계인구를 창출해 미래형 문화도시로 나아가는 데 있다. 영월의 상징성은 과거에 머무르지 않고 문화관광 콘텐츠의 핵심 자산으로 계승되어 미래의 가치를 만들어 갈 것이다. 비운과 충절, 산업과 문화, 자연과 인간의 공존이라는 복합적 상징성을 지닌 영월의 잠재력은 무궁무진하다.

7) 노마드 트렌드와 영월의 잠재력

이제, 영월은 단순한 관광지가 아니다. 삶을 충전하는 곳이자 머물면서 느껴 보는 공간이며, 과거와 현재와 미래가 공존하는 공감각적 시공간이다. 영월을 방문하면 과거로 돌아가는 시간 여행을 하며 단종의 유배지와 김삿갓의 방랑 정신을 체험할 수 있다. 디지털 노마드와 창작자들은 문화예술이 살아 있는 문화도시영월에서 창의적인 영감을 얻을 가능성이 높다. 생태관광과 워케이션을 결합해 지속가능한 노마드 스타일을 제공하는 영월에서는 자연 속에서 여유를 찾으며 시공간 여행을 할 수 있다. 영월의 문화관광 자산에 노마드 트렌드를 접목시킬 방안은 많다.

영월은 장기 체류형 관광지로 변신하고 있다. 카페형 공유 오피스나 장기 체류 숙소가 주목받는 상황에서, 자연 친화적 환경을 두루 갖춘 영월은 디지털 노마드와 워케이션족에게 이상적인 장소가 될 수 있다. 영월워케이션센터를 주목해야 하는 이유다. 영월은 강원특별자치도의 워케이션 관광 지원에 따라 동강시스타리조트와 운학 삼돌이 마을을 중심으로 워케이션 사업을 진행해 왔다.[6]

그리고 2024년 7월에는 영월군, 영월산업진흥원, 더블리스워케이션센터가 공동으로 김삿갓면 진별리에 영월워케이션센터를 개관했다. 1층에는 3개의 컨벤션 공간과 영유아 키즈 카페를, 2층에는 초콜릿 뮤지엄과 유치원생을 위한 놀이 공간을, 3~4층에는 방문객을 위한 25개의 객실을, 5층에는 여러 편의시설을 갖췄다. 영월워케이션센터는 생활인구의 유입과 체류형 워케이션의 활성화에 이바지하고 있다. 또한 영월의 관광 지도를 새로 그리는 봉래산명소화사업은 봉래산을 영월의 랜드마크로 부각시키며 영월을 장기 체류형 관광지로 자리매김하는 데 기여할 것이다.

인구소멸에 대응하기 위한 영월군의 기본계획(2022~2026) 중에서 청년인구 유입 정책의 일환으로, 영월군 덕포 일대에 구축한 청년창업상상허브도 주목할 만하다. 영월군은 지역의 청년창업 문화를 조성하기 위해 '창업지원+주거+공유 사무공간'을 원스톱으로 지원함으로써 청년에게 필요한 생태계를 조성하고 있다. 영월군 청년정책의 가시적 성과는 군의 기본 조례에 따라 일자리청년사업단을 두고 청년정책위원회와 청년정책네트워크를 운영하고, 청년들의 의견을 수렴하기 위해 영월청년포럼을 운영하고 있다는 점이다.

짧은 관광이 아닌 지역 경험을 속속들이 체험하기를 바라는 관광객이 영월의 문화재 관람과 예술 공방 체험 및 지역 축제를 통해 느린 여행(slow travel)을 할 수 있다는 점도 노마드 세대에게 매력적으

---

6) 강원관광재단(2025). "강원 워케이션: 영월." https://worcation.co.kr/gw/program/yeongwol

로 다가갈 것이다. 영월군은 젊은 청년들과 손잡고 '영월 뉴트로드(newtroad)'를 조성했다. 영월읍을 가로질러 조성된 테마 거리는 옛 감성을 오롯이 간직하면서도 최신 트렌드를 반영하고 있기에 노마드 세대의 취향에 딱 알맞다.[7] 방문객들은 영월의 단종문화제나 김삿갓문화제에 참여하며 영월의 역사와 문화를 깊이 체험할 수 있다. 자연 기반의 치유와 생태관광도 영월 관광에서 놓칠 수 없는 매력이다. 동강에서 즐기는 레저 스포츠와 한반도지형을 따라가는 자연 탐방 코스는 자연 속에서 머무르고 싶은 여행자들에게 이상적인 선택지가 될 것이다.

　이처럼 영월군은 노마드 트렌드에 알맞게 장기 체류형 관광, 문화 체험형 관광, 자연 치유형 관광이라는 세 요인을 결합시켜 문화도시 영월로 도약하고 있다. 역사와 자연이 공존하는 영월은 보통의 관광지 개념을 넘어서, 사람들이 머물고 일하며 살아가는 문화충전도시로 나아가고 있다. 동강시스타리조트를 비롯해 여러 곳에 산재한 펜션과 캠핑장은 노마드 여행자들에게 평화로운 숙박 환경을 제공할 것이다. 친환경 패시브 하우스인 에코빌리지(https://www.ecovil.kr)나 한옥 호텔인 '더 한옥 헤리티지하우스' 같은 공간에서 특별한 숙박 체험도 할 수 있다. 영월군청 홈페이지를 비롯해 영월트레블라운지, 영월역 문화충전샵, 영월관광택시를 활용해 영월 관광에 대한 상세한 정보를 얻을 수 있다.

---

7) 박소윤(2024. 6. 28.). "영월의 가장 오래된 새로움 속으로." 한국경제. https://www.hankyung.com/article/202406288664K

2. 관계인구 1호 인물과 노마드 1호 인물

1) 단종은 영월의 관계인구 1호 인물

영월은 조선왕조의 제6대 왕인 단종(端宗, 1441~1457)의 유배지로, 짧으면서도 비극적인 단종의 마지막이 스며 있는 역사적 공간이다. 단종은 조선의 제6대 왕으로 즉위했지만, 숙부인 수양대군(세조)에 의해 노산군(魯山君)으로 강등돼 1457년(세조 3년)에 열일곱의 나이에 영월 청령포로 유배돼 아주 잠깐 동안 영월 생활을 하다가, 관풍헌에서 사약을 받고 세상과 작별했다. 당시 영월의 호장(戶長) 엄홍도는 강에 버려진 단종의 시신을 수습해 인근 야산에 암매장했다. 그 후 66년의 시간이 흐른 다음 영월군수 박충원이 단종의 묘를 찾아내 묘역을 정비했고, 1698년(숙종 24년)이 돼서야 단종으로 복위됐다. 단종이 짧은 생을 마친 영월은 단순한 역사적 공간을 넘어 조선왕조의 권력 투쟁과 정치적 격변이 응축된 장소이다.

영월군민들은 단종의 처지와 어렵게 살아온 자신들의 처지를 동일시하며 오랫동안 단종을 기려 왔다. 영월 장릉에는 다른 왕릉에는 없는 배식단(配食壇)이 있다. 배식단은 사육신부터 군사, 환관, 노비, 궁녀, 무녀에 이르기까지 신분과 성별을 뛰어넘어 단종을 지키려다 목숨을 바친 충신 268인의 위패를 모시는 곳이다. 동강 근처에는 단종을 모시다 순절한 시녀 6인의 충절을 기리기 위해 민충사(愍忠祠)를 지었다. 신분과 성별을 초월해 사람을 귀하게 여기고 인연과 교류를 중시하는 인간존중 정신은 영월의 가치로 지금까지 계승되고 있다. 이러한 역사적 배경에 따라 단종에게 '영월의 관계인구 1호 인물'이라는 자격을 부여할 수 있다.[8] 단종이 영월로 유배됨으로써 변방의 오지였던 영월이 전극적으로 알려지게 되는 계기를 맞이했기 때문이다.

청령포를 비롯한 단종의 유배지는 오늘날 역사 유산을 넘어 역사를 기억하고 재해석하는 문화 관광지로 새롭게 자리매김했다. 권력투쟁에 희생된 어린 왕의 슬픈 인생과 역사적 아픔을 품고 있는 영월에 방문객의 발길이 끊이지 않고 있다. 방문객은 유배지에서 역사적 비극을 체험하는 동시에 역사의 교훈을 현대적 의미로 재구성할 것이다. 비운의 왕이 머물렀던 장소가 어떻게 현대적인 문화 콘텐츠로 재구성되는지를 살펴보면 영월 문화관광이 나아갈 방향을 엿볼 수 있다.

첫째, 영월을 역사 교육과 체험형 관광지로 재구성하는 것이다. 단종의 유배와 죽음은 왕의 몰락이란 비극을 넘어 조선시대의 정치와 왕권의 불안정성을 보여 주는 중요한 사건이다. 영월은 이 사건을 바탕으로 역사 교육과 체험 관광지의 기능을 강화하고 있다. 스토리텔링 기반의 역사 교육, 청령포와 장릉에서 역사 해설 프로그램의 운영, 단종의 삶을 주제로 몰입형 스토리텔링 관광 진행, 방문객을 위한 역사 체험형 워크숍 운영, 역사적 공간의 재해석 프로그램을 가동할 수 있다. 유적 관람 위주의 관광에서 벗어나, 디지털 기술을 활용해 단종 시대를 체험하는 콘텐츠를 개발하고, 단종이 보았을 법한 청령포의 풍경을 방문객이 직접 재현해 보는 앱을 가동하거나, 방문객이 조선시대의 의상을 입고 청령포를 거니는 프로그램도 운영할 수 있다. 역사 교육과 체험형 관광을 실행하면 방문객은 유적 관람 위주

---

8) 김병희, 전영철(2024). 『2024 영월 문화관광 콘텐츠 분석 연구』. 강원: 영월문화관광재단 문화도시센터.

의 관광에서 벗어나 영월의 시공간적 가치에 공감할 것이다.

둘째, 단종의 이야기를 문화예술작품으로 재구성하는 것이다. 단종의 비극적 서사는 한국의 문학예술에서 오랫동안 중요한 소재로 다뤄져 왔다. 영월군은 단종의 이야기를 바탕으로 문화예술 콘텐츠를 개발해 역사적 장소를 감성적으로 체험할 문화 공간으로 확장시켜 왔다. 단종의 슬픔을 주제로 하는 창작 지원과 문화예술 공연, 단종의 이야기를 현대적으로 재해석한 뮤지컬과 연극 및 국악 공연 개최, 장릉 주변에서 야외 퍼포먼스와 미디어 아트의 전시 진행, 단종의 이야기와 관련된 창작 공모전과 작가 레지던시 운영, 단종과 관련된 미술 전시회와 사진전 개최, 역사에 현대적 감성을 결합한 야간 관광 운영, 단종의 이야기를 미디어 파사드(건축물 투사 영상)로 구현, '역사의 밤을 거닐다'라는 주제의 야간 조명 관광과 단종 추모 음악회를 생각해 볼 수 있다. 이처럼 문화예술작품을 활용하면 영월은 단순한 역사적 공간이 아닌, 역사와 감성이 공존하는 예술적 관광지로 바뀌게 된다.

셋째, 영월을 유배지에서 치유 명소로 탈바꿈하는 것이다. 단종이 머물렀던 청령포는 자연경관이 아름답기로도 유명하다. 맑은 물과 우거진 숲 그리고 사방이 강으로 둘러싸인 고즈넉한 분위기는 방문객에게 '시간이 멈춘 듯한' 경험을 선사한다. 최근의 관광 트렌드에서는 머물면서 느끼는 감성 여행이 강조되고 있다. 이런 흐름 속에서 영월의 유배지는 사색과 치유를 위한 감성 관광지로 변모하고 있다. 자연 속에서의 사색과 명상 프로그램, 청령포에서 '단종의 발자취 따라 걷기' 명상 관광, '고요한 시간 여행' 프로그램, 스마트폰을 끄고 조용히 과거와 마주하는 무소음 관광, 청령포에서 단종이 남긴 기록을 읽으며 직접 감상을 적는 체험, '조용한 영감의 공간'이라는 주제의 치유 워크숍 같은 감성 프로그램은 관광객에게 과거의 역사를 현재의 삶 속에서 되새기며 스스로를 돌아보는 경험을 제공할 것이다.

넷째, 단종문화제를 더욱 발전시켜 관계인구를 확대하는 것이다. 영월에서 해마다 개최되는 단종문화제는 대표적인 지역 문화관광 행사이다. 이 축제는 역사를 되돌아보는 기념행사를 넘어 지역 경제를 활성화하고 관계인구를 형성하는 중요한 계기로 작용하고 있다. 전통과 현대가 어우러진 문화 콘텐츠, 단종을 추모하는 전통 제례의 재현과 궁중 행렬 퍼레이드, 현대적 감성을 가미한 단종 주제의 미디어 아트 전시, 관광객이 직접 참여하는 '유배길을 걷다' 같은 체험형 프로그램, 방문객이 조선시대 의상을 입고 유배 생활을 하는 체험 프로그램, 단종문화제를 통한 관계인구의 확대 같은 정책을 통해 단순 방문객이 아닌 영월과 지속적으로 관계하는 문화 참여자를 양성할 수 있다. 영월에서 단종문화제와 지역 예술 활동을 연계하는 장기 체류형 워케이션 프로그램도 관계인구를 확대하는 데 도움이 될 것이다.

단종문화제는 영월의 역사적 장소를 기반으로 지역 활성화에 기여하며 관광객에게는 색다른 경험을 제공한다. 유배의 아픔을 문화적 가능성으로 바꾸는 곳이 영월이다. 단종의 유배지는 단순히 조선시대 왕권 다툼의 흔적이 남아 있는 장소를 넘어서, 역사적 비극이 현대적 문화관광으로 재해석될 수 있다는 가능성을 보여 주는 공간이다. 역사적 장소에서 스토리텔링 기반의 문화예술 콘텐츠를 결합해 현대적 의미를 부여하고 축제와 체험 프로그램을 활용해, 단종의 유배지를 단순한 역사적 공간이 아닌 사색과 치유의 감성 관광지로 전환한다면 지속가능한 지역 활성화와 관계인구의 확대에 도움이 된다. 이제, 영월은 단순한 유배의 공간을 넘어 역사와 문화가 공존하는 감성도시로 거듭나고 있다.

2) 조선의 비운이 깃든 청령포와 장릉

청령포와 장릉은 단종의 비극적인 운명을 간직한 공간이자, 조선 왕조의 권력 투쟁이 남긴 유산이다. 청령포는 단종이 유배 생활을 하면서 머물렀던 곳이며, 장릉은 단종이 사약을 받고 생을 마감한 후 나중에 조성된 능묘이다.

청령포(淸泠浦)는 영월 동강변에 자리 잡은 반도형 지형으로, 강물이 사방을 감싸고 있어 마치 '섬 속의 섬'과 같다. 지금도 유배의 흔적을 찾아볼 수 있다. 단종이 머물던 집인 단종어소(端宗御所), 단종이 자신의 비운을 한탄하며 기대어 울었다고 전해지는 600년 된 소나무 관음송(觀音松), 단종이 먼 하늘을 바라보며 한양을 그리워했다는 노산대(魯山臺)가 있다. 이곳을 찾는 방문객은 단종이 느꼈을 외로움과 슬픔을 간접적으로 체험하며 유배의 의미를 되새겨 볼 수 있다.

장릉(莊陵)은 단종을 기리는 능묘이다. 단종은 유배지에서 사약을 받고 죽임을 당한 후, 처음에는 초라한 묘에 묻혔다가 후대에 억울한 죽음이 인정되면서 1698년(숙종 24년)에 조선 왕릉으로 승격돼 현재의 장릉이 조성됐다. 장릉은 유네스코 세계문화유산에 등재돼 참배객의 발길이 끊이지 않는다. 조선 왕릉 중에서도 비교적 소박한 형태인 장릉은 단종의 짧은 생애와 비극적 운명을 부각시킨다. 현대의 문화관광적 맥락에서 청령포와 장릉은 역사적 유적지의 개념을 넘어 역사를 체험하고 감성적으로 공감할 스토리텔링 공간이라는 의미를 지닌다. 역사적 비극을 재해석해 몰입형 경험을 제공할 방안은 다음과 같다.

첫째, 역사적 공간에서 스토리텔링 공간으로 변화시켜 몰입형 경험을 제공할 수 있다. 최근의 문화관광의 흐름은 과거를 단순히 학습하는 것이 아니라, 체험하고 감성적으로 공감하며 새로운 시각으로 해석하는 데에 초점을 맞추고 있다. 청령포의 역사적 상징성은 매력적이다. 청령포는 삼면이 강으로 둘러싸여 있고 한쪽은 험준한 산이 막고 있어, 단종이 탈출할 수 없는 지형을 갖췄다. 이를 바탕으로 단종의 유배 생활을 재현하는 '역사 스토리텔링 관광'을 기획할 수 있다. 방문객은 단종의 유배 공간을 돌아보며, 단종의 심경을 이해하기 위해 오디오 가이드, 역사극 연출, 체험형 프로그램을 결합한 몰입형 콘텐츠를 체험할 수 있다.

나아가 장릉은 역사적 의미를 되새기는 성찰의 공간이 될 수 있다. 방문객이 권력의 의미와 역사적 교훈을 되새기도록 역사적 성찰 프로그램을 운영할 수 있다. 장릉을 중심으로 단종과 관련된 역사적 사건을 해설하는 '역사 워크숍'과 '강연 프로그램'을 상시 운영한다면 방문객에게 몰입형 경험을 제공할 것이다. 이처럼 청령포와 장릉은 방문객이 한번 슬쩍 둘러보고 떠나는 역사 유적을 넘어서, 방문객에게 과거와 현재를 잇는 역사적 경험을 제공하는 스토리텔링 공간이 될 것이다.

둘째, 미디어 아트와 야간 관광 콘텐츠를 개발해 몰입형 경험을 제공할 수 있다. 최근의 역사문화 관광에서는 미디어 기술을 활용해 콘텐츠를 개발하고 야간 관광과 디지털 기술을 접목시켜 유적지를 현대적 감각으로 재해석하는 시도가 중요하다. 청령포와 장릉에서 단종의 이야기로 미디어 파사드 공연을 실행하고, 방문객이 스마트

폰으로 단종이 머물렀던 곳을 가상공간으로 재현할 수도 있다. 방문객이 스마트폰을 청령포의 단종어소(端宗御所)에 비추면 당시 단종의 생활상이 홀로그램에 나타나는 방식이다. 역사적 공간에서 야간경관 조명을 활용해 '단종의 기억'을 따라 걷는 야간 관광을 실시하고, 장릉 일대에서 단종을 추모하는 미디어 공연을 진행할 수 있다. 조용하고 신비로운 분위기에서 치유 프로그램을 운영하는 것도 좋은 방안이다. 이와 같은 현대적 콘텐츠를 개발하면 청령포와 장릉은 전통과 첨단기술이 결합된 역사 체험 공간으로 거듭나게 된다.

셋째, 역사적 비극을 문화예술작품으로 승화시켜 몰입형 경험을 제공할 수 있다. 청령포와 장릉이 단종의 유배와 죽음이라는 비극의 역사를 담고 있을지라도 현대의 문화관광에서는 역사적 아픔을 문화예술로 승화시키는 과정이 중요하다. 단종의 이야기를 바탕으로 시, 소설, 회화, 조각 같은 예술작품의 전시 공간을 마련하고, '단종의 편지를 읽다'라는 주제로 단종이 유배 생활 중에 남긴 기록을 바탕으로 전시회를 개최하고, 역사극 퍼포먼스를 통해 문화 콘텐츠를 확장해 나가는 것도 좋다. 단종의 생애를 조선시대의 유배 문화와 연계한 '유배문화제'를 기획하고, 전통과 현대 무용을 결합한 '단종의 춤' 퍼포먼스를 개발하는 것도 좋겠다. 창의적인 문화예술 기획을 통해 청령포와 장릉은 역사의 무대를 넘어서 역사를 감성적으로 체험할 문화예술작품의 터전이 될 수 있다.

넷째, 역사 체험 관광을 지역 경제 활성화로 연계시켜 몰입형 경험을 제공할 수 있다. 청령포와 장릉을 둘러보는 역사 관광은 역사적 의미도 있지만 지역 경제를 활성화하는 데도 기여한다. 단종과 관련된 역사적 주제를 활용해 지역 특산품을 개발하고, 지역 예술가와 공예가가 협업해 단종의 유배를 주제로 문화예술 상품을 만들어 판매할 수도 있다. 나아가 청령포와 장릉을 중심으로 영월의 식문화 체험 관광을 비롯한 지역과 연계한 체험 프로그램을 운영함으로써 방문객의 유입을 촉진하는 '청령포 역사마을 프로젝트'도 추진할 수 있다. 이처럼 청령포와 장릉은 지역의 역사적 정체성을 바탕으로 현대적 감각을 더한 글로벌 문화관광지로 재탄생할 풍부한 잠재력을 지니고 있다.

결국 영월은 역사적 성찰을 위한 공간에서 현대적 문화관광지로 변화할 것이다. 청령포와 장릉은 단순한 유배지나 능묘가 아니라, 역사적 비극을 기억하고 이를 현대적으로 재해석할 수 있는 공간이다. 미디어 아트와 야간 관광을 활용한 현대적 콘텐츠를 개발하고, 문화예술과 결합해 감성적인 역사 체험 관광지를 조성하고, 지역 경제와 연계해 지속가능한 역사문화 관광 모델을 구축한다면, 청령포와 장릉은 과거와 현재가 공존하는 역사적 성찰의 공간이자 역사적 스토리텔링을 접목한 몰입형 문화관광지로 거듭날 것이다.

3) 유배의 교훈과 유배지 관광의 의미

유배(流配)는 정치적 격변 속에서 발생한 독특한 형벌인 동시에 특정 지역을 역사적 공간으로 변모시키는 요인으로 작용했다. 조선시대의 유배지는 단순한 처벌의 장소에 머무르지 않고, 역사의 흐름을 보여 주는 공간이자 지식인들이 성찰하고 창작하는 장소가 되기도 했다. 유배지 관광은 역사 유적의 탐방을 넘어, 역사적 비극을 기억하고 성찰하는 과정으로 이어진다. 영월의 청령포와 장릉은 유배문화의 대표적인 사례로, 단종이 유배 생활을 했던 공간이자 그의 비극적 죽음을 기리는 역사 성찰의 장소이기도 하다. 영월은 역사적 유적지를 넘어 다양한 역사 체험 콘텐츠, 교육적 가치 그리고 지역 경제 활성화와 연계된 문화관광지로 발전하고 있으며 현대 문화관광의 맥락에서 재조명되고 있다. 유배지 관광의 가치는 다음과 같은 4가지로 정리할 수 있다.

첫째, 유배지 관광은 역사적 성찰과 체험의 가치가 있다. 유배지는 정치적 희생과 고통의 공간이었지만, 현대 관광의 맥락에서는 역사를 성찰하고 새로운 시각을 얻을 수 있는 장소로 유배지를 해석할 수 있다. 영월의 단종 유배지는 억압과 저항이라는 정치적 격변기에 한 인간의 삶이 어떻게 희생될 수 있는지 생생하게 알려 주는 공간이기도 하다. 유배지 관광은 역사적 사실을 전달하는 기능을 넘어서 감성적 공감과 몰입을 유도하는 체험형 역사 관광으로 확장될 수 있다.

둘째, 유배지 관광은 저술과 문화예술작품으로 연결되는 가치가 있다. 유배는 정치적 형벌이었지만, 전남 강진의 다산초당(茶山草堂)에서 다산 정약용이 유배 생활을 하며 많은 저술을 완성했듯이 유배지는 지식인들의 사색과 창작의 공간이 되기도 했다. 단종뿐만 아니라 유배를 당했던 수많은 문인과 학자들의 사례에서도 두루 발견되는 공통적인 현상이다. 따라서 유배지 관광은 역사적 공간을 현대적 감각으로 재해석해, 문학과 예술을 접목한 문화관광지로 확장될 수 있다. '단종의 한(恨)과 시(詩)'를 주제로 전시회를 개최하는 문화예술적 접근은 유배지 관광을 통해 창작과 해석이 어우러진 문화공간으로 발전시키는 데도 기여한다.

셋째, 유배지 관광은 치유 공간을 경험하도록 하는 가치가 있다. 유배지는 원래 죄인에게 가혹한 형벌의 공간이었지만, 오늘날 많은 유배지는 자연 속에서 고요함과 사색을 경험할 장소로 재해석되고 있다. 특히 동강에 둘러싸인 절경을 자랑하는 청령포는 현대의 관광객에게 자연 속에서 역사적 의미를 되새기며 치유할 공간이 될 수 있다. 예를 들어, '청령포에서의 하루'라는 치유 프로그램을 운영한다면 스마트폰을 잠시 내려놓고 자연 속에서 과거의 인물을 떠올리며 명상의 시간을 가질 수 있다. 이처럼 유배지는 역사적 고통의 장소를 넘어서 방문객들에게 정신적 치유와 창작의 영감을 주는 공간으로 탈바꿈할 수 있다.

넷째, 유배지 관광은 지역 경제의 활성화와 직접 연결되는 가치가 있다. 영월의 유배지 관광은 역사 탐방을 넘어서 지역과 연계된 지속가능한 관광 모델로 발전할 수 있다. 역사문화 콘텐츠와 지역 브랜드를 결합시켜 기념품과 문화상품을 개발하는 아이디어도 필요하다. 체류형 역사문화 관광을 활성화하는 차원에서, 유배지 관광과 전통문화 체험을 결합한 장기 체류형 프로그램을 운영하고, 지역 주민과 협력해 방문객에게 전통 음식을 체험할 기회를 제공해도 좋다. 유배지 관광은 연계 전략을 통해 방문형 관광을 넘어서 지역과 지속적으로 연결되는 관계형 관광으로 발전할 수 있다.

영월의 유배지는 단순한 역사적 공간이 아니라, 스토리텔링, 문화예술, 치유, 지역 경제와 연계된 현대적 관광지라는 가치를 지닌다. 앞으로 영월은 역사적 스토리텔링과 체험형 관광 콘텐츠를 강화하고, 문화예술과 접목해 감성적이고 창의적인 관광지로 발전시켜 나가야 한다. 나아가 유배지의 자연경관을 바탕으로 치유관광지를 조성하고, 지역 경제와의 연계성을 높이는 역사 관광의 지속가능성을 추구해야 한다. 이런 과정을 거치다 보면 영월의 유배지는 관광객에게 역사적 교훈을 제공하면서도 새로운 방식으로 즐기고 체험할 대표적인 문화관광지로 떠오를 것이다.

4) 김삿갓은 조선의 노마드 1호 인물

영월은 조선시대 후기에 삼천리 방방곡곡을 내 집처럼 떠돌던 방랑시인 김삿갓(본명 김병연, 1807~1863)이 한때 어머니와 함께 살았던 곳이다. 그는 향시 과거에서 장원급제한 다음, 자신이 할아버지인 김익순(金益淳)의 역적 행위를 비판하는 내용의 시를 썼다는 사실을 뒤늦게 알게 된다. 조상을 욕보인 죄인이라는 자책감에 사로잡힌 그는 벼슬을 버린 뒤, 삿갓 하나를 쓰고 전국을 떠돌며 시를 읊으며 살았다. 원주에서 영월로 넘어가는 원주시 신림면 황둔리에는 싸리치고개가 있다. 단종이 이 싸리치고개를 넘어 영월로 유배를 왔다면, 김병연은 죽장에 삿갓 쓰고 싸리치고개를 넘어 영월을 빠져나가 유목민처럼 전국을 유랑했을 것으로 추정할 수 있다.[9] 따라서 방랑시인 김삿갓은 조선의 노마드 1호 인물이라는 별칭을 충분히 부여받을 자격이 있다.[10]

김삿갓은 조선시대에 이미 농경민의 상상력이 아닌 유목민의 상상력을 바탕으로 노마드적 삶을 살았다. 디지털 노마드 시대인 오늘날의 관점에서도 김삿갓은 이동하는 인간(homo viator)[11]의 전형성

---

9) 영월문화원(2024). "지역의 향토인물." 강원: 영월문화원. http://ywcul.or.kr/bbs/bo증강현실(AR)d.php?bo_table=5_sub2&wr_id=6

10) 김병희, 전영철(2024). 『2024 영월 문화관광 콘텐츠 분석 연구』. 강원: 영월문화관광재단 문화도시센터.

11) 프랑스의 실존주의 철학자 가브리엘 마르셀(Gabriel Marcel, 1889~1973)은 정주하지 못하고 이동하는 사람들의 실존적 본성에 특별히 주목했다. 그는 재미있게도 인간을 '호모 비아토르(homo viator)', 즉 '이동하는 사람'으로 정의했다. 사람이란 어느 한곳에 머무르지 못하고 어디로 떠나는 과정에서 자신의 실존을 확인하는 이동 본능이 있다는 뜻이었는데, 여행이야말로 이동 본능의 최고 정점이며, 여행자들은 모두 호모 비아토르에 가깝다. 보다 자세한 내용은 『보랏빛 섬이 온다: 인구소멸 시대의 문화예술행정 이야기』(김병희, 김신동, 홍경수, 2022, 학지사)를 참조하라.

을 보여 주었다. 그의 생애는 권력과 명예를 거부하고 자유로운 정신을 추구한 노마드적 삶이라는 점에서 재조명할 가치가 있다. 오늘날 김삿갓의 삶과 문학은 단순한 역사적 기록이 아니라, 문화예술과 관광의 맥락에서 중요한 시사점이 있다. 영월은 김삿갓의 노마드 정신을 바탕으로 김삿갓의 문화유산을 체험형 관광지, 문학 창작 공간, 정신적 치유의 공간으로 발전시켜야 한다. 김삿갓의 노마드 정신을 영월 문화관광에 적용할 방안은 다음과 같은 4가지로 정리할 수 있다.

첫째, 김삿갓의 방랑 정신을 느린 관광에 접목하는 방안이다. 김삿갓의 삶은 단순한 방랑이 아니라, 체제와 권위를 거부하고 자유를 추구한 정신적 방랑이자 억압된 사회에서 벗어나 자아를 찾고 자유로운 창작을 실현한 예술적 방랑이었다. 벼슬을 버리고 평생을 조선 8도를 떠돌며 시를 짓고 읊었다. 그가 떠돌며 지은 시는 자유로운 정신, 체제와 권위에 대한 도전, 자연 속에서의 창작과 성찰을 상징하며, 오늘날까지도 높은 문학적 성취를 인정받고 있다.

김삿갓의 삶은 현대 문화관광의 흐름인 느린 관광(slow travel)이나 체험형 문학 관광으로 연결할 수 있다. 김삿갓이 떠돌던 길을 현대적으로 복원해 '김삿갓 방랑길 트레킹' 프로그램을 운영해도 좋다. 방문객이 길을 걸으며 김삿갓처럼 시를 짓고 자신의 생각을 정리하는 사색형 여행 프로그램에서는 특정 지점마다 김삿갓의 시를 소개하고 방문객은 자신의 감상을 기록할 수 있다. 방랑과 디지털 노마드 트렌드를 결합하는 차원에서 김삿갓의 자유로운 정신과 창작 활동을 현대적으로 재해석해, 창작 워케이션 공간을 조성하고, 자연 속에서 창작할 '김삿갓 문학 레지던시'를 운영해도 좋다.

둘째, 김삿갓문학관을 체험형 문화 공간으로 변화시킬 방안이다.

영월 김삿갓문학관이 조성된 이후 김삿갓 계곡을 포함한 주변 지역이 자연경관을 체험할 관광지로 활용돼 왔다. 김삿갓의 방랑 정신을 문학 창작이나 문학 치유 프로그램과 연계하면 창작자들이 영감을 얻는 창작 공간으로 변모할 수 있다. 김삿갓문학관은 관광객에게 방랑과 자유, 문학 창작, 감성적 치유의 가치를 제공하는 동시에 역사적 스토리텔링과 현대적 감성을 결합한 체험형 문화공간으로 탈바꿈할 것이다.

앞으로 영월군은 방랑 체험형 관광 콘텐츠를 지속적으로 개발해야 한다. 김삿갓의 삶을 간접적으로 체험하고, 김삿갓이 걸었던 길을 현대적으로 복원하고, 김삿갓처럼 자유롭게 자신의 삶을 돌아보는 '내 인생의 시 쓰기' 같은 프로그램도 마련해야 한다. 문학관 내에 '방랑자의 글쓰기 공간'을 조성하고, 김삿갓의 방랑 정신을 반영한 '자연 속 창작 워크숍' 같은 프로그램도 마련할 필요가 있다. 김삿갓문학관은 이런 프로그램을 운영함으로써 단순한 전시 공간을 넘어서 문학 창작의 공간이자 김삿갓 정신을 직접 체험할 창작과 예술의 중심지로 자리 잡을 것이다.

셋째, 김삿갓의 시를 문학 치유의 매개체로 활용하는 방안이다. 김삿갓의 시와 삶은 관광객에게 깊은 감동을 남기는 요인이 많다. 김삿갓의 시에는 삶에 대한 정신, 방랑자의 외로움, 자연 속에서 느끼는 위로의 메시지가 담겨 있다. 특히 현대 사회에서 스트레스가 많은 사람들에게 '문학을 통한 치유(healing)'라는 새로운 형태의 문화관광 콘텐츠를 제공할 수 있다. 조용한 한옥이나 전통 찻집에서 시를 필사하거나 직접 창작해 보는 체험은 감성적 치유와 자기 성찰을 가능하게 하기 때문에, 문학 치유 공간의 가치를 지닌다.

김삿갓의 시를 활용해 참가자의 고민을 시로 풀어내는 '문학 심리 치유 워크숍'을 개최하고, 김삿갓의 시를 읽고 감정을 표현하는 글쓰기 치료 프로그램을 개발하고, 김삿갓문학관 주변에 '문학 치유 산책로'를 운영할 수도 있다. 문학과 음악을 결합한 치유 콘서트나 김삿갓의 방랑과 사색의 정신을 고려한 '시를 통한 자기 성찰 프로그램'을 운영할 수도 있다. 강변과 숲길을 따라 걸으며 문학작품을 사색하는 문학 치유 콘텐츠를 통해 김삿갓문학관은 감성적 위로와 자기 성찰을 위한 공간이자, 관광객이 여행을 통해 자신의 내면을 돌아다보는 문학 치유 공간으로 부상할 수도 있다.

넷째, 김삿갓문화제를 현대적 문화관광의 가치로 확장하는 방안이다. 현재 영월에서는 매년 김삿갓문화제가 열린다. 이 축제는 김삿갓의 정신을 기리는 대표적인 문학 축제로 영월을 대표하는 문화예술 축제이다. 행사를 현대적 감각으로 발전시키면, 문학과 창작 그리고 치유와 지역 문화가 어우러진 글로벌 문화축제로 확장될 수 있다. 문학과 음악과 미디어 아트를 결합한 축제를 기획해야 한다. 김삿갓의 시를 현대적 감각으로 해석한 미디어 아트를 비롯해, 김삿갓의 시를 소재로 만든 연극과 무용 및 스토리텔링 공연으로 바탕으로 참여형 글로벌 축제로 발전시켜 나가야 한다. 앞으로 김삿갓문화제는 문학을 사랑하는 사람들은 물론 현대적 감성을 지닌 젊은 세대에게도 매력적인 문화 브랜드로 다가갈 수 있다. 김삿갓문화제를 글로벌 문학 축제로 발전시켜 창작과 예술이 어우러지는 문화 행사로 확장시킨다면, 김삿갓 문화유산은 문학과 예술이 살아 숨 쉬고 방랑과 창작이 공존하는 문화예술 공간으로 자리 잡을 것이다.

3. 광산촌에서 변모한 영월의 4가지 표정

1) 광산촌에서 문화도시로 변모한 영월

　조선시대부터 광업이 발달한 영월은 20세기에 접어들어 근대화와 산업화의 흐름 속에서 석탄산업의 중심지로 성장했다. 1935년에 강원도에서 최초로 영월군 북면 마차리의 탄광이 개광한 이후, 1941년에 영월화력발전소를 착공했고, 1952년에는 상동 중석이 문을 열었다. 1970년대에서 1980년대까지 영월 탄광에서는 광부 2천여 명이 일했고, 영월군의 전체 인구도 13만 명까지 늘었다. 영월은 1980년대까지 국내 에너지 공급을 책임지는 주요 탄광 도시로 경제적 번영을 누렸지만, 1980년대 후반부터 시작된 석탄산업의 쇠퇴는 영월의 경제와 사회 전반에 결정적인 타격을 입혔다. 이에 따라 영월군은 새로운 경제 모델을 모색했다.

　영월은 석탄산업의 전성기를 거쳐 현재는 석탄산업의 유산을 활용한 문화관광 도시로 변모하고 있다. 영월 석탄산업의 발전 과정을 살펴보기로 하자. 우리나라의 석탄산업은 일제강점기(1910~1945)에 태동했다. 일본은 한반도의 석탄 자원을 적극적으로 개발하며 산업화의 기틀을 마련했다. 영월에서도 일제강점기 초기에 탄광 개발이 활발히 이루어져 1930년대에 영월은 주요 탄전 지역으로 성장했다. 한국전쟁 이후인 1950~1960년에 정부가 석탄산업을 집중적으로 육성하자 영월은 우리나라의 주요 석탄 생산지로 떠올랐다.

　석탄산업의 황금기인 1960~1980년대에는 에너지 수요가 늘어나 석탄 채굴량이 증가했고, 영월 지역에 탄광촌이 형성되면서 인구도

급증했다. 노동자와 그 가족이 유입되면서 지역 경제가 활성화됐고, 철도, 도로, 주거지 같은 석탄산업과 연계된 기반 시설도 확충됐다. 이 시기에 대한민국 경제 성장의 핵심 에너지원을 공급한 지역이 영월이었다. 1980년대 후반에 접어들어 석유나 가스 같은 대체 에너지원이 등장하자 석탄산업은 점차 쇠퇴의 길로 접어들었다. 설상가상으로 탄광 사고도 발생해 안전 문제가 대두되자 노동 강도가 높은 광부 일을 기피하는 현상도 심화됐다.

급기야 1989년에 정부가 발표한 석탄산업 합리화 정책에 따라 영월의 석탄산업도 축소되고 폐광이 진행됐다. 결국 영월의 탄광촌은 급속히 쇠퇴했고 광부들은 대규모의 실직 사태에 직면했다. 탄광이 폐쇄되자 많은 사람들이 영월을 빠져나갔고 지역 공동화(空洞化) 현상이 심화돼 도시 미관을 해쳤고 도시 공간도 변화됐다. 영월의 소규모 상권과 서비스업도 함께 위축됐고 광산을 대체할 산업도 절대로 부족했다. 영월군은 심각한 인구 감소와 경제 침체라는 위기를 극복하기 위해 석탄산업 유산을 활용해 문화관광산업으로 체질을 개선하는 전환 전략을 모색했다. 영월군은 산업 중심 도시로 회귀하는 것이 더 이상 불가능하다고 판단하고, 기존 자원을 활용한 도시 재생 모델을 모색했다. 대표적인 도시 재생 모델은 다음과 같다.

먼저, 석탄산업 유산을 문화 관광 자원으로 전환했다. 영월군은 산업화의 흔적을 보존하면서 문화적으로 재해석하면 도시 재생과 지역 경제의 활성화에 기여할 것으로 기대했다. 폐광 지역을 역사문화 관광지로 바꾼 영월은 석탄산업 유산을 바탕으로 과거와 미래가 공존하는 지속가능한 문화관광 도시로 변화시킨 것이다. 석탄산업을 과거의 역사로만 남지 않도록 앞으로도 지속가능한 지역 경제 활성화 모델로 발전시킬 필요가 있다. 석탄산업 유산을 문화관광산업으로 전환하기 위해 영월군은 석탄산업의 흔적을 문화관광 자원으로 탈바꿈하는 역사문화 프로젝트를 진행해 왔다. 폐광을 리모델링해 역사적 가치를 지닌 관광지로 조성했고, 광부들의 삶과 석탄산업의 역사를 체험할 전시 공간을 운영했다.

영월 마차탄광문화촌은 광부들의 생활공간과 탄광 장비를 재현해 광부들의 삶과 노동 여건을 체험할 수 있는 공간으로 변했다. 탄광촌의 마을 재생 프로젝트에서는 폐광촌을 예술마을로 재생하고 예술가의 창작 공간을 조성했으며, 공공 미술 프로젝트나 폐광을 활용한 미디어 아트 전시회를 기획했다. 광부들의 생활사를 기록하는 '광부 스토리 아카이브'를 운영하고, 지역 주민들의 증언과 기록을 모아 탄광 문화의 역사적 가치를 보존했다. 관광객에게는 광부 체험 프로그램을 제공했다. 이런 시도는 과거를 보존하는 기록성을 넘어서 방문객의 발걸음을 유인하며 방문객에게 몰입형 역사 체험의 기회를 제공하고 지역 경제를 활성화하는 데 기여했다.

다음으로, 자연과 석탄산업 유산을 접목한 생태와 레저 관광을 활성화했다. 영월은 탄광 지역이지만 자연경관이 수려한 강원특별자치도의 대표적인 생태 관광지이기도 하다. 동강을 중심으로 친환경 관광을 유도하기 위한 방안으로, 동강 래프팅과 트레킹 및 산악자전거(MTB) 코스를 개발하고, 석탄산업 유산과 자연을 연결하는 탐방로를 조성했다('광산에서 강으로' 프로젝트). 폐광을 친환경 관광 자원으로 전환하기 위해 폐광 지역을 생태공원으로 조성해 탄광 생태 탐방지를 운영하고, 광산 갱도를 활용해 지하 동굴을 탐험하고 야생동물의 서식지를 보호하는 프로그램을 개발했다. 이와 같은 발상의 전환을 통해, 영월은 탄광의 어두운 이미지를 자연친화적인 관광 콘텐츠로 승화시켰다.

[그림 1-5] 운탄고도의 코스 안내도

예컨대, 지방자치단체 간의 협력의 산물인 운탄고도(運炭高道)는 자연과 석탄산업 유산을 접목한 생태와 레저 관광의 대표적인 사례이다(www.untan1330.com). 운탄고도는 영월과 정선 그리고 태백을 잇는 석탄 운반 길을 따라 걷는 길을 조성한 코스로 영월읍 관광센터에서 출발해 정선군 신동읍 예미리, 모운동, 함백산, 태백산에 이르는 평균 고도 546m, 총길이 173.2km의 길이다. 운탄고도는 영월, 정선, 태백, 삼척의 폐광 지역의 점을 하나의 선으로 잇는다. 영월의 청령포에서 시작해서 삼척의 '소망의 탑'까지 이어지는 운탄고도는 석탄을 운송하던 차들이 오가던 최고 1,330m의 정선 만항재를 포함하고 있지만, 남녀노소 누구라도 편안하게 걸을 수 있는 구름이 양탄자처럼 펼쳐지는 고원의 길이다. 한국의 경제 발전에 기여했던 탄광의 흔적들을 스쳐 가며 만날 수 있다. 이렇듯 영월의 석탄산업 유산은 관광 자원이 되는 길의 가치를 알려 주고 있다.

마지막으로, 문화예술 활동을 통해 지역 경제의 기반을 조성했다. 산업도시였던 영월은 경제 모델을 새롭게 구축하기 위해, 문화예술을 접목한 지역 경제 전략을 추진했다. 과거에 탄광이 지역 경제를 이끌었듯이 이제는 문화예술이 지역 경제를 키우는 원동력이 된다. 문화예술과 접목한 석탄산업의 유산을 재해석할 필요가 있다는 통찰을 얻을 수 있는 대목이다. 영월군은 탄광 유산과 현대 예술을 융합하기 위해 폐광 지역을 활용한 현대 미술 전시회와 아트 프로젝트를 진행하고, 국내외 예술가의 창작 활동을 지원하는 레지던시를 운영했으며, '석탄과 예술'이라는 주제로 문화축제도 개최했다. '폐광과 빛'을 주제로 하는 미디어 아트, 석탄산업의 역사와 광부들의 삶을 조명하는 사진전, 연극 공연, 영화제 운영, 탄광 지역의 옛 모습을 활용한 '광부의 하루' 퍼포먼스 행사는 석탄산업의 유산을 현대적 감각으로 재해석해 문화도시영월을 발전시키는 데 기여할 것이다.

2) 광산촌에서 박물관 고을로 변모한 영월

영월군은 폐광과 폐교로 인한 인구 감소를 막고 지역을 활성화하기 위해 2008년에 '지붕 없는 박물관 창조도시'를 전국 최초로 표방하고 영월을 박물관 고을 특구로 지정했다. 박물관을 대상으로 신활력 사업을 추진하면서 박물관 특구를 지정해 달라고 중앙 정부에 신청한 지자체는 전국적으로 영월군이 유일했다. 영월군은 2008년에 전국 지자체 최초로 '사립박물관 및 미술관 지원 조례'를 제정해 민간박물관에 대한 지원 근거를 마련했다.

박물관 도시 사업은 박물관 고을의 브랜드화, 지역 경제의 활성화, 지역 경쟁력의 확보라는 세 가지 목표에 따라 진행됐다. 지붕 없는 박물관 창조도시는 지역 주민의 삶의 질 향상에 기여하고, 영월 지역 방문객에게 오감충족의 기회를 제공함으로써 지역의 발전을 모색하겠다는 목적이 있었다. 2005년부터 시작된 박물관 창조도시 사업은 주5일 근무제로 전환하던 사회 분위기와 절묘하게 맞아떨어져, 영월의 곳곳에 산재하는 박물관을 널리 알릴 수 있는 동력을 제공했다. 한 지역에 최소한 하나 이상의 박물관이 있는 영월은 모름지기 박물관 고을로 도약한 것이다.

3) 광산촌에서 귀농귀촌 1번지로 떠오른 영월

석탄산업의 중심지이던 1980년대에 영월의 인구는 13만 명에 이르렀지만, 차츰 인구가 줄어 3만 8천 명대까지 감소한 적도 있었다. 하지만 최근에는 귀농귀촌을 통해 영월에 유입되는 인구가 전체의 36.7%를 차지하고 있다. 영월읍, 주천면, 무릉도원면, 한반도면 일원에는 영월에 새로 정착한 귀농귀촌 인구가 많다. 영월군은 다양한 귀농귀촌 정책을 실행하고 있다. 예컨대, 무릉도원면 운학1리는 삼돌이 마을이라는 브랜드로 농촌마을 만들기의 우수 사례로 주목을 받았다.

2015년 10월부터 해마다 계속되는 삼돌이축제는 박힌 돌(원주민), 굴러온 돌(귀농귀촌인), 굴러올 돌(예비 귀농귀촌인)이 함께 어울리는 화합의 장이라는 성격을 갖는다. 축제의 원형인 마을잔치의 형태를 띠는 삼돌이축제는 지역 주민과 귀농귀촌인 사이에 있을 수 있는 갈등 요인을 해결하는 소통의 장으로 작용했다. 삼돌이축제가 갈수록 호평을 받고 있기 때문에, 이 축제는 귀농귀촌과 농촌관광의 성공 사례로 자리 잡을 것이다. 광산촌에서 귀농귀촌 1번지로 떠오른 영월은 지역 경제와 연계한 귀농귀촌 정책을 통해, 과거와 현재가 공존하는 강한 농촌으로 도약할 수 있다. 탄광 유산을 활용한 문화관광과 생태관광을 비롯해 귀농귀촌 정책을 체계적으로 전개한다면, 역사와 미래가 공존하는 문화도시가 될 것이다.

4) 광산촌에서 관계인구 체류지로 도약하는 영월

영월이 지속가능한 문화관광 도시로 성장하려면 일회성 방문객을 넘어 지역과 지속적으로 관계를 맺는 관계인구의 확대가 필수적이다. 영월에서는 이미 '영월에서 한 달 살기' 프로그램 같은 장기 체류형 관광 프로그램을 운영하고 외부인들이 지역 문화에 깊이 참여하도록 지원해 왔다. 국내에서 13번째로 선정된 영월의 에피그램 프로젝트는 체류형 관광의 대표적인 사례이다.

에피그램은 국내 소도시와 상생하며 살아가자는 취지에서 시도된 지역 활성화 프로젝트이다. 2017년의 제주, 2018년의 광주와 경주, 2019년의 하동, 2020년의 청송과 옥천, 2021년의 논산에 이어 2022년에 강진과 영월에서 에피그램 프로젝트가 추진됐다. 외지인이 현지인처럼 영월에서 한 달을 살아 보거나 일주일을 살아 보는 것이다. 영월군은 외지인에게 영월에서 살아 볼 기회를 제공하고 영월의 속살을 체험하게 함으로써, 도시 생활자와 영월 주민이 자연스럽게 만날 수 있는 소통의 접점을 마련했다.

지역 주민과 관광객의 협업 프로젝트도 인상적이다. 폐광촌을 기반으로 지역 주민과 함께하는 창작 워크숍을 운영하고, 지역의 청년과 주민에게 문화관광 가이드 양성 교육을 실시했다. 나아가 지역 경제와 연결된 여행 시스템과 친환경 여행 프로그램을 개발해 지속 가능한 생태관광 모델도 구축했다. 이 밖에도 지역의 문화유산과 연계한 스토리텔링 프로그램을 개발하고, 생태관광과 연계한 친환경 레저 활동도 활성화했다. 영월의 관계인구를 확대하는 데 있어서도 석탄산업의 유산은 중요한 문화관광 자원으로 활용될 것이다. 이와 같은 관계인구 확대 전략을 통해, 영월은 단순한 관광지를 넘어 '머무르고 싶은 도시'이자 '창작과 삶이 공존하는 도시'로 성장해, 과거와 현재가 공존하는 문화도시영월로 도약할 수 있다.

제2장
영월을 빛내는 문화유산과 자연경관

1. 유무형의 문화유산

영월의 문화유산은 영월군의 문화관광 활성화에 결정적인 영향을 미치는 중요한 자산이다. 문화재청에서 국가유산청으로 이름을 바꾼 정부 기관의 명칭 변경에서도 알 수 있듯이, 문화유산은 민족의 유산 중에서도 가장 중요하다는 의미를 담고 있다. 역사 유산을 비롯해 자연유산에 이르기까지, 조상들이 남긴 발자취를 모두 돌아보는 문화유산 관광(heritage tourism)이 오래도록 관광산업의 핵심 위치를 차지했던 것도 문화유산의 가치가 그만큼 중요하기 때문이었다. 영월을 대표할 수 있는 유무형의 문화유산을 다음과 같이 정리할 수 있다.

① 무릉리마애여래좌상

영월 무릉리마애여래좌상(武陵里磨崖如來坐像)은 강원특별자치도 영월군 무릉도원면 무릉리에 있다. 무릉리의 법흥사 가는 길에 서쪽 강변의 절벽에 있는 커다란 바위의 남쪽 면을 다듬어 조각한 좌불상이 무릉리마애여래좌상이다. 좌상 옆으로 요선정(邀仙亭)이라는 정자가 있고, 앞쪽의 넓은 평지에는 단층 기단의 4층 석탑이 자리 잡고 있다. 최근의 발굴 조사단은 기와 조각에 남산사(南山寺)라는 사찰 이름이 새겨져 있어 이곳을 남산사 터로 추정했다. 무릉리마애여래좌상은 1982년 11월 3일에 강원도 유형문화재 제74호로 지정됐으나, 2021년 6월 29일 「문화재보호법시행령」이 개정되면서 지정 번호가 삭제됐다. 마애여래좌상의 목에는 삼도(三道)[1]가 표현됐으며, 얼굴의 이목구비는 단정하면서도 선명하게 표현했다. 전문가들은 무릉리마애여래좌상이 전체적으로 양감이 뛰어나고 얼굴에 옅은 미소를 띠고 있어 조각 기법과 보존 상태가 양호하다고 평가했다.[2]

[그림 2-1] **무릉리마애여래좌상** ⓒ영월군

② 장릉

장릉(莊陵)은 조선의 제6대 왕인 단종의 무덤으로, 2009년 유네스코 세계문화유산으로 등재된 영월을 대표하는 문화유산이다. 장릉은 조선 왕릉의 정제된 양식에 따라 조성됐고 주변 경관과 조화롭게 배치된 전통적인 조경이 뛰어나다는 특성이 있고, 조선시대 정치사의 상징 공간이라는 특별한 의미를 갖는다. 2021년 4월 1일, 단종 어진(御眞, 왕의 초상화)이 표준영정 100호로 지정돼 현재 단종역사관

---

1) 삼도(三道)란 지은 악업(惡業)에 따라 오갈 수 있는 세 길인 지옥도(地獄道), 아귀도(餓鬼道), 축생도(畜生道)를 뜻하는 불교 용어다.
2) 한국학중앙연구원(2022). "영월 무릉리 마애여래좌상." 향토문화전자대전. https://yeongwol.grandculture.net/yeongwol/toc/GC08300621#:-:text

에 봉안돼 있다. 특이하게도 장릉에는 조선의 다른 왕릉에서는 볼 수 없는 충신들에 관련되는 건조물도 함께 배치돼 있다. 장릉을 중심으로 해마다 단종문화제가 열리고 있으며, 방문객과 참배객은 역사 해설사와 동반해서 왕릉을 참배하거나 한복 체험을 할 수 있다.[3]

[그림 2-2] 표준영정 100호 단종 어진 ⓒ영월군

③ 배식단사

배식단사(配食壇祠)에서 배식(配食)이란 기릴 만한 인물의 신주를 사당에 모시는 일을 뜻한다. 배식단사는 단종에게 충성을 바친 인물을 골라 신주를 모시고 제사를 지내기 위한 건물로, 단종복위운동을 하다 처형된 충신들을 기리고 그 원혼을 달래기 위해 단종의 무덤인 장릉 앞에 설치됐다. 장릉의 정단과 별단에는 268위의 제단이 있다.

---

3) 보다 자세한 내용은 '영월 10경' 중 '제1경 장릉' 부분의 소개 글에서 확인할 수 있다.

배식단은 충신위(忠臣位), 조사위(朝士位), 환관군노위(宦官軍奴位), 여인위(女人位)라는 정단과 그 밖의 별단으로 구분했다. 별단은 공로가 많고 적음에 따라 신분을 셋으로 나누고, 각 단별로 제물을 올리고 제사를 지낸다. 단종이 복위된 다음인 1791년(정조 15년)에 정단의 제위 32인과 별단의 제위 198인을 지정했다. 배식자의 수는 순조 시대 이후에 추가돼 268위로 늘어났다. 조선 후기에는 한식날에 제사를 지냈으며, 정조가 축문을 직접 지었다고 한다.[4]

④ 창령사지 오백나한상

창령사지(蒼嶺寺址)는 영월군 남면 창원리의 초로봉 동북쪽 경사면의 해발 약 400m 지점에 있다. 2001년 5월 1일, 토지 소유자 김병호 씨가 나한상을 발견해 강원문화재연구소에서 2001년과 2002년에 두 번에 걸쳐 발굴 조사를 실시했다. 조사 결과, 건물지 3동, 탑지, 석축, 원형 박석, 배수로 같은 유구(遺構)[5]가 확인됐고, 오백나한의 일부로 추정되는 나한상, 기와류, 도자기류, 철제류가 출토됐다. 일부 기와 조각에 '창령(蒼嶺)'이란 글자가 새겨져 있어, 이곳이 창령사(蒼嶺寺, 깊고 머나먼 절) 터라는 사실이 확인됐다.[6] 창령사지에서 출토된 석조 오백나한상, 석불좌상, 석조 보살두, 소조불편, 석조 연화대좌편은 국립춘천박물관에 소장돼 있다. 317구가 출토된 석조 나한상은 투박하고 소박한 단구형 좌상으로, 각각 다른 표정과 다른 몸짓을 하며 옷차림도 각각 다르다. 고고학자 배기동 교수는 창령사

---

4) 한국학중앙연구원(2022). "배식단사." 향토문화전자대전. https://yeongwol.grandculture.net/yeongwol/toc/GC08300647?requestBy=%ec%a0%84%ea%b5%ad
5) 유구(遺構)란 옛날 토목건축의 구조와 양식을 알 수 있는 실마리가 되는 잔존물이다.
6) 한국학중앙연구원(2022). "영월 창령사지." 향토문화전자대전. https://www.grandculture.net/yeongwol/toc/GC08300635

지 오백나한상 중에 단종의 얼굴이 들어 있으리라 상상한다는 흥미로운 해석을 내놓기도 했다.[7] 국립중앙박물관에서는 〈영월 창령사터 오백나한, 당신의 마음을 닮은 얼굴〉(2019)이란 특별전을 개최하기도 했다.

[그림 2-3] 창령사에서 발굴된 나한상들 ⓒ영월군

⑤ 영월향교

현재 영월읍 영흥리에 있는 영월향교(寧越鄕校)는 1398년(태조 7년)에 현유(賢儒)의 위패를 봉안하고 배향하는 한편 지방민의 교육과 교화를 위해 창건됐다. 영월향교의 앞쪽에는 강학 공간인 명륜당이 있고 제향 공간인 대성전은 뒤에 배치된 전학후묘(前學後廟)의 구조를 갖추고 있다.[8] 현존하는 건물로는 대성전, 명륜당, 동무(東廡), 서무(西廡), 동재(東齋), 서재(西齋), 풍화루(風化樓)가 있다. 홍살문이

---

7) 배기동(2021. 9. 25.). "창령사 오백나한상 미스터리: 혹시 이곳에 단종의 얼굴이?" 한국일보. https://www.hankookilbo.com/News/Read/A2021091613300003105
8) 한국학중앙연구원(2022). "영월향교." 향토문화전자대전. https://yeongwol.grandculture.net/yeongwol/toc/GC08301063?requestBy=%ec%a0%84ea%b5%ad

없는 대신에 풍화루 누각이 정문을 대신한다. 1985년 1월 17일 강원도 유형문화재 제100호로 지정됐으나, 2021년 6월 29일에 「문화재보호법시행령」이 개정됨에 따라 지정 번호가 삭제됐다. 봄과 가을에는 석전(釋奠)을 봉행하며 매월 초하루와 보름에 분향을 진행한다. 이 밖에도 영월향교는 지역의 원로를 초청해 임금이나 지방수령이 고령의 신하를 예우하기 위해 베풀던 잔치인 조선시대의 기로연(耆老宴)[9] 시연 행사를 열기도 하고, 해마다 성년의 날에는 '어른이 되는 나' 같은 전통 성년례를 진행한다.

⑥ 삼굿

삼굿이란 불에 달군 돌 위에 삼밭에서 베어 낸 삼대에 싼 감자나 고구마 같은 수확물을 올리고 돌에 물을 끼얹어 발생하는 뜨거운 수증기로 음식을 익히는 전통적인 조리 방식이다. 삼을 찌는 시설이 '삼굿'이며, 삼을 찌는 과정을 '삼굿찐다' 또는 '삼굿한다'라고 말한다. 영월군 삼굿축제위원회는 나무와 돌을 데워 물을 붓고 수증기로 삼베옷의 재료인 대마를 쪄 내던 삼굿을 현대화시켜, 전통문화와 현대문화를 조화시킨 삼굿축제를 해마다 개최한다. 주요 행사로는 성공기원제, 개막식 행사, 윷놀이대회, 통나무 자르기, 전통 혼례 시연이 있다. 행사에서는 솔향이 스며든 옥수수, 감자, 달걀 같은 다양한 먹거리도 맛볼 수 있다. 영월군 중동면 유전리 삼굿마을은 2009년의 영월 동강축제에서 삼굿으로 옥수수 10,000개를 삶아 기네스북의 세계 기록에 등재되기도 했다.

---

[9] 기로연은 조선시대 때 기로소에 등록된 전·현직 문신 관료들을 위해 국가에서 베풀어 주는 잔치다.

1. 유무형의 문화유산

[그림 2-4] 삼굿마을 안내판 ⓒ영월군

⑦ 뗏목

뗏목은 통나무를 떼로 가지런히 엮고 물에 띄워 사람이나 물건 따위를 운반하도록 만든 것으로, 과거에 남한강 상류에 살던 주민들의 생활에 필요한 교통수단이었다. 영월에서 뗏목을 처음 띄운 때는 언제였을까? 1867년에 경복궁을 개축할 때 건축에 필요한 동강 상류의 소나무를 영월에서 서울로 수송하면서 뗏목이 처음 쓰였다고 알려져 있다. 1960년대까지는 전국 각지에서 몰려든 떼꾼이 동강 여울의 위험을 무릅쓰고 한밑천을 잡으려고 영월에서 땔감이나 목재를 싣고 서울로 향했다. '떼돈을 벌다'는 말도 이때부터 쓰이기 시작했지만, 교통이 발달하면서 남한강 상류의 뗏목과 떼꾼도 점차 자취를 감추게 됐다. 영월군은 전통 방식의 뗏목 문화를 재현하고 동강의 뗏목 문화에 대한 관심을 유발하기 위해, 1997년부터 '동강뗏목축제'를 개최해 왔다. 축제 기간에는 뗏목 시연과 체험, 청소년 댄스

대회, 밀당 대회(배를 밀어라, 노를 당겨라), 에어 바운스 놀이, 워터댄스 파티, 카누 체험 같은 다양한 프로그램이 진행된다.

⑧ 판운섶다리

섶다리는 섶나무를 엮어 만든 다리로, 냇물을 건널 때 부드럽고 편안한 느낌을 준다. 강이 있는 곳이라면 어디에나 있던 섶다리는 철근 콘크리트로 짓는 교량 건축 기술이 발달하자 거의 자취를 감췄다. 판운섶다리는 우리나라 100대 명산인 백덕산 입구의 길목에 있다. 영월군 주천면 판운마을 주민들은 전통 방식으로 재현하는 섶다리의 가치를 알리기 위해 매년 10월 말경에 마을 앞의 주천강에 섶다리를 놓는다. 와이(Y) 자 모양의 소나무나 버드나무를 잘라 다리 기둥을 세우고 그 위에 상판을 얹은 다음, 소나무 가지를 촘촘히 덮고 떼를 입히거나 흙으로 덮어 다리를 완성한다. 해마다 '판운섶다리 문화 축제'도 열린다.[10] 고유의 역사문화를 계승하고 주민과 방문객 간의 소통을 모색하자는 취지에서 시작된 축제이다. 단종이 복위되고 나서 장릉에 참배하러 오는 관찰사 일행이 주천강을 무사히 건널 수 있도록 판운마을 주민들이 섶다리를 놓던 풍습을 민속놀이로 재구성했다고 한다. 섶다리 상여 건너기, 꽃가마 건너기, 농악 건너기, 농악, 장구 병창 같은 다양한 볼거리와 문화공연으로 꾸며지는 판운섶다리 문화 축제는 방문객의 이목을 끌기에 충분하다.

---

10) 한국학중앙연구원(2022). "영월 섶다리 민속문화." 향토문화전자대전. https://yeongwol.grandculture.net/yeongwol/toc/GC08300020?requestBy=%ec%a0%84%ea%b5%ad

1. 유무형의 문화유산

[그림 2-5] 판운섶다리를 건너는 사람들 ©영월군

⑨ 영월 칡줄다리기

단종문화제의 축제 항목의 하나인 영월 칡줄다리기는 단종이 복위된 1698년(숙종 24년) 이후부터 시작돼 1937~1940년까지 이어지다가 중단됐다. 일제강점기에 영월군에서 줄다리기를 했다는 언론 보도도 있었다(동아일보, 1934. 3. 6.). 그 후 1967년의 제1회 단종제(현 단종문화제)의 행사 항목에 줄다리기가 포함돼 민속 행사로 재현됐고, 1970년의 제4회 단종제부터 대규모의 칡줄다리기 대회로 발전했다. 영월 칡줄다리기는 1984년의 강원도민속경연대회(현 강원도민속예술축제)에 참가한 이후 1988년에 영월에서 개최한 제6회 강원도민속경연대회에서 우수상을 수상했다. 이때부터 칡줄다리기는 단종문화제의 주요 행사로 자리매김해 1990년대 초반까지는 격년제로 진행하다 1993년의 제27회 단종문화제부터는 해마다 칡줄다리기 대회를 개최하고 있다. 1983년까지는 '줄다리기'라는 명칭을 쓰다가 1985년부터 본격적으로 '칡줄다리기'라는 명칭을 쓰기 시작했다.[11] 2019년 9월에는 영월칡줄다리기보존회가 발족됐고, 2023년에는 영월 칡줄다리기가 강원특별자치도의 무형문화재로 공식 지정됐다.

[그림 2-6] 칡줄다리기 시작 전에 엮어 놓은 칡 ⓒ영월군

영월에는 이상에서 소개한 문화유산 외에도 곳곳에 문화유산이 산재하고 있다. 단종이 유배 생활을 했던 청령포는 사방이 강물로 둘러싸여 있어 '육지 속의 섬'처럼 외부와 단절된 지형적 특성을 지닌다. 단종이 최후를 맞이했던 관풍헌, 조선 후기 누정 문화의 정수를 보여 주는 자규루, 풍자시인 김삿갓의 삶과 정신을 기리는 장소인 김삿갓 묘역을 비롯해 다양한 향토문화재와 민속자료 및 고택이 곳곳에 분포하고 있다. 자연과 민속이 결합된 생태문화 유산인 동강

---

11) 한국학중앙연구원(2022). "단종문화제와 영월 칡줄다리기의 전통." 향토문화전자대전. https://www.grandculture.net/yeongwol/toc/GC08300019

할미꽃 군락지도 방문객의 발걸음을 멈추게 한다.

영월의 문화유산은 역사적 가치와 함께 관광 자원의 가치도 높다. 역사적 사건과 인물을 바탕으로 지역 공동체의 삶이 담긴 영월의 문화유산은 살아 있는 역사 교과서이자 문화관광 자원이다. 앞으로의 핵심 과제는 문화유산을 보존하고 활용하는 균형감을 유지하면서 체험형 콘텐츠로 재해석하고 발전시키는 데 있다. 앞으로 영월의 문화유산을 알리는 홍보 활동을 체계적으로 전개한다면, 영월군은 타 지역과 차별화된 '충절과 재생의 문화도시' 이미지를 구축하는 동시에 영월만의 특화된 브랜드 자산을 구축할 것이다. 영월의 문화유산은 과거의 유산을 넘어 오래오래 미래의 자산으로 남을 것이다.

2. 영월 10경과 자연 자원

강원특별자치도의 남서부에 위치한 영월은 태백산맥의 산악 지형과 동강과 서강이 어우러진 천혜의 자연환경을 갖추고 있다. 영월의 자연경관은 마치 전남 신안군의 섬티아고 순례길처럼 모름지기 '인스타그래머블'이라 할 만하다. 인스타그래머블(instagramable)이란 '인스타그램에 올릴 만한'이란 뜻으로, 사진 공유 소셜미디어인 인스타그램(instagram)과 영어 '에이블(able)'을 합쳐 젊은이들이 만든 신조어다.[12] 젊은이들은 인스타그램에 올릴 만한 사진을 찍을 곳이 있는지 없는지에 따라 여행지를 선택하는 경향이 있는데, 영월 10경에서 사진을 찍으면 인생 샷도 건질 수 있다. 방문객들은 영월의 이곳

---

12) 김병희(2024). 『12사도와 떠나는 섬티아고 순례길』. 서울: 학지사비즈.

저곳에 들를 때마다 인생 샷을 남기려고 바쁘게 손을 놀린다.

영월은 전체 면적의 약 85%가 산지이며, 해발 800~1000m 이상의 고산지대가 많아 사계절의 변화도 뚜렷하다. 영월에는 수려한 자연경관과 역사적 이야기가 어우러진 명승지가 많다. 영월군은 2007년에 지역 주민과 관광객을 대상으로 설문조사를 실시해 시대의 가치를 담고 있으면서도 빼어난 경치를 자랑하는 '영월 10경(十景)'을 선정했다. 영월 10경은 자연의 아름다움과 역사와 문화가 조화를 이루는 영월 관광의 핵심 콘텐츠이다. 영월 10경은 단순한 경관 이상의 의미를 지니며 지역의 역사문화와 주민들의 삶의 터전과도 긴밀히 연결돼 있다. 영월 10경을 간략히 소개하면 다음과 같다.

① 제1경 장릉

장릉(莊陵)은 영월에서 유배 생활을 하던 단종이 17세인 1457년에 비극적으로 생을 마감한 다음, 1698년에 숙종이 단종을 정식으로 복위시킨 이후에 그를 기리기 위해 조성된 왕릉이다. 조선 왕릉의 정제된 양식에 따라 조성돼 주변 경관과 조화롭게 배치된 조경이 뛰어난 문화유산이며, 조선시대의 비극적 정치사의 상징 공간이라는 특성이 있다. 1970년 5월 26일에 사적 제196호로 지정됐으나 2021년 6월 29일에 「문화재보호법 시행령」을 개정함에 따라 현재는 지정번호가 삭제됐고, 2009년 6월 30일에 유네스코 세계문화유산에 조선왕릉으로 등재됐다.

단종역사관에는 단종의 탄생부터 17세의 죽음에 이르기까지의 일대기를 기록한 사료가 전시돼 있다. 창덕궁에서 나와 영월에 도착하기까지 단종의 유배 경로를 표시한 사진에서 유배의 흔적을 톺아볼 수 있다. 단종의 유배지인 청령포의 옛 사진은 물론 유배 당시의 관리들과 단종의 모습을 재현한 밀랍 인형도 전시돼 있다. 단종역사관에서 나오면 곧바로 산책로가 이어진다. 장릉은 조선 왕릉 특유의 정갈한 건축미와 아름다운 조경이 뛰어나며, 유약한 왕권의 상징성도 잘 드러난다. 사계절 내내 아름다운 경치를 선사하는 장릉 앞 숲길은 걷기 좋은 명소로도 유명하다. 장릉은 단종문화제의 중심 무대이다.

▶주소: 강원특별자치도 영월군 영월읍 단종로 190
▶전화번호: 033-372-3088

[그림 2-7] 단종이 묻혀 있는 장릉 ©영월군

② 제2경 청령포

남한강 상류에 위치한 청령포(清泠浦)는 단종이 유폐된 곳으로 단종의 유배를 대표하는 역사문화 명소이다. 명승 제50호로 지정된 청령포는 동남북 삼면이 물로 둘러싸여 있다. 서쪽으로는 육육봉이라는 험준한 암벽이 솟아 있어, 조선시대에는 나룻배를 이용하지 않으면 출입할 수 없는 섬이었다. 울창한 송림이 우거진 천혜의 자연 요새라 나룻배를 이용하지 않으면 출입할 수 없어 '육지고도(陸地孤島: 육지의 외로운 섬)'라는 별칭으로도 불렸다.

청령포에 유배된 단종은 답답한 심경을 담아, "하늘이 귀머거리인가, 애달픈 이 하소연 어이 듣지 못하나(天聾尙未聞哀訴)……"라는 시를 읊었다. 단종의 애절한 사연과 함께 청령포의 소나무 숲속에는 '관음송' '금표비' '단종어가비' 같은 단종과 관련된 역사의 흔적이 남아 있다. 단종은 이 적막한 곳에서 외부와 두절된 채 유배생활을 했다. 당시의 청령포에는 단종의 처소가 있었는데, 호장 엄흥도는 밤이면 남몰래 이곳을 찾아 단종에게 문안인사를 드렸다고 전한다. 수려한 절경 때문에 청령포는 오늘도 관광객의 발길이 끊이지 않는다.

▶주소: 강원특별자치도 영월군 영월읍 청령포로 133
▶전화번호: 033-372-1240

[그림 2-8] **어느 봄날의 청령포** ©김병희

③ 제3경 별마로천문대

2001년 10월 13일에 개관한 별마로천문대는 영월읍 영흥리 봉래산 정상에 건설된 국내 최대 규모의 천문대이다. 별마로란 별, 마루(정상), 로(嘮, 고요할 로)의 합성어로 '별을 보는 고요한 정상'란 뜻이다. 최상의 관측 조건인 해발 799.8m의 높이에 지름 80cm의 반사망원경을 갖춘 주관측실을 비롯해 보조 망원경 10대를 갖춘 보조관측실, 지름 11m의 천체투영실이 있어, 달과 별을 관측하기 좋은 조건을 두루 갖추고 있다. 연간 관측 일수가 196일로 우리나라 평균인 116일보다 훨씬 많아, 국내 최고의 관측 여건을 갖췄다는 평가를 받는다.

별마로천문대는 부지면적 2,208평과 연 건물 면적 281평에, 지하 2층과 지상 4층 규모의 웅장함을 자랑한다. 대전에 이어 지방자치단체가 두 번째로 세운 천문대이다. 별마로천문대가 있는 봉래산 정상에는 활공장이 있어 넓은 시야에서 풍경을 감상할 수 있다. 정상에서 내려다보는 영월의 야경도 천체 관측과 더불어 색다른 볼거리를 제공한다. 천문전시관, 천문공원, 시청각교재실도 즐길 거리가 풍부하다. 별마로천문대는 2020년에 대한민국 야간관광 100선, 2023년에 대한민국 방방곡곡 100선에 선정됐다.

▶주소: 강원특별자치도 영월군 영월읍 천문대길 397
▶전화번호: 033-372-8445
▶홈페이지: http://www.yao.or.kr

[그림 2-9] 어느 가을날의 별마로천문대 ⓒ영월군

④ 제4경 김삿갓 유적지

김삿갓 유적지는 영월군 김삿갓면에 조성된 난고(蘭皐) 김병연(金炳淵, 1807~1863)의 유적지다. 김삿갓 연구 자료를 전시하고 있는 '난고김삿갓문학관'과 많은 돌탑이 조성된 묘, 작은 성황당, 김삿갓이 살던 집터가 방문객의 발걸음을 멈추게 한다. 전국을 떠돌며 시를 쓰던 김삿갓은 1863년 전남 화순군 동복면 구암리의 정시룡 댁에서 생을 마감했다. 3년이라는 시간이 흐른 다음 아들이 지금의 김삿갓면 와석리 노루목 기슭으로 이장했다. 이 유적지에서는 청운의 푸른 꿈을 접고 해학과 풍류 속에서 한세상을 살다 간 조선 후기 방랑 시인 김삿갓의 체취를 느낄 수 있다.

난고 김병연의 묘소와 주거지는 물론 김삿갓을 기념하는 여러 부대시설이 조성돼 있어 방문객들은 김삿갓의 인생 역정을 생각할 수도 있다. 김삿갓의 묘소는 1982년에 확인됐고, 유적지에 있는 집터의 주거 건물도 1982년에 발견돼 고증을 거쳐 2002년에 새로 복원했다. 매년 10월 중순에는 김삿갓 묘역이 있는 김삿갓면 노루목 마을에서 추모제, 추모 살풀이춤, 백일장 같은 문화행사를 비롯해 관광객이 참여하는 체험 행사가 열린다. 관광객은 영월 주민들과 함께 김삿갓의 인생을 기릴 수 있다.

▶ 주소: 강원특별자치도 영월군 김삿갓면 김삿갓로 216-22
▶ 전화번호: 033-375-7900(난고김삿갓문학관)

[그림 2-10] 김삿갓 집터에 복원한 집 ⓒ영월군

⑤ 제5경 고씨굴

고씨굴은 한반도의 4억 년 신비를 들여다볼 수 있는 전형적인 석회동굴이다. 총연장 3,388m의 다층구조인 고씨굴은 하층에 하천이 흐르는 수평굴의 형태를 띠고 있다. 굴의 입구에서부터 남서쪽 방향으로 안으로 들어가는 통로가 발달돼 있다. 현재는 전체 동굴 중에서 약 500m 구간만이 개발돼 일반인에게 공개되고 있다. 고씨굴에는 종유관, 종유석, 석순, 석주, 동굴산호, 유석, 커튼, 동굴진주, 피솔라이트, 동굴방패, 곡석, 월유 같은 다양한 동굴 생성물이 분포하고 있으며, 기형 종유석도 여러 지점에서 성장하고 있다.

동굴이 발달한 방향은 북동 방향에서 남서 방향이다. 고씨굴은 1966년에 세상에 처음 알려진 이후 1969년 6월 4일에 천연기념물 제219호로 지정됐고, 1974년 5월 15일에 일반인에게 처음 공개됐다. 임진왜란 때 고씨 가족이 몸을 피한 피난처라고 해서 고씨굴이란 이름을 얻었다고 한다. 그 후 2021년 6월 29일「문화재보호법시행령」이 개정됨에 따라 지정 번호가 삭제됐다. 예전에는 나룻배를 타고 폭 130m인 남한강을 건너 굴 입구까지 갈 수 있었지만, 지금은 동굴 입구까지 다리로 연결돼 있기에 접근성이 뛰어나다.

▶주소: 강원특별자치도 영월군 김삿갓면 영월동로 1117
▶전화번호: 033-372-6871(고씨굴 관리사무소)

[그림 2-11] 고씨굴로 연결되는 다리를 건너는 방문객들 ©김병희

⑥ 제6경 선돌

　선돌은 영월읍 방절리 서강 안의 절벽이 형성된 곳에 위치한 높이 70m 정도의 바위다. 마치 큰 칼로 절벽을 아래로 쪼개다가 멈춰 선 것 같은 형상을 하고 있어, 서 있는 돌인 입석(立石)이라고 한다. 옛날에 이곳을 지나던 장수가 바위 앞에서 기도를 드리고 나서 전장에 출전해서 승리했다는 전설이 전해져 온다. 선돌은 마을 사람들에게 오랫동안 수호신 같은 존재로 여겨져 왔다. 입석 바로 앞에 우뚝 서 있는 기암절벽은 너무 신비로워 감탄사를 절로 나오게 한다. 절벽과 입석 사이로 내려다보이는 강물은 마치 금강산에 올라 내려다보는 강물 같은 느낌을 준다. 많은 관람객은 절경을 보러 찾아왔다가 선돌 앞에서 발길을 멈춘다.

▶주소: 강원특별자치도 영월군 영월읍 방절리 산122
▶전화번호: 1577-0545

[그림 2-12] 어느 가을날의 선돌 ©영월군

⑦ 제7경 어라연

　영월읍에 위치한 어라연(漁羅淵)은 정선과 영월 일대를 흐르는 동강 상류에 속하며 동강의 여러 비경 중에서도 가장 경치가 빼어나기로 유명한 명승지다. 동강에서 가장 신비로운 경치를 자랑하는 어라연은 동강의 물줄기가 C자로 물돌이 치는 부분에 있는 삼선암이라는 바위가 햇빛에 반짝이는 곳이다. 강물 속에 뛰노는 물고기들의 비늘이 비단처럼 빛난다고 해서 어라연이란 이름이 붙었다. 정선 아우라지에서 흘러온 조양강의 물이 가수리에서 남동천과 합류해 평창을 거쳐 영월 동강으로 흘러든다. 어라연은 영월 쪽의 하류에서 동강의 대미를 장식하는 계곡이다. 골이 깊은 양쪽 기슭의 낭떠러지에 뿌리내린 노송들은 운치를 뽐내며 방문객을 반겨 준다.

　어라연 지역은 동강 유역에서도 물이 맑고 경치가 아름답기로 소문난 곳이다. 석회암 절벽과 주변의 활엽수가 잘 어우러져 아름다운 경관을 선보이며, 다양한 지형의 하천이 흐르는 천혜의 보고이다. 2004년에 명승 제14호로 지정됐다. 단종이 죽고 나서 태백산의 산신령이 되기 위해 황쏘가리로 변해 동강 상류를 향해 거슬러 올라가다가 경치 좋은 어라연에서 잠시 머물렀다는 이야기도 전해 내려온다. 해발 537m의 잣봉은 어라연을 한눈에 감상할 수 있는 전망대 역할을 하는 산이다. 어라연 지역은 인제의 내린천, 철원 한탄강과 함께 인기 있는 래프팅 코스이기도 하다.

▶주소: 강원특별자치도 영월군 영월읍 어라연길 259
▶전화번호: 033-372-1705

[그림 2-13] 어느 여름날의 어라연 ©영월군

⑧ 제8경 한반도지형

　한반도지형은 서강이 굽이굽이 휘돌아 나가며 만들어 낸 자연의 예술품이다. 위에서 보면 삼면이 바다인 한반도를 그대로 옮겨 놓은 것처럼 보이기 때문에 한반도지형(韓半島地形)이라 불린다. 한반도면 선암마을 일대의 평창강 끝머리에 자리 잡은 한반도지형은 굽이쳐 흐르는 한천의 침식과 퇴적에 의해 자연스럽게 형성됐다. 전망대에서는 강줄기와 육지가 조화를 이뤄 마치 한반도의 축소판을 보는 것 같은 신비로운 장관을 사계절 내내 볼 수 있다. 석양 무렵에는 영월이 아니면 절대로 볼 수 없는 해넘이의 휘황한 장관도 감상할 수 있다. 한반도지형은 국가지정문화재 명승 제75호로 지정됐다. 주변에 한반도 습지가 있기 때문에 한반도지형은 생태계의 보전 가치도 크다.

▶주소: 강원특별자치도 영월군 한반도면 한반도로 555
▶전화번호: 1577-0545

[그림 2-14] 어느 봄날의 한반도지형 ⓒ김병희

⑨ 제9경 법흥사

　법흥사(法興寺)는 643년(신라 선덕여왕 12년)에 신라의 고승 자장율사가 나라의 번영과 백성의 안녕을 기원하며 사자산 연화봉에 부처님의 진신사리를 봉안하고 흥녕사(興寧寺)로 창건했다. 역사의 부침 속에서 소실과 중창을 반복해 오다 1902년에 재건할 때 법흥사로 개칭했다. 석가모니의 진신사리를 모신 우리나라 5대 적멸보궁의 한 곳이다. 법흥사 석분, 법흥사 부도, 흥녕사지(興寧寺址) 징효대사탑비(澄曉大師塔碑), 징효국사부도 같은 다양한 문화재도 함께 구경할 수 있다. 법흥사의 대웅전과 석탑과 부도는 자연 속에 고즈넉이 자리 잡고 있어, 마치 방문객의 옷소매를 붙드는 것 같다.

▶주소: 강원특별자치도 영월군 무릉도원면 무릉법흥로 1352
▶전화번호: 1577-0545
▶홈페이지: http://bubheungsa.kr/

[그림 2-15] 어느 가을날의 법흥사 ©영월군

⑩ 제10경 요선암과 요선정

주천강 상류에 있는 요선정(邀僊亭)은 영월의 청정 계곡이 만드는 경치를 한눈에 내려다볼 수 있는 곳에 자리 잡은 정자이다. 주천강 상류 지역에는 모래와 자갈이 물과 함께 소용돌이친다. 소용돌이가 암반을 마모시켜 만든 돌개구멍은 신비로운 경관을 연출한다. 이곳에 거주하던 원씨, 곽씨, 이씨 주민들은 숙종과 영조 및 정조의 어제시를 봉안하기 위해 1913년에 요선정을 세웠다고 한다. 요선정의 전면 오른쪽에는 이응호가 쓴 '요선정(邀僊亭)'이, 왼쪽에는 '모성헌(慕聖軒)'이라는 현판이 걸려 있다. 현판 뒤에는 숙종과 영조와 정조의 어제시(御製詩)가 담겨 있다.[13] 요선정은 강원특별자치도의 문화재

자료 제41호로 등록돼 있다.

요선정 앞쪽에는 커다란 반석에 '요선암(邀仙岩)'이라는 글씨가 새겨져 있다. 조선 전기의 문장가이자 서예가인 봉래 양사언(楊士彦, 1517~1584)이 평창군수를 지낼 때 경관을 즐기다가 썼던 글씨를 바위에 새겼다고 전해진다. 요선정을 둘러보고 있노라면 주변의 화강암벽과 그 앞을 흐르는 계곡이 방문객의 마음을 평온하게 다독여 준다. 그 옆에 있는 무릉리마애여래좌상은 자연과 어우러져 운치를 더해 주고 있다. 요선암에 서서 강 속의 큰 바위들을 하나씩 관찰하다 보면 시간 가는 줄도 모르고 자연이 빚어낸 신비에 흠뻑 빠져 버리게 된다.

▶주소: 강원특별자치도 영월군 무릉도원면 도원운학로 13-39
▶전화번호: 1577-0545

[그림 2-16] 어느 봄날의 요선암과 요선정 ©영월군

13) 영월군(2022). "무릉도원면 사람들의 요선계와 요선정, 요선암." 디지털영월문화대전. https://yeongwol.grandculture.net/yeongwol/search/GC08300007?keyword=%EC%9A%94%EC%84%A0%EC%A0%95&page=1

영월에는 영월 10경 말고도 동강과 서강 유역, 고원지대, 협곡, 계곡, 숲 같은 다양한 지형과 생태계가 공존하고 있다. 강 굴줄기가 석회암 지대를 흐르며 만들어 낸 감입곡류하천, 하안단구, 카르스트 지형은 영월의 또 다른 명물이다. 영월 10경을 비롯한 영월의 자연은 멋진 경관을 넘어 레저관광, 생태관광, 치유관광을 견인하며 영월의 관광산업을 발전시키는 데 기여해 왔다. 영월을 대표하는 주요 자연 자원을 살펴보자.

동강(東江)은 태백에서 발원해 영월읍 동쪽으로 흐르는 약 65km에 이르는 물줄기로 영월읍을 지나 서강과 합류한다. 동강이란 이름은 영월읍의 동쪽을 흐르는 하천이라는 뜻이며, 정식 명칭은 조양강이다. 깎아지른 절벽과 맑은 강물 그리고 협곡의 아름다움이 뛰어난 동강 유역에는 천연기념물 제206호 백룡동굴을 비롯해 많은 석회동굴과 기암절벽이 자연경관과 어우러져 손꼽히는 비경을 자랑한다. 동강 유역에는 희귀 조류인 원앙(천연기념물 제327호), 까막딱따구리(천연기념물 제242호), 소쩍새(천연기념물 제324호), 어름치(천연기념물 제259호), 수달(천연기념물 제330호)은 물론 각종 희귀식물이 서식하는 생태의 보고이다. 정부는 동강 유역을 생태경관 보전지역으로 지정하고 보호하고 있다. 해마다 동강할미꽃 축제가 열리며, 래프팅, 카약, 낚시, 트레킹 명소로도 널리 알려져 있다.

서강(西江)은 영월읍의 서쪽을 가로지르며 흐르는 강이다. 단종 유배지인 청령포를 지키는 보호막 기능을 해 온 서강 유역은 한반도 지형의 주변 경관을 아름답게 수놓는 배경이 된다. 서강 유역을 따라 펼쳐지는 풍경은 자연이 그려 낸 한 폭의 수묵화 같다. 서강 유역에는 소나무 숲이 울창하며 강변을 따라 산책로와 자전거 도로가 잘 갖춰져 있다. 서강은 낚시를 즐기는 낚시 애호가들도 자주 찾는다.

멸종 위기 동물이 서식하고 있고 칠보치마 같은 희귀식물도 자생하고 있어 서강 유역도 동강과 마찬가지로 생태의 보고이다.

　봉래산(蓬萊山)은 영월읍 영흥리와 삼옥리에 걸쳐 펼쳐진 해발 799.8m의 산으로, 정상 근처에 별마로천문대가 있다. 예로부터 봉래채운(蓬萊彩雲)이란 말이 있을 정도로 사방으로 조망이 뛰어나다. 정상에 오르면 정선의 가리왕산, 평창의 청옥산, 태백의 함백산이 시야에 들어오며, 영월읍의 전경과 동강과 서강이 유유히 흐르는 장관을 볼 수 있다. 봉래산명소화사업은 영월의 관광 지도를 새로 그리며 봉래산을 영월의 랜드마크로 부각시켰다. 관광객은 영월읍 영흥리 금강정에서 봉래산 정상에 이르는 1.65km 구간을 모노레일을 타고 가며 4계절을 감상할 수 있다.

　봉래산은 사육신의 한 사람인 성삼문이 단종복위운동에 실패하고 처형장으로 끌려가면서 지었다는 시조 〈봉래산가(蓬萊山歌)〉에도 등장하는 산으로 유명하다. 〈봉래산가〉라는 제목은 작품 가운데 등장하는 봉래산을 따서 후세 사람들이 붙인 이름이다. 이 시조는 『청구영언』을 비롯한 여러 가집(歌集)에 실려 전해져 왔다. 성삼문은 수양대군의 왕위 찬탈을 반대하고 단종의 복위를 꾀하다 발각되어 처형되었는데, 살아서 뿐만 아니라 죽어서도 홀로 푸른 소나무가 되겠다며 꺾이지 않는 꿋꿋한 절개를 다음과 같이 노래했다.[14]

　　　"이 몸이 죽어가셔 무어시 될고 ᄒᆞ니
　　　봉래산 제일봉에 낙락장송(落落長松)되야이셔
　　　백설(白雪)이 만건곤(滿乾坤)홀계 독야청청(獨也靑靑)ᄒᆞ리라"

---

14) 한국학중앙연구원(2025). "봉래산가." 한국학진흥사업 성과포털. http://waks.aks.ac.kr/subject.aspx?dataID=36503

이 밖에도 옥동천은 영월군 상동읍 해발 1,346m의 구운산에서 발원해 김삿갓면을 거쳐 남한강으로 흘러가는 수심이 얕은 하천이다. 낚시와 다슬기로 유명한 청정 지역이다. 김삿갓면 와석리에 있는 김삿갓 계곡은 해발 1,236m의 선달산에서 발원해 경북 영주시 부석면 남대리와 충북 단양군 영춘면 의풍리를 지나 영월의 김삿갓면 와석리로 흘러들어 계류를 이루다가 영월의 옥동천을 거쳐 단양과 충주 및 여주로 흘러간다.

김삿갓 계곡은 여름철에는 청정 계곡으로 가을철에는 단풍 계곡으로 유명하다. 횡성군 태기산에서 발원해 남쪽으로 흘러가다 영월군 무릉도원면으로 흘러드는 주천강의 맑은 물줄기와 계곡도 영월의 소중한 자연 자원이다. 방문객들은 사계절 내내 영월의 자연경관 속에서 휴식과 체험을 동시에 즐길 수 있다. 영월 10경을 비롯한 자연경관은 관광객에게 매력적인 볼거리를 제공하며, 지역 주민에게는 경제적 혜택을 안겨 주는 먹거리가 되기도 한다. 앞으로도 영월 10경을 비롯한 자연경관은 지속가능한 문화관광 자원이 될 것이다.

3. 박물관

영월군은 2006년부터 '지붕 없는 박물관'이라는 기치 아래 박물관 고을을 육성하는 사업을 추진해 왔고, 2008년 12월에는 전국에서 유일하게 박물관 고을 특구로 지정됐다. 22개의 박물관(공립박물관 9개, 사립박물관 13개)을 운영하고 있는 영월군은 현재까지 우리나라의 군 단위에서 가장 많은 박물관을 보유하고 있다. 여러 박물관에서는 영월 고유의 자연 지형과 생태, 영월의 인물과 역사, 영월의 현재와 미래를 기록하고 전시함으로써, 사람들을 영월로 불러들이는 문화관광 자원의 기능을 톡톡히 해내고 있다.[15]

공립박물관으로는 영월Y파크, 별마로천문대, 단종역사관, 난고김삿갓문학관, 동강사진박물관, 영월동굴생태관, 강원특별자치도 영월마차탄광문화촌, 동강생태정보센터, 라디오스타박물관의 9개가 있다. 사립박물관으로는 조선민화박물관, 국제현대미술관, 영월곤충박물관, 호야지리박물관, 영월화석박물관, 호안다구박물관, 영월아프리카미술박물관, 영월종교미술박물관, 미디어기자박물관, 영월초등교육박물관, 인도미술박물관, 만봉불화박물관, 영월지오뮤지엄의 13개가 있다.

4. 문화관광 축제

영월군은 지역의 역사와 자연 그리고 주민 공동체를 바탕으로 다양한 축제를 개최해 왔다. 영월의 문화관광 축제는 주민과 방문객이 함께 어울리는 참여형 축제가 많다. 영월 축제의 특성은 역사적 배경과 자연 자원 그리고 지역 주민의 삶과 문화를 바탕으로 전통과 현대의 조화를 모색한다는 점이다. 축제는 주최 지역의 사회경제 발전에 기여하기 때문에 대안적 관광 전략으로 간주된다. 선행 연구에 의하면 축제 방문객의 신기함과 놀이를 추구하는 참여 동기는 축제의 가치에 유의한 영향을 미치고, 친화성 동기는 기능적 가치에 영향을 미치는 것으로 나타났다. 또한 감정적 가치는 기능적 가

---

[15] 보다 자세한 내용은 제6장의 "영월 박물관에서 배우는 발견의 기쁨"을 참조하라.

치에 비해 축제 방문객의 만족감에 강한 영향을 미치며, 축제에 대한 만족감은 행동 의도에 긍정적인 영향을 미치는 것으로 알려지고 있다.[16] 영월의 문화관광 축제도 볼거리와 먹거리를 제공하는 데서 나아가, 축제 참여 동기에서 친화성 동기를 부여하고 축제 방문객의 감정적 가치를 제고하고 축제에 대한 만족감을 높여야 하는 이유도 그 때문이다. 영월군은 주민이 주도하는 체험형 축제를 운영함으로써 지역 경제를 활성화하고 방문객의 증가를 모색해 왔다. 영월군의 주요 문화관광 축제는 다음과 같다.

① 단종문화제

단종문화제는 단종의 비극과 신하들의 충절을 기념하는 영월을 대표하는 역사문화 축제로 매년 4~5월경에 열리며, 국가에서 지정한 중요무형문화재 제85호이다. 주요 프로그램은 단종국장 재현, 단종 추모제, 청령포와 장릉의 유적지 순례, 전통문화 체험, 전통 무예 공연, 한복 체험, 야간 미디어 아트, 퍼레이드, 주민 참여형 퍼포먼스 등이다. 지역 주민이 주도하는 역사교육형 축제로 공동체의 문화 활성화에 기여한다.[17]

② 동강할미꽃 축제

동강할미꽃 축제는 영월 동강 유역의 자생식물인 동강할미꽃의 개화를 축하하는 생태환경 축제로, 매년 할미꽃이 피는 3~4월경에 맞춰 열린다. 주요 프로그램은 동강할미꽃 생태 탐방, 사진 콘테스

---

16) 가정혜, 김진옥, 이충기(2018). "축제 참가자의 동기, 지각된 가치, 만족도 및 행동의도 간의 구조적 관계분석: 서울 등축제를 대상으로." 관광연구저널, 32(7), pp.157-169.
17) 보다 자세한 내용은 제4장의 "관계인구 1호 단종과 단종문화제"를 참조하라.

트, 지역 농산물 직거래 장터, 플로리스트 체험, 동강 유역 트레킹, 환경보호 캠페인 등이다. 친환경 생태관광 축제인 동강할미꽃 축제를 탄소중립과 생태관광의 가치를 반영한 실천형 축제로 확장할 수 있다.

③ 김삿갓문화제

김삿갓문화제는 김삿갓의 문학과 방랑 정신을 기리는 문학과 문화 축제로, 매년 9~10월에 김삿갓면 일대에서 개최한다. 주요 프로그램은 김삿갓의 시 낭송 대회, 풍자시 짓기 체험, 전통 복식 퍼레이드, 김삿갓문학관 탐방, 지역 예술가의 공연, 주민 참여형 장터 등이다. 김삿갓문화제는 가족 단위의 방문객과 학생들에게 인기 있는 문학 체험형 콘텐츠로 특화될 수 있다.

④ 광부마을예술제

영월의 폐광촌 문화를 재조명하기 위해 시작된 광부마을예술제는 광부들의 삶과 공동체 문화를 예술적으로 재해석해 폐광 지역을 재생하고 문화도시로의 전환을 확인할 수 있는 상징적 축제이다. 주요 프로그램은 광산 갱도 체험, 광부 복장 퍼레이드, 광산촌 미술 전시, 주민 참여형 연극 등이 있다. 석탄산업 유산과 예술이 융합된 재생형 축제인 광부마을예술제는 폐광 지역의 관광 활성화 모델로 여러 지자체에서 벤치마킹하고 있다.

⑤ 별빛 축제

별빛 축제는 별마로천문대를 중심으로 진행되는 야간에 특화된 관광 축제이다. 봉래산 정상에 위치한 별마로천문대와 인근 마을은 천체 관측과 별자리 해설과 함께 야간관광 특화 프로그램을 운영한다. 주요 프로그램은 망원경으로 천체 관측, 별자리 체험, 별빛 음악회, 야간 천문대 캠핑, 야간 별빛 트레킹, 별자리 지도 만들기, 천문교육 캠프 등이다. 별빛 축제에서 봉래산의 자연과 농촌 체험 마을을 연계한다면 체류형 관광 효과도 기대할 수 있다.

5. 체험 마을

영월군에는 체험 마을 프로그램을 골고루 갖추고 있다. 체험 마을 프로그램은 영월 주민과 방문객들이 직접 만나 소통하고, 방문객이 영월의 문화와 자연을 체험하며 오랫동안 머무르게 하는 데 영향을 미친다. 영월은 폐광 지역이라는 특수한 지리적 특성을 살려 농촌문화, 광산문화, 자연생태, 문화예술 체험 같은 테마형 체험 마을을 두루 운영하고 있다. 영월의 주요 체험 마을 몇 곳을 소개하면 다음과 같다.

① 광부마을 체험

영월의 폐광 지역을 활용해 조성된 광부마을은 영월의 석탄산업 유산을 주민이 주도해서 재해석한 대표적인 체험 마을이다. 광부마을은 폐광 지역의 석탄산업 유산을 문화예술 체험형 관광 콘텐츠로 전환한 지역 재생의 성공 사례로 평가받고 있다. 주요 프로그램은 광부 복장 체험, 석탄 채굴 체험, 갱도 체험, 광부의 집과 광산 기념관 및 탄광촌의 골목 탐방, 광부음식 체험, 광산 노동요 배우기, 광부마을 예술제와 주민 참여형의 공연 등이 있다.

② 농촌마을 체험

영월군은 고랭지 농업과 산촌마을 특성을 살린 농촌체험 마을도 다수 운영하고 있다. 산솔면, 남면, 주천면에 있는 농촌마을에서는 농사 체험, 전통 음식 체험, 농산물 수확 체험을 할 수 있다. 주요 프로그램으로는 고구마와 감자 캐기, 산채나물 채취, 한과 만들기, 전통 농기구 체험, 농촌 전통놀이 배우기, 지역 특산물(한우, 장류, 산채) 요리 체험, 농가민박, 농촌마을 스테이 프로그램이 있다. 농촌마을 체험은 도시민과 농촌주민의 교류형 체험을 활성화함으로써 체류형 관광객을 유치하고 농가 소득을 증대하는 데도 기여한다. 지역 특산물과 농촌 마을과 연계한 농촌체험 축제는 도시민과 영월 주민이 상호작용하는 교류형 프로그램으로 확대할 수 있다.

③ 김삿갓 문학 체험

김삿갓면 일대의 김삿갓 문학 체험마을에서는 방랑시인 김삿갓의 생애와 문학을 주제로 운영하는 다양한 문학 프로그램을 접할 수 있다. 난고 김삿갓문학관을 비롯한 관련 문화유산은 방문객에게 문학과 자연이 어우러지는 독특한 체험의 기회를 제공한다. 주요 프로그램은 김삿갓의 시 낭송, 풍자시 짓기 체험, 삿갓 쓰고 마을 걷기, 김삿갓 묘역 탐방, 지역 문인과 함께하는 문학 토크, 글쓰기 캠프, 전통 한복 체험, 전통 놀이 프로그램이 있다. 김삿갓 문학 체험 프로그램은 문학과 지역문화를 융합한 창의적 체험 콘텐츠이다.[18]

---

18) 보다 자세한 내용은 제5장의 "노마드 1호 김삿갓과 호모 비아토르"를 참조하라.

④ 동강 생태마을 체험

동강 유역에 위치한 생태마을에서는 주민이 주도하는 생태체험 프로그램을 활발히 운영하고 있다. 동강 생태마을은 동강의 맑은 강줄기, 협곡, 야생 동식물 자원을 활용한 생태관광의 거점이라 할 수 있다. 주요 프로그램에는 동강 래프팅, 카약 체험, 동강할미꽃 생태탐방, 수달과 어름치 같은 야생동물 관찰, 동강 사진촬영 워크숍, 친환경 캠핑, 강변 음악회 등이 있다. 동강 생태마을은 자연보호와 관광이 조화를 이룬 지속가능한 생태관광의 본보기가 되고 있다.

6. 음식과 특산물

영월 주민의 식생활 문화를 살펴보면 개인의 기호는 물론 계절에 따라서도 다른 양상을 나타낸다. 특이한 지형 때문에 영월에서 생산되는 특산물의 종류도 다양하다. 산지가 많은 영월군은 전형적인 벼농사 지역이 아니다. 따라서 예전에는 메밀, 옥수수, 감자로 음식을 만들어 먹는 경우가 많았다.[19] 영월 주민들은 고랭지 채소, 특용 작물, 감자, 옥수수, 당귀, 고추냉이를 주로 재배했다. 영월의 주요 음식과 특산물을 살펴보면 다음과 같다.

---

19) 영월군(2022). "식생활." 디지털영월문화대전. https://yeongwol.grandculture.net/yeongwol/toc/GC08301204

1) 음식

① 메밀 음식

산간에 척박한 땅이 많은 영월에서는 주민들이 밭농사를 하며 메밀을 많이 재배한다. 메밀은 춥고 척박한 곳에서도 잘 자라기 때문에 예로부터 구황작물로 많이 재배했다. 메밀 음식으로는 영월 서부시장에서 파는 메밀전병과 메밀국수가 특히 유명하다. 영월의 '꼴두국수'는 강원특별자치도의 향토음식인 콧등치기국수와 유사한 메밀 칼국수의 일종이다. 꼴두국수라는 이름이 재미있다. 국수 색깔이 꼴뚜기처럼 시커멓고 못생겨 꼴두국수라 했다는 설과 가난하던 시절에 지겹도록 먹었던 메밀국수가 '꼴도 보기 싫어' 꼴두국수라 불렸다는 설이 있다.

② 옥수수 음식

영월 주민들은 예로부터 화전에 옥수수를 심어 식량을 비축했다. 척박한 토양에서도 잘 자라는 옥수수는 영월 기후에도 잘 맞았다. 풋옥수수를 쪄 먹기도 하지만 '옥수수 후리'라는 통에 담아 보관했다가 옥수수밥을 해 먹었다. 옥수수밥을 짓는 방법은 옥수수를 가루로 갈아 밥을 짓거나 옥수수를 찧은 알갱이로 밥을 지었다. 옥수수로 국수, 부치기, 범벅을 만들어 먹기도 했다. 옥수수 가루로 만든 국수를 '올챙이국수' 또는 '올챙이묵'이라고 한다. 국수틀에서 옥수수가 떨어지는 모양이 마치 올챙이 같다고 해서 붙여진 이름이다.

③ 감자 음식

감자 농사를 많이 짓던 영월에서 감자는 식량이 귀한 여름철에 없어서는 안 될 중요한 식량이었다. 감자는 생감자로 쪄서 먹기도 하지만, 감자녹말로 감자떡, 감자송편, 국수, 부치기, 수제비 같은 음식을 만들어 먹기도 했다. 감자녹말을 반죽한 다음에 소에 콩이나 팥을 넣고 찌는 감자송편은 명절의 별미다. 영월 주민들은 여름철에 생감자를 강판에 갈아 고추나 호박을 얇게 썰어 넣고 소금으로 간을 조절하고 들기름에 전을 부쳐 먹기도 했다. 영월은 감자빵으로도 유명하다. '한반도지형' 모양으로도 만들어지는 감자빵은 특별한 인기상품이다.

④ 산나물 반찬

영월 주민들은 참나물, 나물취, 곰취, 곤드레, 두릅, 개미추, 나물추, 고사리, 눈개승마, 산마늘(명이나물) 같은 산나물과 느타리, 표고, 송이, 싸리 같은 버섯을 채취해 다양한 조리법으로 밑반찬을 만들어 먹었다. 나물과 버섯은 삶아 먹거나 삶고 말려 '묵나물'로 저장해 두고 먹었다. 영월 주민들은 영월로 유배 온 단종의 밥상에 3월에서 5월 사이에 깊은 계곡에서 자생하며 특유의 향과 식감이 좋은 '어수리나물'을 올렸다고 한다. 영월 주민들 사이에는 칠석날에 호박을 기름에 지져 조리하는 '호박도래전'을 먹는 풍습도 있었다.

⑤ 민물고기 음식

영월은 동강과 서강 그리고 남한강이 유유히 흘러가는 곳이다. 영월에 사람이 살기 시작하면서부터 영월 주민들이 강에서 민물고기를 잡아 음식을 해 먹었다는 기록이 있다. 영월 주민들은 강과 계곡에서 잉어, 붕어, 쏘가리, 메기 같은 민물고기를 잡았다. 동강과 서강이 영월 주민에게 주는 혜택이었다. 강에서 잡은 민물고기는 회,

찜, 구이, 튀김, 매운탕 같은 조리법을 거쳐 식탁에 올랐다.

2) 특산물

① 감자

벼, 밀, 옥수수와 더불어 세계의 4대 식량 작물로 손꼽히는 감자는 강원특별자치도의 특산물로 각광을 받고 있다. 영월에서 감자를 재배하는 면적은 105.2ha 정도이다. 일반 지역에서 재배되는 감자 품종은 점성이 많아 반찬 재료로 쓰이는 '수미'가 70% 이상으로 압도적인데 비해, 영월에서는 조리 후에도 전분이 많은 분질 감자인 '남작'과 '두백'이 재배되고 있다. 감자는 주로 밥에 넣어 쪄 먹지만, 옹심이, 범벅, 전의 재료로 쓰인다. 최근에는 생으로 깎아 먹거나 샐러드에 넣는 감자 품종이 개발되었다.

② 고추

점토질 토양에서 자라 저장력이 강한 영월 고추는 색깔이 곱고 껍질이 두껍고 특유의 매운맛과 단맛이 조화를 이룬다. 영월군은 1993년에 국내 농협 최초로 고춧가루 가공 사업소를 설립해 고추 생산의 전 과정을 HACCP 기준에 따라 처리하고, 2008년에 특정 지역의 상품인증 표시인 농산물 지리적 표시에 등록하며 고추의 품질관리를 위해 노력해 왔다. 영월고추육성사업단과 영월장류융복합지원센터에서는 양념장 만들기 체험 행사와 고추장 만들기 체험 행사를 개최하고 있다.[20] 영월 고추로 만든 벌꿀고추장, 보리고추장, 청양고추

---

20) 영월군(2022). "영월의 농특산물." 디지털영월문화대전. https://yeongwol.grandculture. net/yeongwol/search/GC08300012?keyword=%EC%96%B4%EC%88%98%EB%A6%AC&page=1

장 같은 특산품도 인기리에 판매되고 있다.

③ 배추

영월의 배추는 해발 300~400m의 준고랭지 석회암 지대에서 재배되고 있다. 따라서 속이 알차고 단단해 오래 보관할 수 있다. 특유의 아삭함과 고소한 맛도 영월 배추의 특성이다. 영월절임배추영농조합법인은 김장에 필요한 절임배추를 판매한다. 주식회사 강원수출은 2021년에 영월군의 대가식품에서 생산한 김치 20톤을 미국 LA 지역에 수출해 배추 수출의 물꼬를 텄다. 당시 기준으로 약 5만 달러어치였다. 지금도 미국, 호주, 네덜란드 같은 여러 나라에 배추 수출의 판로를 개척하고 있다.

④ 포도

영월 포도는 당도가 높고 껍질이 부드러우며 열매가 크고 신맛이 적다. 영월읍 영흥리, 흥월리, 거운리, 김삿갓면 예밀리에 포도 재배지가 산재한다. 예밀리를 중심으로 2000년부터 김삿갓포도축제가 열리고 있다. 축제에서는 포도 밟기, 포도 빨리 먹기, 포도 박스 빨리 접기, 포도 찰떡치기 같은 프로그램을 체험할 수 있고, 포도 품평회와 와인 시음회도 한다. 예밀와인을 생산하는 예밀리는 일조량이 많고 일교차가 심해 포도 재배에 좋은 조건을 두루 갖추고 있다. 예밀리의 포도로 만든 '예밀와인 드라이'는 2019년 대한민국 주류대상에서 대상을, '예밀와인 스위트'는 2021년 대한민국 주류대상의 '우리 술 한국 와인' 부문에서 대상을 수상했다. 예밀와인은 제조 과정에서 물이나 주정 같은 첨가물을 쓰지 않고 포도만 발효시켜 만든다.

⑤ 사과

사과는 석회암 지대에서 잘 자라는 경향이 있다. 석회암 지대가 많은 영월은 고품질 사과를 재배하는 데 최적지다. 영월 사과는 수분 함량이 많아 각종 음료와 양조의 재료로 쓰이며 잼, 견과류, 분말, 통조림 같은 여러 가공품의 재료로도 쓰인다. 영월군의 사과 재배 면적은 138.2ha 정도이며 주천면이 가장 넓고, 그다음으로는 영월읍, 남면, 한반도면 순이다. 수확된 영월 사과는 고품질의 사과 제품화 시설을 통해 당도별 색채별 선별 작업을 거쳐 유통된다. 영월 사과는 2021년부터 러시아에도 수출되고 있다.

영월은 지형의 특성으로 인해 특산물이 많이 생산되는 곳으로도 정평이 나 있다. 앞에서 소개한 10가지 외에도 영월을 대표하는 특산물로는 고구마, 토마토, 오이, 참기름, 벌꿀, 한우, 도토리묵, 인진쑥, 참숯, 느타리버섯, 청결미, 콩을 이용한 낫또 등이 있다. 특히 영월 고구마는 '꿀고구마'라 불릴 정도로 당도가 높고 섬유소가 풍부하게 들어 있어 변비와 대장암에도 효과가 있다고 알려져 있다. 최근에는 동서양의 요리 기법을 혼합한 퓨전 음식을 선호하는 추세에 맞춰 곤드레 카스텔라, 감자빵, 고구마빵, 사과빵 같은 다양한 퓨전 음식이 개발되어 판매되고 있다. 영월군 특산물은 오일장으로 열리는 덕포장과 주천장뿐만 아니라 중앙시장, 서부시장 같은 재래시장에서 구입할 수 있다. 장릉, 청령포, 고씨굴 같은 관광지 주변을 비롯해 온라인을 통해서도 주문할 수도 있다.

7. 세시풍속

영월의 세시풍속(歲時風俗)은 한 해를 계절별, 절기별, 월별로 나눠 반복적으로 행하는 풍속이다. 지역별 세시풍속은 우리나라 전체가 크게 다르지 않다. 영월의 세시풍속도 크게 보면 다른 곳과 유사하지만, 자세히 들여다보면 영월의 자연환경과 관습 그리고 역사 문화적 배경에 따라 조금씩 차이가 있다. 예컨대, 설날 차례상을 보면 우리나라 대부분의 지역에서 떡국을 주로 올리는 데 비해, 영월에서는 만둣국을 올린다. 그리고 정월대보름이나 단종문화제 때 하는 칡줄다리기를 비롯해 단종대왕 한풀이굿이나 주천면의 섶다리놓기 행사는 영월 고유의 세시풍속으로만 진행되고 있다.[21]

영월의 1월 세시풍속에는 설 차례, 세배, 토정비결 보기, 복조리 걸기, 엄나무 걸기, 삼재막이, 입춘첩, 십이 간지에 맞춰 행사하기, 안택고사가 있다. 정월 열나흘을 여름날이라 하고 정월대보름을 가을날이라 한다. 오곡밥과 나물 먹기, 밤새우기, 귀밝이술 먹기, 부럼 깨물기, 더위팔기, 개보름쇠기, 용 물 뜨기, 쥐불놀이, 달맞이, 어부식, 섬 만두 먹기, 제웅치기, 보름 밥 훔쳐 먹기, 소밥 주기, 숯 점치기를 했다. 16일인 귀신날에는 체 걸어 두기, 신발 엎어 두기, 고추씨 태우기, 목화씨 태우기를 했다.

2월의 세시풍속으로는 머슴 날, 영등할매 모시기, 이월 제사 지내기, 한식 지내기, 나이떡 먹기, 좀생이 별 보기가, 3월의 세시풍속으로는 불공드리기, 머리 깎기, 나비 점치기, 간장 담그기가 있다. 4월

---

[21] 영월군(2022). "세시풍속." 디지털영월문화대전. https://yeongwol.grandculture.net/yeongwol/toc/GC08301243

의 세시풍속으로는 한식 산소 돌보기, 부처님오신날 절에 가기, 죽으로 끼니 때우기가, 5월의 세시풍속으로는 그네뛰기, 약쑥 뜯기, 익모초즙 마시기, 수리취떡 해 먹기가 있다. 6월의 세시풍속으로는 유두 고사 지내기, 유두 국수 먹기, 기우제, 용신제 지내기, 호박잎 두드리기, 가신에게 밥 올리기, 복대림(복달임)이 있다.

7월의 세시풍속으로는 칠석날 불공드리기, 무당 찾아가기, 백중날 성주에게 밥 떠 놓기, 호미씻이, 칠석날 날씨로 풍흉 점치기가, 8월의 세시풍속으로는 벌초하기, 추석 성묘 등이 있다. 9월의 세시풍속으로는 무후제 지내기, 중구 차례, 성묘하기가 있다. 10월의 세시풍속으로는 안택고사, 전사, 가신단지 곡식 갈아 주기가, 11월의 동짓달 세시풍속으로는 동지팥죽 쑤기, 메주 쑤기가 있다. 12월의 섣달 세시풍속으로는 밤새우기, 묵은세배하기, 만둣국 제사(망년제), 불 켜두기 등이 있다.

제3장

영월 문화관광의 어제와 오늘과 내일

1. 영월 문화관광의 과거와 현재

1) 영월 문화관광이 걸어온 길

영월의 관광산업은 지역의 역사적 흐름과 산업적 특성과 맞물려 '전통적 관광 → 산업관광 → 문화생태관광 → 체험형 참여형 관광'으로 점진적으로 발전해 왔다. 현재까지 영월 관광산업의 발전 과정을 단계별로 살펴보면 다음과 같다.

1960년대부터 시작된 영월 관광은 1980년대까지 지역의 역사적 상징성과 밀접한 관련이 있는 역사유적 중심의 관광 위주로 전개됐다. 단종의 유배와 관련된 청령포, 관풍헌, 장릉이 중요한 관광 자원으로 인식되면서, 1960~1980년대에는 역사문화 위주의 관광이 진행됐다. 단종의 유배와 관련된 유적지를 중심으로 수학여행과 역사교육 프로그램이 진행됐고, 관광 기반이 부족했던 시기라 자연스럽게 방문 위주의 관광이 이루어졌다.

대한민국 석탄산업의 중심지로 영월이 번성했던 시기적 특성에 알맞게 1980년대에는 산업관광과 광산도시 관광이 진행됐다. 광산촌의 산업 현장과 탄광 노동자들의 생활을 체험하려는 관광객이 전국에서 몰려오면서 산업관광이라는 특수한 형태가 나타났다. 탄광촌 견학 프로그램을 비롯해 광산 노동자 가족과 산업 관계자 중심의 영월 방문이 이루어졌다. 그러나 1989년의 석탄산업 합리화 정책으로 인해 영월의 광산이 대부분 폐광되며 영월의 석탄산업은 쇠퇴기에 접어들었다.

〈표 3-1〉 영월 관광 유형의 시기별 변천

시기(년)	주요 관광 유형	특성
1960~1980	역사관광(단종 유적 중심)	전통적 관람 위주 관광, 국내 수학여행 중심 관광
1980~1990	산업관광(광산촌 관광)	석탄산업 전성기, 광산 견학 프로그램 활성화
2000~2010	문화생태관광	폐광 지역 재생, 동강 생태, 역사문학 축제 중심 관광
2010~2020	체험형 참여형 관광	광부마을 체험, 농촌체험, 문학·예술 체험관광 활성화
2020~	지속가능한 문화관광, 디지털 관광, 관계인구 관광	문화도시 지정, 주민 참여형 콘텐츠, 탄소중립 관광, 디지털 기술 접목

폐광 지역의 재생과 문화생태관광으로 전환한 2000년대 이후부터 영월군은 폐광 지역 진흥지구를 지정하고 관광산업을 바탕으로 지역 경제를 재건할 방안을 모색했다. 1990년대 후반부터 영월은 폐광 지역이라는 지역적 위기를 문화관광 자원으로 전환하는 적극적인 정책을 추진했다. 동강과 서강 유역의 아름다운 자연환경을 활용한 생태관광을 활성화하고, 단종문화제와 김삿갓문화제 같은 문화축제를 기획해 방문객을 유치했다. 나아가 광부마을 예술촌과 문화광산 프로젝트 같은 석탄산업의 유산을 재해석해 관광 상품으로 탈바꿈시킨 사례를 늘려 나갔다. 이 시기부터 영월은 '역사와 산업과 자연이 공존하는 문화관광 도시'로 방향성을 전환했다.

2010년대에 접어들어 영월은 단순한 관람형 관광에서 벗어나 방문객이 직접 체험하고 참여하는 관광 콘텐츠를 강화해 체험형 관광으로 전환했다. 광부마을 체험, 농촌체험, 문학체험 프로그램을 운영했고, 동강 래프팅과 트레킹 및 생태 탐방 같은 체험형 관광 상품을 확대했다. 그리고 별마로천문대와 함께하는 야간관광을 비롯해 과학체험에 관련된 관광 상품을 개발하고, 박물관 고을이라는 평판에 알맞게 다양한 박물관(석탄, 역사, 사진 등)의 운영을 확대했다. 이 시기에 영월 문화관광의 다양성과 주민 참여성 및 교육적 가치가 크게 향상됐다.

나아가 영월 관광은 2020년대에 접어들어 지속가능한 관광으로 도약했다. 2021년에 영월은 법정 문화도시로 지정됐다. 지속가능한 문화관광 도시 모델로 발전을 거듭한 것이다. 영월군은 주민 주도형의 문화 콘텐츠를 생산해 관광객과 지역 주민의 소통을 강화하고, 관계인구의 창출 전략을 바탕으로 장기 체류형 관광과 재방문을 유도했으며, 디지털 기술을 적용해 스마트 관광 정보 시스템을 구축했으며, 생태보존과 탄소중립형 관광을 강조하는 지속가능한 관광 전략을 전개하고 있다.

결국 영월군은 단종의 충절, 광산의 재생, 자연과 생태, 주민 공동체의 힘이라는 영월의 고유 자산을 전면에 내세워 관광산업과 지역사회의 동반 발전을 모색했다고 평가할 수 있다. 나아가 영월 관광은 지속가능성과 환경보호를 강조하는 차원에서 생태자원 보호와 저탄소 관광과 제로웨이스트 관광으로 가치를 확장하고 있다. 광산도시에서 출발해 문화와 자연을 중심으로 지속가능한 관광 모델을 확립한 영월은 앞으로도 체험형 관광, 스마트형 관광, 주민주도형 관광을 실천하는 모범 사례를 보여 줄 것이다.

2) 영월 문화관광이 걸어갈 길

영월의 이곳저곳을 둘러본다는 것은 환상이 가득한 모험이자 모두를 위한 여행이며, 노스탤지어를 찾아서 매혹적인 세계로 빠지는 자기 발견의 과정이다.[1] 영월군은 '달달영월'이라는 문화관광 브랜드를 만들어, '내 삶을 충전하는 대한민국 치유관광 도시'를 추구하고 있다. 달달한 맛과 재미가 어우러진 수천 개의 색을 가진 달마다 새로운 영월을 방문객에게 제공하겠다는 뜻이 담겨 있다. 대부분의 사람이 한곳에 정착해 농토를 일구며 살아가던 농경사회에서, 죽장에 삿갓 쓰고 전국을 유랑했던 김삿갓의 노마드 정신은 여기저기 둘러보기를 좋아하는 현대 관광객의 이동 본능과 딱 맞아떨어진다.

영월군은 문화도시의 비전을 문화충전도시로 설정하고 영월의 관광 브랜드 명칭도 '달달영월'로 결정했다. 달마다 새로워지는 영월에서 편안하게 쉬고 충전하자는 취지를 반영한 것이다. 문화도시의 목표는 관광 활성화를 바탕으로 생활인구 1천만 도시를 달성해 인구소멸 시대에 부족한 정주인구를 생활인구로 대체하고 지역 활성화를 추진하는 데 있다. 문화도시 사업 추진의 3대 핵심 전략은 영월을 문화와 치유의 허브로 만들어, 연대와 협력으로 지속가능한 관

비전	내 삶을 충전하는 대한민국 치유문화 관광 도시
미션	달달한 맛과 재미가 어우러진 수천 개의 색을 가진 달마다 새로운 영월
목표	관광 활성화를 통한 생활인구 일천만 도시 달성
추진 전략	문화와 치유의 허브, 연대와 협력으로 지속가능 관광 생태계 구축, 수요자 중심형 관광인프라 구축

[그림 3-1] **영월 문화관광의 비전**

---

1) 양다솔(2024). 『영월, 산과 별을 넘으며』. 영월: 영월군.

광 생태계를 구축하고, 수요자 중심형의 관광 인프라를 충족시키는 데 있다. [그림 3-1]에 영월 문화관광의 비전을 제시했다.

영월 문화관광의 비전을 달성하기 위한 7대 전략 과제는 다음과 같다. ① 지역의 자원을 활용해 사계절 문화관광 도시를 실현한다는 과제로, 전국트레킹대회, 단종문화제, 동강축제, 동강국제사진제, 김삿갓문화제를 개최해 전략을 추진한다. ② 역사문화와 치유를 위한 관광 콘텐츠를 개발한다는 과제로, 마을 체험형의 콘텐츠 발굴, 슬로시티 구축, 웰니스 확산, 역사인물의 스토리텔링 과정을 거쳐 전략을 실행한다. ③ 영월형 라이프 스타일을 융합한 체험관광 콘텐츠를 활성화한다는 과제로, 영월 고유의 상품 개발과 굿즈 판매 그리고 체험활동 프로그램을 통해 전략을 실행한다. ④ 혼자서도 여행하기 편한 문화관광 도시를 구현한다는 과제로, 영월 뉴트로드(newtroad) 조성, 스마트 관광정보 제공, 애완동물을 동반하는 관광객의 친화 공간을 구축해 전략을 실행한다. ⑤ 야간 관광을 활성화해 숙박 관광을 유도하고 지역 경제를 활성화한다는 과제로, 주야간 상설공연, 한여름 거리 축제, 야간 경관조명, 야간 워킹 상품을 개발해 전략을 실행한다. ⑥ 타깃 마케팅을 통한 소비자 지향적 관광 상품을 개발한다는 과제로, 세대별 취향에 맞는 관심 상품을 개발하거나 농촌마을 체험 상품을 개발해 전략을 실행한다. ⑦ 지역 밀착형의 인력 양성을 통해 지역관광 네트워크를 구축한다는 과제로, 문화관광부학교, 관광벤처 인력양성, 관광두레 활성화를 통해 전략을 실행한다.

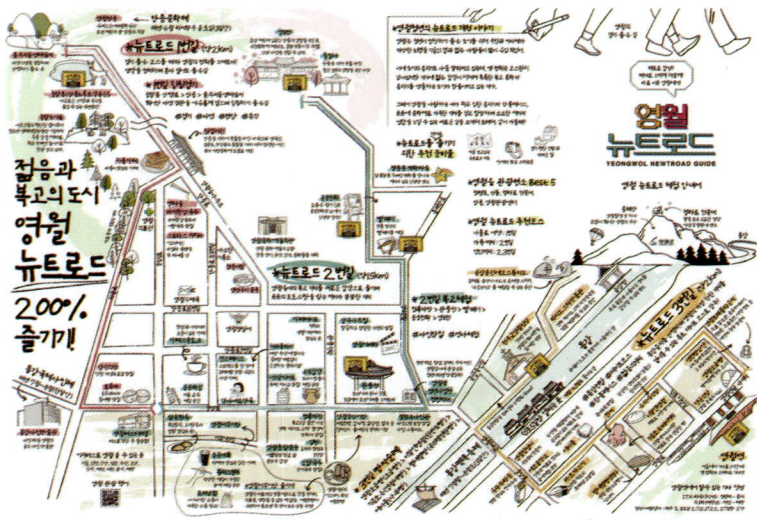

[그림 3-2] 손으로 그린 '영월 뉴트로드' 지도 ©영월군

2. 문화도시영월의 기획력을 찾아서

1) 석탄광산에서 문화광산으로 전환

영월의 문화광산 프로젝트는 폐광 지역을 재생하는 전략이다. 영월군은 폐광 이후부터 지역의 경제 환경이 위축되고 일상생활에서 활력을 잃어 가자 지역 경제를 살리기 위한 정책을 실행했지만 한계가 있었다. 강원랜드의 카지노 수익금을 바탕으로 폐광 지역의 개발기금이 조성돼, 폐광 지역의 대체산업 육성 사업과 교육문화예술 진흥사업에 투입됐다. 영월군은 폐광 지역의 개발기금을 동강시스타 리조트나 상동 테마파크 등에 투자했지만 실질적 효과가 크게 나타나지는 않았다. 따라서 영월군의 공무원들은 폐광 지역의 환경을 개

선한 다음 일자리를 창출하고 경제를 활성화할 대체 산업을 육성하려면 주민이 사업을 주도하는 형태로 정책을 전환할 필요가 있다고 판단했다.

[그림 3-3] 문화도시영월의 로고 ©영월군

석탄산업이 붕괴한 이후 인구 유출과 주민의 고령화에 따라 인구소멸과 지역소멸의 위기에 봉착하자, 영월군은 인구소멸과 지역소멸 문제를 해결하기 위한 방안으로 폐광 지역의 소멸된 지하자원을 영월 고유의 문화 자산으로 전환하기 위해 '지역소멸 대응형 문화도시 모델'을 정립했다. 영월 고유의 자원을 활용해 차별성을 강화하고, 시군별 발전과 폐광 지역 전체의 동반 성장을 병행하는 정책적 판단이 중요했다. 나아가 주민이 주도하는 사업의 성공사례를 발굴해 널리 알리고, 주민 역량을 결집하여 지역 발전의 동력을 추진할 필요가 있었다.

영월군은 1990년대 후반에 영월다목적댐(동강댐) 건설의 반대운동에 참여했던 군민의 의지와 역량을 결집하여, 문화도시영월의 정체성을 강화하고 영월 문화의 가치사슬 체계를 정립해 군민 모두가 참여하는 문화도시영월을 기획했다. 과거에 영월의 석탄광산(鑛山)이 대한민국의 산업화에 기여했다면, 앞으로의 영월은 문화를 통해 지역을 빛내는 문화광산(光山)으로 탈바꿈시켜 다시 도약하자는 취지였다. 영월문화관광재단의 문화도시추진센터는 문화도시영월의 추진 방향을 3가지 관점에서 접근했다. 〈표 3-2〉에서 문화도시영월의 추진 방향을 알 수 있다.

〈표 3-2〉 **문화도시영월의 추진 방향**

	인구감소 및 고령화 지역소멸 가속화	지역 경제 침체 및 도시 브랜드 미흡	지역의 문화편중 심화 문화적 삶터 필요
지역 문제	• 고령화, 청년층 인구 감소 • 행정 주도의 문화 정책 • 민간 거버넌스 경험 부족	• 폐광 이후 지역 경제 침체 • 주민상실감, 성장 동력 부족 • 문화자원 대비 브랜딩 전략 부재	• 문화기반 시설, 영월읍 편중 • 권역별 문화 불균형 심화 • 소통 및 공동체 의식 부족
	▼	▼	▼
핵심 가치 (방향)	사이사이 – 사람 충전 단절된 이웃을 단단한 관계로	굽이굽이 – 활력 충전 정체된 시간을 동적인 시민으로	구석구석 – 공간 충전 개별적 공간을 개방적 공유로

첫째, 인구감소와 고령화에 따라 지역소멸이 가속화되는 현실에 대한 문제를 제기하는 관점이다. 급속한 고령화와 청년층의 인구감소는 지역의 활력 상실에 결정적인 영향을 미쳤고, 행정 주도의 문화 정책은 지역 주민의 자율적인 참여 의지를 약화시켰다는 반성이었다. 민간 거버넌스에서도 경험이 부족해 문제점으로 나타났다.

둘째, 지역의 경제 침체와 도시 브랜드의 미정립에 대한 문제를 제기하는 관점이다. 폐광 이후부터 지역 경제가 계속 침체기에 접어들자 주민들의 상실감도 컸고 성장 동력도 부족했다. 더욱이 문화 자원이 가진 잠재력에 비해 특별한 브랜딩 전략도 없었다는 반성이었다.

2. 문화도시영월의 기획력을 찾아서

〈표 3-3〉 문화도시영월의 추진 방향과 전략

구분	방향성	6대 전략	목표	추진 전략
사이사이-사람 증진	**단절된 이웃을 단단한 관계로** 민관 주도의 문화 거버넌스 구축, 다양한 문화도시 주체의 참여 및 협력, 지역의 문화 인재 양성으로 지역문화 생태계 구축	문화도시 경영체계 및 지속가능성 구축	주민의 재발견 및 지역문화 생태계 구축	• 지역 주민의 정책 참여 및 의사결정체계 마련, 주민참여 거버넌스 구축 • 지역문화 기반의 체계적인 교육문화 인재 양성 및 일거리 마련
		문화인재 양성		
곳곳이-활력 증진	**정체된 시간을 동적인 시민으로** 누구나 누릴 수 있는 문화로 지역 내 정주인구 만족도 향상, 능동적인 주체 발굴로 지역문제 해결 및 지속가능한 지역발전 추진	문화가치 발굴·발용 사업	도시문화 브랜드 및 지속가능성	• 지역 주민이 문화도시 사업을 기획 실현하는 능동적 주체로 성장 • 소도시 지역만의 문화적 정체성과 특성 실현 '문화도시영월' 브랜딩
		생활문화 공동체 활성화		
구석구석-공간 증진	**개별적 공간을 개방적 공유로** 분절되고 개별적인 문화적 공간을 통합 연계해 9개 읍면 문화접근성 강화, 도시정책 통합설계로 지역문화를 통한 지역 경제 활성화 모색	도시혁신 및 지역 경제 활성화	지역 간 연대 및 문화 불균형 해소	• 영월군 9개 읍면 구석구석 동네 문화공간 확대 및 지역문화 접근성 개선 • 주민의 문화 참여 및 향유 기회 확대, 문화를 통한 지역 활력 증진 • 지역 내 다양한 주체와 연대, 문화도시와 인근 도시와의 연계 및 네트워킹 강화
		문화적 도시재생		
+ 관계의 확장			지역소멸 적극 대응 및 문화관광형 생활인구 유입 확대	• 정주인구와 지역내 지속적 관계를 유지하는 생활인구의 확대 • 지자체의 도시정책 사업과 연계해 문화 강소도시로 지역 발전 유도

셋째, 지역의 문화편중 심화와 문화적 삶터의 필요성에 대한 문제를 제기하는 관점이다. 문화 기반시설은 주로 영월읍에 편중돼 있어 권역별로 문화적 불균형이 심화했고 상호 간의 소통 의지와 공동체 의식도 부족했다는 반성이었다.

영월문화관광재단의 문화도시추진센터는 이런 현실에 주목해 문화도시의 핵심 가치를 3가지 방향에서 정립했다. 첫째, 사람에 중점을 두고 '사이사이-사람 충전'이라는 방향에 따라 단절된 이웃을 단단한 관계로 복원한다는 전략을 수립했다. 둘째, 시간적 의미에서 '굽이굽이-활력 충전'이란 방향에 따라 정체된 시간을 동적인 주민 활동으로 극복하려고 했다. 셋째, 공간적 의미에서 동쪽에서 서쪽으로 40여 km 정도 펼쳐진 공간에서 '구석구석-공간 충전'이란 방향에 따라 개별적 공간을 개방적 공유공간으로 확대하려고 했다.

폐광 지역 위기를 극복하기 위해 광부마을 공동체, 단종 관련 유적지 보존 모임, 농촌마을 자치회에서는 주민들이 자발적으로 지역문화와 전통을 보존하려는 움직임이 활발히 일어나기 시작했다. 영월군은 주민이 주도하는 문화자산과 활동 기반을 바탕으로 '주민이 주인이 되는 문화도시'를 표방했다. 급기야 예비 문화도시 선정을 거쳐 2022년에 제4차 법정 문화도시로 공식 지정됐다. 영월군은 법정 문화도시로 지정되기까지 지역 주민의 자발적 참여와 공동체 기반의 문화 활동을 적극적으로 전개했다. 그 결과 우리나라를 대표하는 주민 참여형 문화도시로 자리 잡을 수 있었다. 공식 슬로건은 "어두운 석탄광산에서 빛나는 문화광산으로"였다.

문화도시영월은 '2025 대한민국 명품브랜드대상'에서 최우수 문화도시 부문의 대상을 수상했다. 문화도시영월은 1~4차 모두 24개의 법정 문화도시 중에서 인구 규모가 가장 작았지만, "어두운 석탄

[그림 3-4] 문화도시영월의 성과 공유전(2022)

광산에서 빛나는 문화광산으로"라는 슬로건 아래, 석탄산업 유산과 지역 자원을 문화 콘텐츠로 전환시켜 차별화된 문화도시를 만들었다는 평가를 받았다. 대표 사례인 '광산 아카이브' 사업은 지역의 광산문화를 재조명하고 발굴된 콘텐츠를 주민들이 기록화 작업을 진행한 프로젝트였다. 2023년부터 시민기록단과 협업해 『상동광업소의 기억, 우리의 기록』(2024)이란 자료집을 발간했고, 2024년에는 『기록의 힘, 광산』이란 전시와 포럼을 열어 지역 문화의 가치를 조명했다.[2]

또한 MBN과 협력해 '오백나한상 활용 콘텐츠'를 제작 배포하고, 전시와 공연 및 예술 체험이 어우러진 '2024 문화 충전 프로젝트: 문화영월 아트쇼'를 통해 지역 주민과 예술인 사이에 교류의 장을 마련했다. 청소년 대상의 예술캠프와 가족 중심의 문화 프로그램도 확대해 계층 간의 문화 격차를 해소하는 데도 기여했다. 영월의 9개 읍면 어디에서나 문화를 향유할 수 있도록 '#문화충전샵' 3곳과 '우리 동네 문화충전소' 2곳을 조성했고, 문화도시와 연계하는 공간 44곳

---

[2] 김인엽(2025. 3. 26.). "영월, 탄광 등 석탄산업 유산 활용한 문화도시로 탈바꿈." 한국경제.

도 발굴했다. 영월군은 읍면 단위의 생활문화 거점을 중심으로 지역 내의 문화 공동체를 구축하고 일상에서 문화 행사에 참여할 수 있는 기반을 마련했다. 앞으로도 영월군은 영월만의 정체성을 살린 문화도시 정책을 지속적으로 추진하고 주민 주도형의 문화 생태계를 강화해 나갈 것이다.

2) 영월 문화관광의 지속가능성

영월 문화관광에 있어서 중요한 특성은 관광객이 구경하고 돌아가는 관광을 넘어 관광객이 직접 체험하고 참여할 콘텐츠가 많아 지속가능한 관광 도시로 발전할 가능성이 높다는 점이다. 광부마을 체험, 농촌마을 체험, 김삿갓문학마을 체험, 동강의 생태 체험이 대표적이다. 영월이 법정 문화도시로 지정되기 전부터도 주민이 주도해 관광 콘텐츠를 기획해 왔지만, 법정 문화도시로 지정된 이후부터는 주민 거버넌스가 더욱 강화됐다. 영월군은 지속가능한 생태관광 정책을 지속적으로 확대하고, 디지털 기술을 접목한 스마트 관광 인프라를 구축하고 온라인 콘텐츠를 개발해 젊은 층의 관광 욕구에도 적극 대응하고 있다.

영월군의 관광 정책과 외국 주요 도시의 관광 정책에서 지속가능성을 비교해 보면, 영월군이 ESG(환경, 사회, 지배구조)의 가치를 고려한 관광 정책에 심혈을 기울이고 있음을 선명하게 확인할 수 있다. 환경 보호, 주민 참여, 지역 경제의 선순환, 문화유산의 보존, ESG·탄소중립 연계의 측면에서, 영월과 외국의 주요 도시를 비교해 볼 필요가 있다. 영월군의 강점과 차별성은 광부마을, 단종 유적, 농촌체험 같은 지역 특색에 바탕을 둔 관광 콘텐츠가 많아 주민

2. 문화도시영월의 기획력을 찾아서

〈표 3-4〉 외국의 관광 도시와 영월군의 지속가능성 비교

비교 항목	솔로시티 오르비에토 (이탈리아)	프라이부르크 (독일)	샷포로 (일본)	영월군 (한국)
지속가능한 관광 전략	지역 전통 보존, 농촌 체험, 솔로푸드, 주민 주도 관광	탄소중립, 자전거 도시, 에너지 자립, 시민 참여형 정책	자연 보호, 지역 축제 활성화, 지역 농산물 소비 캠페인	문화·자연 자원 활용, 주민 주도 체제 함평광, 관계인구 확대, ESG 연계
환경 보호 정책	농촌 환경 규제, 일회용품 제한, 지역 식자재 사용 강조	재생에너지 100% 목표, 대중교통 친환경화	연어림 보호, 친환경 교통수단 확대	동강·서강 생태보전, 풍로킹, 전기셔틀·전기자전거, 탄소중립 캠페인
주민 참여 정도	마을협동조합 주도 관광 운영, 전통문화 기획 주민 참여	시민·기업·정부 공동 운영 거버넌스	지역 주민이 축제·관광 춤 기획, 농가 참여 프로그램 다수	광부마을·농촌마을 주민 주도 체험 프로그램, 문화도시 주민 중심 거버넌스
지역 경제 선순환 구조	솔로푸드 생산·관광 소비 → 지역 농가 수익 환원	지역 에너지 생산 → 지역 소득, 기업·주민 협력	농산물 직거래, 축제 수익 지역 환원	관광 수익 일부 지역 기금 환원, 농가 직거래, 주민 일자리 창출
문화유산 및 특성화 활용	중세 건축물, 전통 음식, 솔로 라이프 경험	생태 도시 이미지, 역사적 시민운동 도시로 브랜드화	홋카이도 전통문화, 축제, 자연과 지역문화의 융합	단종 유적, 광산촌, 문화마을, 박물관·선암·문화유산 관광지연화
디지털·스마트 관광 연계	디지털 플랫폼보다 주민 대면 서비스 중심	친환경 기술과 도시 인프라 스마트화	관광 플랫폼 활용, 지역 농산물 온라인 직거래	스마트 관광 통합 플랫폼 구축, 증강현실(AR)과 가상현실(VR) 콘텐츠 개발
ESG·탄소중립 연계	환경(E)에 주력, 거버넌스(G)는 주민협의체로 운영	에너지 자립(E)·강점 (G) 강점	환경(E), 지역 공동체 참여(S) 중점	환경(E), 방문객의 공동체 참여(S), 주민 거버넌스(G) 종합 연계
관계인구 및 장기 체류 전략	농가민박, 솔로푸드 장기 체험 제공	장기 거주형 친환경 커뮤니티 활성화	장기 농촌체험, 지역 축제 지속 참가 유도	농촌살이, 광산촌 체험, 워케이션, 관계인구 전용 프로그램 운영

이 주도하는 문화자원을 활용할 가능성이 높다는 점이다. 영월에는 장기 체류형 거주 공간이나 워케이션 지원 체계를 비롯해, 공동체에 참여할 프로그램도 많다. 영월군은 스마트 관광 시스템에 ESG의 가치를 더하고, 관광 수익을 지역사회로 환원하는 체계도 마련했다.

참여형 관광을 통해 관계인구가 늘어나면 나중에 정주인구가 되는 사람들도 증가할 것이다. 지금 영월군은 단기 관광에서 벗어나 장기 체류형 관광객과 관계인구형 관광객을 확보하는 정책도 적극적으로 추진하고 있다. 마을 스테이 프로그램을 비롯해, 장기 워케이션(work+vacation) 프로그램, 문화도시 거버넌스, 마을 축제, 관광 자원봉사 같은 다양한 참여 기회를 방문객에게 제공한다. 체험형 관광 프로그램을 고도화하고 주민의 참여 역량을 강화하며 참여형 관광과 관계인구 정책을 연계해 나간다면, 주민 주도성이 더욱 강화되고 영월만의 차별화된 경쟁력을 가질 수 있다. 영월군에서 디지털 전환을 가속화하고 ESG와 탄소중립 관광에 치중한다면, 앞으로 글로벌 문화도시영월이라는 도시 브랜드가 정립될 것이다.

3. 영월의 문화관광 콘텐츠

영월은 역사유산, 자연경관, 석탄산업 유산, 예술문화 콘텐츠가 공존하는 도시다. 영월군은 다양한 문화관광 콘텐츠를 활용해 지역 활성화를 모색하고 있다. 최근의 관광 트렌드는 단순한 방문형 관광에서 벗어나 체험형 관광, 체류형 관광, 문화예술 콘텐츠 관광 그리고 지속가능한 생태관광으로 발전하고 있다. 영월군은 이런 추세에 발맞춰 역사와 예술 그리고 생태와 산업 유산을 아우르는 관광 모델을 구축하고, 디지털 노마드를 비롯한 장기 체류형 관광객 유치를 위한 인프라도 강화했다. 영월의 대표적인 문화관광 콘텐츠를 유형별로 정리하면 다음과 같다.

1) 역사와 문화가 공존하는 현장

역사적 성찰과 문화 체험을 결합한 관광 콘텐츠는 단종 유배지 관광과 김삿갓 문학 관광이 대표적이다. 청령포와 장릉은 단종 유배지 관광의 백미다. 단종의 유배지인 청령포는 조선시대의 정치적 비극을 간직한 곳으로 성찰과 치유의 공간이 되기도 한다. 세계문화유산 장릉을 중심으로 역사 탐방 프로그램을 운영하고, 스토리텔링 기반의 체험 콘텐츠를 개발하고, '단종의 마지막 길' 걷기 프로그램을 운

[그림 3-5] 동강사진박물관의 오백나한상 전시회(2020)

영할 수 있다. 증강현실(AR) 기술을 적용해 방문객에게 '단종의 유배 생활 재현'을 체험할 수 있게 하고, 단종의 생애를 조명한 미디어 아트 공연으로 야간 역사 퍼포먼스를 진행하는 것도 좋다. 이런 역사 콘텐츠는 교육적 가치뿐만 아니라, 감성적 몰입을 제공함으로써 방문객의 재방문을 유도하는 데 영향을 미친다.

또한 조선시대의 방랑시인 김삿갓 문학 관광도 관광객의 호응을 받을 것이다. 김삿갓문학관과 김삿갓 계곡에서 김삿갓의 철학과 방랑 정신을 체험하도록 하는 것이다. 김삿갓 계곡에 '방랑길 트레킹'을 조성하고, 문학 창작과 체험 콘텐츠를 개발하고, '김삿갓처럼 시쓰기' 같은 즉흥시 창작 프로그램을 운영해도 좋다. '한 줄 시 콘테스트'를 비롯해 문학 토크 콘서트를 운영하고, 문학과 명상을 결합해 '자연 속의 글쓰기 및 필사 워크숍'을 진행한다면, 김삿갓문학관과 김삿갓 계곡은 현대적 감각을 가미한 문학 체험 공간이 될 것이다. 나아가 문학 치유와 창작 공간을 제공하면 장기 체류형 관광으로 연결될 가능성이 높다. 김삿갓문화제를 문학과 예술과 공연이 결합된 축제로 계속 확장하면서 '즉흥시 창작 대회'나 '시와 음악이 어우러진 콘서트' 같은 체험형 콘텐츠를 늘리는 것도 좋겠다.

마지막으로, 창령사지 오백나한상을 비롯한 여러 문화유산을 바탕으로 역사와 문화가 공존하는 관광 콘텐츠를 개발할 수 있다. 2001년 5월 1일, 영월군 남면 창령사지에서 300여 점에 이르는 오백나한상이 출토됐다. 오백나한상은 고려시대 보통 사람들의 희로애락을 담고 있어 국내외의 주목을 받았고, 2019년에 국립중앙박물관의 전시를 통해 일반에 공개됐다. 영월군은 보통 사람들의 희로애락을 표현한 창령사지 오백나한상을 현대적 의미에서의 문화 콘텐츠로 확산할 수 있는 다양한 기획을 마련해 왔다. 앞으로도 창령사지 오백나한상을 새롭게 해석하는 창의적인 전시회를 기획한다면 역사와 문화가 공존하는 관광 콘텐츠에 호평이 쏟아질 것이다.

2) 탄광과 생태가 공존하는 풍경

영월 마차탄광문화촌의 석탄산업 유산을 바탕으로 탄광의 역사와 문화를 재해석할 수 있다. 방문객들은 광부의 일상을 담은 생활관과 박물관을 비롯한 석탄산업 유산을 둘러보며 가상현실(VR)과 증강현실(AR) 기술로 만든 탄광의 광부 체험을 할 수 있다. 방문객들은 '광부의 하루' 몰입형 퍼포먼스(노동요, 광부 이야기 연극)에 참여하고, 폐광촌을 문화예술 마을로 전환한 탄광촌 재생 프로젝트나 공공 미술 프로젝트를 살펴보고, 예술가 레지던시에도 참여할 수 있다. 광부 가족들의 구술을 기록한 '광산 노동 아카이브'도 살펴볼 수 있다. 이와 같은 마차탄광문화촌 프로젝트는 산업적 의미를 보존하면서도 지역 경제에 활력을 불어넣는 창의적인 기획이다.

또한 석탄산업 유산을 활용해 레저 관광과 생태관광도 모색할 수 있다. 폐광과 자연을 연결해 트레킹 코스를 개발하고, 탄광과 동강 유역을 연결해 '광산 트레킹 및 생태 탐방로'를 조성하거나, 탄광의 갱도를 개조해 지하 탐험 코스를 운영할 수 있다. 나아가 지속가능한 생태관광을 추진하기 위해 폐광 지역을 활용해 에코 캠핑이나 글램핑 공간을 개발하고, 광부들이 사용했던 갱도를 활용해 지하 생태 체험 프로그램을 가동할 수도 있다. 석탄산업 유산과 미디어 아트를 결합한 문화 프로젝트와 '광산과 빛'이라는 주제의 미디어 아트 전시회나 탄광촌 광부의 삶을 소재로 만든 다큐멘터리 영화를 상영해도 방문객 유치에 효과적일 것이다. 이렇게 하면 폐광 지역을 단순한 석탄산업 유산으로만 남기는 것이 아니다. 석탄산업 유산은 탄광과 생태가 공존하는 관광 콘텐츠의 기능을 하기 때문에, 자연과 조화된 체류형 관광지로 영월을 발전시키는 데 기여할 것이다.

3) 생생하고 흥미로운 인문 지리

천혜의 자연환경이 뛰어난 영월의 생태계 보존 지역은 관광 자원의 가치가 높지만 생생하고 흥미로운 인문 지리의 가치도 뛰어나다. 자연경관이 특히 뛰어난 동강과 서강 유역은 맑은 강물과 기암절벽 그리고 울창한 산림이 어우러져 있어 생태관광의 명소로 유명하면서도 설화와 민담 같은 인문 지리적 특성도 뛰어나다. 교통과 산업의 중심지의 기능을 하던 동강은 석탄산업이 쇠퇴한 이후에는 지속가능한 환경의 메카로 자리 잡았다. 영월의 문화관광에서 생태적 측면과 지리적 가치가 차지하는 비중이 매우 크기 때문에, 영월은 살아 있는 지리 교과서라 할 만하다. 영월에는 광물자원의 표본실이라 할 만큼 다양한 광물이 매장돼 있다.

특히 시멘트의 원료인 석회암은 4억 5천만 년 전에 해저의 조개껍질이나 산호초가 쌓여 만들어진 암석인데, 영월에서 석회암이 출토되고 있다는 것은 영월 지역이 과거에 바다였다는 증거가 된다. 2000년 6월, 동강댐백지화 선언이 발표됨에 따라 영월의 자원인 생태와 환경의 중요성이 다시금 주목을 받았다. 서강 유역의 한반도지형 습지도 생물 다양성의 보고이다. 이에 따라 2009년 10월에 행정구역의 명칭도 서면에서 한반도면으로 변경됐고, 2011년에는 한반도지형이 명승 제75호로 지정됐으며, 2012년에는 람사르 습지로 등록되면서 서강 유역은 생물학적 가치를 널리 인정받고 있다.

4) 레포츠와 탐험을 즐기는 매혹

　하늘에서 보면 용이 지나간 길과 같다는 동강은 천연기념물과 희귀식물의 자생지이며 멸종위기 야생동물이 발견되는 생태의 보고이다. 동강은 멋진 경관을 감상하는 관광을 넘어 생태 체험과 레포츠 활동을 결합한 관광지로 개발되고 있다. 동강의 생태적 가치와 환경보호의 중요성을 알리는 교육 공간인 동강생태정보센터에서는 지역 주민과 관광객을 대상으로 생태 체험 프로그램을 운영한다. 동강에서 가장 아름다운 경관을 자랑하는 어라연 협곡은 기암절벽과 맑은 물이 어우러진 절경이며 카약과 트레킹을 즐길 수 있는 명소다. 동강 유역에는 영월을 대표하는 '동강할미꽃'의 군락지도 있다.

　천혜의 자연환경을 갖춘 동강은 또한 다양한 레포츠 활동이 가능해 모험과 자연 체험을 선호하는 관광객에게 인기가 높다. 동강의 급류를 타는 수상 스포츠인 래프팅도 즐길 수 있다. 3~4시간 코스로 진행되는 래프팅은 가족과 친구 단위의 관광객에게 인기가 많으며, 지역 업체와 연계한 체험형 관광 상품도 운영한다. 동강을 따라 펼쳐진 트레일 코스를 걸으며 생태 탐방을 하는 동강 트레킹은 자연 속에서 캠핑을 즐길 수 있는 체류형 관광 프로그램과 결합된다. 이런 수상 레저 스포츠는 모험과 생태 체험을 동시에 제공해 관광객의 체류 기간을 늘리고, 지역 경제 활성화에도 기여할 수 있다.

　동강의 동굴 탐험과 생태 체험도 빼놓을 수 없다. 동강 일대에는 석회암 동굴이 다수 분포하고 있으며, 이는 지질학적 가치뿐만 아니라 생태관광지로서도 높은 잠재력을 지니고 있다. 3억 5천만 년 전에 형성돼 동강 유역에서 가장 큰 석회암 동굴로 알려진 천연기념물 제219호 고씨굴은 내부에 다양한 종유석과 동굴생물이 서식하는 생태적 가치가 있다. 야간 조명을 활용한 '빛과 소리의 동굴 탐험' 프로그램이나 기존에 개방된 동굴 외에 미개발된 동굴을 체험하는 '어드벤처 동굴 탐험 프로그램'을 즐기며, 동굴 내에 서식하는 생물을 관찰하고 지질학적 탐사도 할 수 있다. 동굴 탐험 프로그램은 기존의 자연 관광과 차별화된 체험형 콘텐츠로, 모험 관광을 선호하는 사람들과 가족 단위 관광객에게 최적화된 맞춤형 상품을 제공하고 있다.

5) 관계인구 확대하는 관광 마중물

영월은 역사 유산, 석탄산업 유산, 자연경관, 창조적 예술문화를 기반으로 다양한 문화관광 콘텐츠를 개발해 단기 방문객을 유입하고 장기 체류형 관광과 관계인구의 확대를 추진해 왔다. 문화예술 콘텐츠를 바탕으로 지역 경제를 활성화하고 관계인구를 유치할 방안은 많다. 각종 축제 행사를 개최하는 것 말고도 문화공간을 조성하는 사업이 대표적이다. 공공 예술과 창작자를 위한 공간을 조성하고, 예술가 레지던시(창작자들이 머무르며 작업할 공간)를 운영하고, 도시재생 아트 프로젝트(벽화, 조형물, 미디어 아트 활용)를 진행해야 한다. 이와 같은 문화예술 중심의 관광 콘텐츠는 단기 방문객뿐만 아니라, 장기 체류형 창작자와 디지털 노마드를 유치하는 데 있어서 결정적인 영향을 미칠 수 있다.

관계인구 확대를 위한 체류형 관광 프로그램으로 다음과 같은 사례를 생각해 볼 수 있다. '영월에서 한 달 살기' 프로그램을 운영하고, 지역 주민과 관광객이 함께 참여하는 지역 문화 체험 프로그램을 진행하고, 김삿갓문학촌과 마차탄광문화촌 및 동강 생태체험 프로그램의 연계 방안을 모색하는 것이다. 워크숍 공간과 원격근무 공간을 조성하고, 디지털 노마드를 위한 공간을 운영하며, 창작자와 여행객을 위한 장기 체류형 숙소를 개발하는 방안도 마련해야 한다. 관계인구 확대를 위한 체류형 관광 프로그램은 영월의 경제 효과를 지속적으로 창출하는 데 기여할 것이다.

영월군은 이미 역사와 문화가 공존하는 관광 콘텐츠를 개발했고(단종 유배지, 김삿갓 문학관광), 석탄산업 유산과 생태를 결합한 관광 모델을 확장시켰다(영월 마차탄광문화촌, 광산 탐방, 생태 레저). 그리고 문화예술을 활용한 도시재생 프로젝트를 현실화했고, 체류형 관광과 원격근무에 필요한 환경을 조성했다. 민관이 합심해서 만들어 낸 정책 프로그램을 더욱 적극적으로 가동한다면, 영월은 단순한 방문형 관광지를 넘어서 오래오래 머물고 싶은 곳이자 지속가능한 문화관광지로 자리 잡을 것이다.

4. 국제 행사와 축제

역사와 문화와 자연이 공존하는 영월에 가면 해마다 국제 행사와 축제가 열린다. 동강국제사진제와 단종문화제는 영월을 대표하는 연간 행사로, 국내외 방문객을 유치해 지역 경제를 활성화하는 데 기여해 왔다. 관광 트렌드가 관람형에서 벗어나 체험형으로 변화됨에 따라 영월의 축제도 방문객과 지역 주민이 함께 참여하는 체험형 관광으로 발전하고 있다.[3] 영월에서 열리는 주요 국제 행사와 축제의 특성, 관광 자원으로서의 가치 그리고 지역 활성화를 통해 영월

---

3) 김병희, 전영철(2024). 『2024 영월 문화관광 콘텐츠 분석 연구』. 강원: 영월문화관광재단 문화도시센터.

이 지속가능한 문화도시로 자리매김할 수 있는 전략을 살펴보자.

2001년 9월 1일, 영월군은 한국 최초로 '사진의 마을'을 선포하고 2002년에는 제1회 동강사진축제를 개최했다. 2005년 7월에는 한국 최초의 공립 사진박물관인 동강사진박물관을 준공했다. 동강사진박물관은 일본의 도쿄사진미술관에 이어 아시아에서는 두 번째로 건립된 공립 사진전문 박물관이라는 의의가 있다. 2001년 9월 1일, 사진의 마을 선포식에서 영월군수가 발표한 선언문의 주요 내용은 다음과 같다.

"태고로부터 내려온 아름다운 자연 속에서 향기로운 문화를 소중하게 가꾸어 나온 우리 영월군은 21세기의 첫해를 맞는 시점에 서서, 우리의 미래를 위해 긴 생명과 진정한 가치를 지닌 무엇을 우리의 후손에게 유산으로 남겨 놓을 수 있는가를 생각합니다. 사진 기술이 발명되고 160여 년이 지난 지금, 사진은 인류가 영위하는 모든 활동 영역에서 깊숙이 뿌리내리고 있습니다. 공정한 눈으로 역사를 기록하는 시대의 증인으로서, 그리고 사람들의 감동과 정서를 그려내는 뛰어난 창조적 표현 매체로서, 사진은 우리의 정신활동과 일상생활에서 하루라도 없어서는 안 될 가장 중요한 의사소통의 도구로 자리 잡고 있습니다. 세계의 어느 곳에도 견줄 수 없는 빼어난 풍광과 자랑스러운 문화유산을 지키고 가꾸며 살아온 우리 영월군민은, 때 묻지 않은 자연과 활기찬 삶의 모습을 나라 안팎으로 떨쳐 보이고, 사진의 힘을 통해 세계를 동강의 품 안으로 끌어안을 수 있는 또 하나의 전통을 만들어 나가려 합니다. 이에, 우리는 마음을 하나로 모아, 우리 영월군이 한국 최초의 사진의 고장으로 태어날 것임을 이 자리에서 엄숙히 선언합니다."

그 후 영월군은 2010년에 사진의 마을로 유명한 일본 홋카이도의 히가시카와초(東川町)[4]와 사진 마을 문화교류 협정을 체결하고 국제 교류를 시작했다. 인구 8천여 명이 살고 있는 히가시카와 마을에는 60여 개의 카페, 음식점, 베이커리, 상점, 공방이 있다. 히가시카와 마을은 주민, 기업, NPO, 상공회, 일본농업협동조합 같은 여러 주체가 섬세하게 배려하는 고유의 스타일을 유지하고 있다. 주어진 역할에 최선을 다하면서 묵묵히 영향을 주고받는 것을 '히가시카와 스타일'이라고 한다.[5] 히가시카와 마을의 구성원 모두는 사진을 비롯한 여러 현안을 '나의 일'이자 '모두의 일'이며 '사회의 일'로 여기며 히가시카와 스타일을 유지하는 것으로 유명하다.

[그림 3-6] 『히가시카와 스타일』(2020) 표지

---

4) 일본 홋카이도의 중앙에 위치한 청정 벽지마을 히가시카와초는 8천여 명이 살고 있으며, 다이세쓰잔 국립공원 기슭에 펼쳐지는 전원 풍경의 혜택을 입은 곳이다. 어디에나 있을 법한 평범한 마을 히가시카와초는 사진 마을로 유명세를 타면서 홋카이도와 일본 전역에서 몰려온 이주민 때문에 인구가 14%가량 증가했다.
5) 다마무라 마사토시, 고지마 도시아키 편저, 민성원 역(2020). 『히가시카와 스타일』. 서울: 소화.

[그림 3-7] 동강사진박물관 ©영월군

　동강국제사진제는 자연과 예술이 만나는 글로벌 문화 행사이자 동강의 자연과 도시적 요인을 보여 주는 기획 전시회이다. 국내외 사진작가가 참여해 예술, 다큐멘터리, 자연, 사회 문제 같은 다양한 주제의 사진전을 진행한다. 세계적인 사진작가들의 작품을 감상할 초청전 개최, 국내 신진작가와 지역 예술가의 작품 전시, 동강의 자연을 활용한 야외 사진전 개최, 영월 구도심과 문화유산을 활용한 도심 속 갤러리 프로젝트, 폐광촌과 탄광 유산을 활용한 석탄산업 유산 사진전, 참여형 사진 교육과 체험 프로그램, 사진 강좌와 워크숍 및 포트폴리오 리뷰 제공, 방문객이 직접 참여하는 출사 여행과 사진 콘테스트를 운영하고 있다. 동강국제사진제가 영월의 가치 제고에 미치는 영향은 크다. 동강국제사진제는 영월을 사진예술의 중심지로 브랜딩하고, 방문객의 체류 시간을 늘리는 데 영향을 미친다. 영월의 숙박과 관광자원을 연계하면 경제적 파급 효과도 창출할 수 있다.

　단종문화제는 단종의 유배와 죽음을 기리는 역사문화 축제로 역사적 비극을 문화적으로 승화시켜, 역사의 비극을 기억하면서도 문화예술로 재해석하는 행사다. 단종의 명복을 기원하는 전통 제례 의식 재현, 단종이 유배되던 장면을 스토리텔링 형식으로 재현한 왕의 행렬, 방문객이 직접 조선시대 복장을 입고 체험하는 '단종의 하루' 프로그램, 디지털 기술을 활용한 단종의 유배 생활 재현 같은 프로그램은 관광객의 발길을 멈추게 한다. 단종문화제는 단순한 역사 기념행사를 넘어, 영월의 전통 문화(한복 대여, 전통 음식 체험)를 재현하거나 단종의 유배지와 연계한 야간 관광 콘텐츠(미디어 아트 쇼, 라이트업 행사)를 개발함으로써, 체험형 관광 프로그램으로 도약할 수 있다. 나아가 동강국제사진제와 단종문화제를 연계시켜 한·중·일의 역사문화 교류 행사로도 발전시킬 수 있다.

　앞으로 영월은 동강국제사진제와 단종문화제를 중심으로 역사와 예술과 자연이 결합된 문화 관광지로 도약할 것이다. 방문객이 참여하고 즐기는 축제 콘텐츠를 개발하고(체험형 역사 관광, 사진 촬영 워크숍), 디지털 기술과 결합한 온라인 관광 콘텐츠를 제공하고(가상현실 유배 체험), 지역 경제와 연계한 지속가능한 축제를 기획하고(숙박·음식·전통문화 체험과 연계), 국제적인 문화예술 플랫폼으로 성장시킬 문화관광 전략(세계적인 사진작가 초청, 글로벌 관광객 유치)을 전개한다면, 영월은 잠시 둘러보고 떠나는 관광지가 아닌, 예술과 역사 체험이 어우러진 국제적인 문화관광 도시로 도약할 수 있다.

5. 지역 예술가의 창작 공간

지역 예술가는 지역의 문화적 정체성을 형성하고 문화관광 자원을 문화 콘텐츠로 창작하는 중요한 역할을 수행한다. 영월처럼 역사 문화 자원이 풍부한 지역에서는 예술가의 창작 활동을 통해 스토리의 원형을 바탕으로 독창적인 문화 콘텐츠가 생성될 기회가 많다. 예술가의 창작 활동은 지역 주민과 관광객이 소통하는 계기를 마련하는 동시에 지역 경제의 활성화에도 기여할 수 있다. 따라서 영월군은 지역 예술가를 적극적으로 육성하고, 창작 공간을 지원하는 다양한 정책을 추진해 왔다.

영월군은 지역 예술가들이 안정적인 환경에서 창작 활동을 계속할 수 있도록 다양한 형태의 공간을 지원하고 있다. 영월군은 폐교나 유휴 공공시설을 예술 창작 공간으로 재활용하는 프로젝트를 추진해, 회화, 조각, 사진, 미디어 아트 같은 여러 분야의 예술가를 지원함으로써 지역의 예술 생태계를 활성화하고 있다. 공공기관, 지역 상점, 카페와 협력해 예술가에게 전시 공간을 제공하는 프로젝트도 활발히 진행되고 있다. 이러한 협업 프로젝트는 지역 예술가에게 작품을 홍보할 기회를 제공하는 동시에 관광객에게는 지역 문화를 직접 체험할 기회를 확대하고 있다.

영월군은 또한 국내외의 예술가들에게 일정 기간 동안 창작 공간을 제공하고, 지역사회와 교류하도록 도와주는 레지던시 프로그램도 운영하고 있다. 별마로예술레지던시는 여러 분야의 예술가를 초청해 영월의 자연과 문화에서 영감을 얻어 창작할 수 있는 기회를 제공했다. 지역 주민과 관광객이 함께 참여할 수 있는 오픈 스튜디오를 비롯해 워크숍이나 강연 프로그램을 함께 운영함으로써, 예술가와 지역 주민이 상호작용할 수 있는 기틀을 마련한 것이다.

　예술가가 지속적으로 활동할 수 있도록 경제적으로 지원하는 방안도 중요하다. 영월군은 지역 예술가에게 창작 지원금을 제공하고 작품을 발표할 전시회를 지원함으로써, 예술가의 지속적인 활동을 유도해 왔다. 영월군은 예술가들이 자기 작품을 바탕으로 공예품, 기념품, 디자인 상품을 개발해 수익을 창출하도록 돕는 지원 프로그램도 운영하고 있다. 영월의 전통과 현대적 감각을 접목한 한지공예, 도자기, 패브릭 아트 같은 상품을 예술가들이 개발하면, 영월군은 이를 영월의 관광 상품으로 연결해 주는 지원 정책도 시행하고 있다.

　영월군은 지역 예술가와 협력해 관광객이 직접 참여하는 예술 체험 프로그램도 운영하고 있다. 전통 한지를 활용한 한지 공예 체험, 영월의 흙을 활용한 도예 체험, 영월의 자연환경을 배경으로 찍는 사진 예술 체험 같은 프로그램은 관광객에게 특별한 경험을 제공했고 예술가에게는 수익을 창출할 기회를 제공했다. 영월군은 지역 예술가의 작품을 홍보하고 관광객 유입을 촉진하기 위해 정기적으로 문화예술 행사를 개최하고 있다. 문화예술 행사는 예술가에게는 소통의 기회를 만들어 주고, 관광객에게는 지역 예술을 깊이 경험할 기회를 제공한다. 영월군은 예술가의 창작 공간을 관광 코스에 포함해 방문객이 예술의 현장을 직접 체험하도록 배려한다. 지역 예술가의 작업 공간을 직접 방문해 창작 과정을 체험하는 '아트 스튜디오 투어' 프로그램, 예술 공간과 공방과 전시장을 연결하는 '문화예술 산책길' 같은 프로그램은 예술과 관광을 결합시켜 지역의 문화적 매력을 극대화할 수 있는 전략이다.

앞으로도 영월군은 창작 공간을 확장하고 온라인 전시 플랫폼을 구축해 예술가의 활동 범위가 넓어지도록 기반 시설을 지속적으로 확장해 나가야 한다. 예술가와 지역 주민이 함께하는 프로젝트도 늘려 영월의 문화적 가치를 확산하고 주민 참여를 높이는 방안도 모색해야 한다. 문화예술 활동은 지역 경제의 지속가능한 성장 동력이 될 수 있다. 지역 예술가를 육성하고 창작 공간을 지원하는 영월군의 문화예술 지원 정책은 지역의 문화관광산업을 활성화하고 공동체의 가치를 정립하는 데도 긍정적인 영향을 미칠 것이다. 지속적인 투자와 협력을 바탕으로 문화예술과 관광이 조화를 이루는 영월의 앞날이 기대된다.

제4장

관계인구 1호
단종과
단종문화제

1. 단종의 일생

　조선왕조의 제6대 왕인 단종(端宗, 1441~1457)은 1441년(세종 23년) 7월 23일 진시(辰時)에 경복궁 안의 동궁전인 자선당(資善堂)에서 태어났다. 병약한 문종이 죽자 겨우 13세에 왕위에 오르지만 1년 반 만에 숙부 수양대군과 한명회에게 실권을 빼앗기고, 상왕으로 물러났다가 다시 노산군(魯山君)으로 강봉됐다. 어린 왕은 스스로 왕위에서 물러날 수밖에 없었다. 세조가 즉위한 1455년 윤6월 11일, 단종은 자신의 측근들이 고초를 겪는 것을 보고만 있을 수 없어 수양대군에게 임금의 자리를 넘겨 주기로 결정했다.
　동부승지 성삼문이 상서원에서 옥새를 가져다가 경회루에서 단종에게 바쳤다. 단종이 경회루에서 수양대군을 부르자 수양대군은 엎드려 울며 사양했지만, 단종은 옥새를 수양대군에게 넘겨 주었다. 단종은 다음과 같은 선위 교서를 내렸다. "내가 나이가 어리고 중외(中外)의 일을 알지 못하는 탓으로 간사한 무리가 은밀히 발동하고 난을 도모하는 싹이 사라지지 않으니, 이제 대임(大任)을 영의정에게 전하여 주려고 한다."(세조실록, 1455년 윤6월 11일). 그러자 수양대군은 익선관과 곤룡포를 갖춰 입고 신하들을 거느린 채 근정전 뜰로 나아가 단종으로부터 선위를 받았다.
　세조는 1457년 6월 21일에 상왕 단종을 노산군으로 강봉(降封)하고, 강원도 영월의 청령포(淸泠浦)[1]로 유배를 보냈다. 청령포는

---

[1] 청령포의 본래 지명은 청랭포(淸冷浦)였다. 1726년에 영월부사(府使) 윤양래가 냉(冷)의 부수인 '두 이(冫)'보다 조화로운 숫자인 '삼 수(氵)' 변이 들어간 '령(泠)'이 낫다고 판단해, '랭'을 '령'으로 바꿨다고 한다.

동·남·북 삼면이 깊은 강물로 둘러싸여 있고, 서쪽 면은 험준한 절벽이 가로막고 있어 나룻배를 타지 않으면 출입할 수 없는 천혜의 유배지였다. 뒤로는 넘을 수 없는 절벽이 있고 양옆과 앞으로는 시퍼런 강물이 휘돌아 흐르는 청령포에 6월 28일에 도착한 단종은 조그만 집에 거처하며 두 달 정도를 머물렀다. 그런데 그해 여름에 홍수가 범람하자 강 건너에 있는 영월부의 객사 관풍헌(觀風軒)으로 거처를 옮겨야 했다.

단종이 영월로 유배된 이후 사육신(死六臣)을 중심으로 단종 복위 문제가 논의되었다. 성삼문(成三問), 박팽년(朴彭年), 이개(李塏), 유응부(兪應孚), 하위지(河緯地), 유성원(柳誠源) 같은 사육신의 단종복위운동(端宗復位運動)을 역모로 규정한 세조는 관련자 수백 명을 처형했다. 단종도 피해 갈 수 없었다. 단종은 관풍헌에서 머물다가 그곳에서 세조의 사약을 받았다. 1457년 10월 24일에 왕방연이 사약을 가지고 왔지만 단종이 관풍헌의 숙소에 없어 계속 눈물을 흘리며 단종을 기다렸다고 한다. 단종이 객사 관풍헌에 돌아오자 공생(貢生)이 유시(酉時, 오후 5시에서 7시 사이)에 활줄로 단종의 목을 강제로 조르자 단종은 숨을 거뒀다. 그 공생은 문을 나서다 피를 토하며 죽었다고 한다.

단종의 사망 사실을 보고받은 세조는 "시신을 거두는 자는 삼족을 멸한다."라는 명을 내렸다. 후환이 두려웠던 사람들은 단종의 주검을 방치했다. 죽은 노산군의 시체는 금강에 띄웠는데, 밤이 깊어지자 영월의 호장(戶長) 엄흥도(嚴興道)는 시체를 몰래 건져 올린 다음 관에 넣어 양지바른 곳에 평토장(平土葬)을 하고 돌을 얹어 표시를 했다. 17세에 생을 마친 비운의 왕, 너무나 짧았던 단종의 한평생이다.

지금도 청령포는 열일곱에 숨을 거둔 단종의 짧은 생애를 흐르는

1. 단종의 일생

물소리로 전하고 있다. 단종의 비애를 전하는 청령포의 물소리와 바람 소리는 오늘도 귓가에 생생하게 들려온다. 지금 청령포에 가면 단종이 살던 집이 복원돼 방문객을 맞이하고 있다. 단종은 청령포에서 한(恨) 서린 시를 두 수 지었다. 어가의 처마 밑에는 단종이 지은 시가 걸려 있다. 노산군으로 강등되고 나서 영월 청령포에 유배된 시절에 단종이 지은 「어제시(御製詩)」를 살펴보자.

    천추의 원한을 가슴 깊이 품은 채
    적막한 영월 땅 황량한 산속에서
    만고의 외로운 혼이 홀로 헤매는데
    푸른 솔은 옛 동산에 우거졌구나
    고개 위의 소나무는 삼계에 늙었고
    냇물은 돌에 부딪혀 소란도 하다
    산이 깊어 맹수도 득실거리니
    저물기 전에 사립문을 닫노라

    천추무한원(千秋無限寃)
    만고일고혼(萬古一孤魂)
    적령황산리(寂寧荒山裡)
    창송요구원(蒼松繞舊園)
    영수삼천로(嶺樹三天老)
    계류득석훤(溪流得石喧)
    산심다호표(山深多虎豹)
    불석엄시문(不夕掩柴門)

이 시를 차분히 감상해 보면 단종이 힘없는 어린 소년 왕으로 느껴지지 않는다. 만약 단종이 계속 17세 소년에 머물러 있지 않고 스무 살을 넘기며 힘을 키웠다면 세조를 위협할 만한 인물로 부상했을 수도 있다. 어린 노산군은 이 소나무에 앉아 자신의 처지를 한탄하며 슬피 울었다고 한다. 그 장면을 보고 들었다고 해서 이름이 붙은 관음송(觀音松)과 참나무가 빼곡한 숲은 600년 동안 단종의 마지막 순간을 기억할 것 같다. 청령포에서 눈물지었을 어린 왕의 비애가 아직도 전해지는 듯하다.

[그림 4-1] 단종이 우는 소리를 들었을 청령포의 관음송들 ©김병희

단종은 관풍헌 동쪽에 있는 매죽루에 자주 올랐다. 그때마다 시를 읊으며 깊어 가는 시름을 달랬다. 매죽루는 세종 10년(1428년) 영월군수 신숙근이 지은 누각이다. 사람들은 자규사를 읊은 단종을 추모하며 나중에 누각 이름을 '자규루'로 고쳐 불렀다. 「자규사(子規詞)」의 내용을 살펴보자. 이 시는 지금도 매죽루(자규루) 누각에 걸려 있다.

달 밝은 밤 두견새 울 제

시름 못 잊어 루(樓) 머리에 기대노라

네 울음 슬프니 내 듣기 괴롭도다

네 소리 없었던들 내 시름 없을 것을

세상에 근심 많은 분에게 이르노니

부디 춘삼월 자규루에는 오르지 마오

월백야촉혼추(月白夜蜀魂啾)

함수정의루두(含愁情依樓頭)

이제비아문고(爾啼悲我聞苦)

무이성무아수(無爾聲無我愁)

기어세상고노인(寄語世上苦勞人)

신막등춘삼월자규루(愼莫登春三月子規樓)

 단종이 영월 자규루에 기대 두견(杜鵑)새의 울음소리를 들으면서, 자신의 처량한 신세 때문에 슬픈 눈물을 흘리며 썼던 시로 알려져 있다. 영월읍에 있는 자규루에서 자규는 두견새를 뜻한다. 단종은 자신의 처지가 두견새와 비슷하다고 생각하며 자규루에서 이 시를 읊었을 것이다. 자규루에서 실제로 두견새가 울지는 않았겠지만, 단종의 마음속에는 두견새가 울고 있었을 것이다. 시의 첫 구절에 나오는 '촉혼(蜀魂)'은 촉나라의 혼백이라는 뜻으로, 촉나라 임금 망제(望帝) 두우가 신하의 배신 때문에 촉나라에서 쫓겨나 모국을 그리워하다 죽어 두견새가 되었다는 고사에서 유래했다. 촉나라를 그리워하는 혼백이라는 뜻의 촉백(蜀魄)이란 말도 있다.

 촉나라 임금 두우가 슬피 울다가 죽어서 새가 되었다는 귀촉도(歸

蜀道)는 두견새의 또 다른 이름이다. 귀촉도는 촉나라로 돌아가고 싶다는 뜻이다. 귀촉도는 목구멍에서 피가 나도록 울어댔는데, 그 피가 떨어져 두견화(杜鵑花)가 되었고, 이 두견화가 바로 진달래꽃의 옛 이름이다. 단종은 시의 마지막 행에서 춘삼월에는 자규루에 오르지 말라고 당부했다. 자규루에 오르면 자신처럼 처량한 신세가 떠오를 수 있다는 뜻이었다. 단종은 밤에 잠을 이루지 못할 때면 가끔씩 밤에 매죽루에 올라 악공의 피리 소리를 들었다. 단종은 먼 마을까지 들린 피리 소리를 들으며 「자규시(子規詩)」를 읊었을 것이다.

    한 마리 원한 맺힌 새가 궁중에서 나온 뒤로
    외로운 몸 짝 없는 그림자가 푸른 산속을 헤맨다
    밤이 가고 밤이 와도 잠을 못 이루고
    해가 가고 해가 와도 한은 끝이 없구나
    두견새 소리 끊어진 새벽 멧부리엔 달빛만 희고
    피를 뿌린 듯 봄 골짜기에 지는 꽃만 붉구나
    귀머거리 하늘은 어이 애달픈 하소연 못 듣는지
    어쩌다 수심 많은 이 사람의 귀만 홀로 밝는고

    일자원금출제궁(一自寃禽出帝宮)
    고신척영벽산중(孤身隻影碧山中)
    가면야야면무가(假眠夜夜眠無假)
    궁한년년한불궁(窮恨年年恨不窮)
    성단효잠잔월백(聲斷曉岑殘月白)
    혈류춘곡낙화홍(血流春谷落花紅)
    천롱상미문애소(天聾尙未聞哀訴)

하내수인이독청(何乃愁人耳獨聽)

단종의 고독과 외로움이 절절하게 묻어나는 서정시다. 16세에 부인 정순왕후(定順王后)와 생이별을 했으니 얼마나 상실감이 컸을 것인지 따로 설명할 필요가 없을 듯하다. 단종은 권력 무상에 대해 깊은 시름을 느꼈을 것이며, 숙부인 세조 임금이 너무도 원망스러웠을 것이다. 17세에 죽음을 맞이한 단종이 쓴 시는 관풍헌의 자규루 처마에 걸려 있다. 이 시는 한 인간의 피눈물 나는 애통함을 후세 사람들에게 전하며 보는 이의 눈시울을 젖게 한다.

[그림 4-2] 장릉(莊陵)의 전경 ⓒ김병희

단종이 죽고 나서 80여 년 동안 버려져 있던 단종의 묘는 중종 33년(1538년)에 영월부사로 부임한 박충헌이 꿈에서 단종을 만난 다음

노산군의 묘를 찾아 봉분을 정비하면서부터 세상에 알려지게 됐다. 묘호를 단종으로, 능호를 장릉(莊陵)[2]으로 부르게 된 때는 숙종 24년(1698년)에 이르러서였다. 단종의 능은 보통의 왕릉과 달리 가파른 능선 위에 있다. 무인석, 병풍석, 난간석은 없고 문인석만 있는 단출한 느낌이다.

능이 있는 언덕에서 내려와 홍살문을 지나 90도로 꺾인 우측 끝에는 정자각이 있다. 홍살문 옆에는 단종을 위해 목숨을 바친 충신, 종친, 시종 264인의 위패를 모신 배식단사(配食壇祠)가 있고 그 옆에 단종대왕릉비와 비각이 있다. 가뭄에도 마르지 않아 제사 때 썼다고 하는 우물인 영천(靈泉)을 지나 정자각에 서면 봉분 위쪽이 슬쩍 보인다. 능 주변의 소나무 숲은 호젓하며, 장릉 주변을 돌고 내려오면 엄흥도를 기리는 엄흥도 정여각(嚴興道 旌閭閣)이 있다. 1457년 10월 24일, 금부도사 왕방연(王邦衍)은 단종께 사약을 올리고 한양으로 돌아가는 길에 비통한 심정을 가눌 길이 없어 청령포를 바라보며 시조 한 수를 읊었다고 한다. 1617년 병조참의 김지남(金止男)은 영월을 순시할 때 아이들이 이 시조를 노랫가락으로 부르는 것을 듣고 곧바로 시조의 내용을 한시로 지어 후세에 전했다. "천리원원도 미인이별추(千里遠遠道 美人離別秋)/ 차심무소착 하마임천류(此心無所着 下馬臨川流)/ 천류역여아 오포거불휴(川流亦如我 嗚咆去不休)" 〈왕방연 시조비〉에 남아 있는 시조의 내용은 이렇다.

---

[2] 장릉은 조선왕릉 44기 중에서 다른 왕릉과 다른 특이점이 있다. 장릉은 왕릉의 조성 기준인 도성 10리(약 4km) 밖과 100리(약 40km) 안에 있지 않고, 봉분도 왕릉 중에서 가장 높은 해발 270m에 있다. 왕릉 입구의 홍살문에서 제향(祭享)을 올리는 정자각(丁字閣)과 봉분까지는 대개 일직선상에 배치되지만, 장릉은 오른쪽으로 90도 굽어서 배치돼 있다. 봉분 주변에는 병풍석과 난간석도 없고 돌로 만든 호랑이와 양과 말도 4필씩이 아닌 2필씩만 있다. 그리고 왕릉 주변에 문관석(文官石)은 있지만 무관석(武官石)은 없으며, 그 대신에 무고한 피를 흘린 신하 268위의 절의(節義)를 기리는 배식단(配食壇)이 있다.

"천만리 머나먼 길의 고은 님 여희옵고
내 마음 둘 듸 업셔 냇가의 안쟈시니
뎌 물도 내 안 갓도다 울어 밤길 예놋다"

[그림 4-3] 왕방연 시조비 ©영월군

    귀양을 떠나는 단종은 청계천 영도교(永渡橋)에서 정순왕후와 작별했다. 영원한 이별의 순간이었다. 영도교에서 남편과 이별한 지 4개월, 남편의 무사귀환을 염원하던 정순왕후에게 들려온 소식은 청천벽력과도 같은 남편이 죽었다는 소식이었다. 그녀는 하루도 빠짐없이 집 뒤 동산에 올라 남편의 명복을 빌며 통곡했다고 한다. 이를 못마땅하게 여긴 세조는 백성들과의 접촉을 차단하기 위해 정순왕후를 지금의 숭인동에 있는 비구니 사찰인 청룡사 옆의 정업원(淨業院)으로 이주시켰다. 정업원은 왕의 후궁들이 궁궐에서 나온 다음에 궁궐 밖에서 살았던 집이다.

　시녀들과 함께 살던 정순왕후는 시녀들의 동냥으로 끼니를 잇다가, 호구지책으로 댕기, 저고리 깃, 옷고름, 끝동 같은 의복을 염색하고 빨래를 해 주며 생계를 유지했다. 어느 날 청룡사 근처 바위 밑에서 흘러나오는 샘물에 명주를 담갔더니 자주색 물이 들었다고 한다. 그래서 당시에 명주를 널어 말리던 바위에 '자지동천(紫芝洞泉: 자주색으로 채색되는 샘물)'이란 글이 새겨져 있다. 훗날 영조는 정순왕후가 동쪽을 바라보며 소원을 빌었다는 의미로 그 동산을 동망봉(東望峯)이라 이름 짓고 친히 글씨를 써서 바위에 새기도록 했다. 그런데 불행히도 일제 강점기 때 이곳이 채석장이 되면서 그 바위는 흔적도 없이 사라졌고 지금은 표지석만 남아 있다.

　정순왕후는 조선시대의 기준에서는 보기 드물게 장수해 82세에 세상을 떠났다. 정순왕후는 단종의 누나인 경혜공주의 시가에 해당하는 해주 정씨의 묘역인 남양주시 진건읍 사릉리에 묻혔다. 사릉(思陵)은 정순왕후의 무덤이다. 평생 단종을 생각했다는 '사(思)의 릉(陵)'이라는 뜻으로 해석할 수도 있겠다. 영월의 장릉으로 가는 길에는 정령송(精靈松)이라는 소나무 한 그루가 있다. 1999년 4월 9일, 사릉에서 자라던 소나무 한 그루를 장릉에 옮겨 심고 정령송이라 명명했다. 정순왕후의 무덤 주위의 소나무 가지는 늘 동쪽을 향해 뻗어 있었다고 한다. 남편 단종을 그리워하는 정순왕후의 마음을 아는지 소나무 가지도 동쪽 방향인 영월을 향해 뻗어 나갔는지 모를 일이다. 어쨌든 정령송은 5백 년이 넘는 그리움을 상징하는 소나무다. 정순왕후의 혼령이 깃든 소나무가 남편 곁으로 옮겨졌으니 사후 478년 만의 해후였다. 그동안 단종과 정순왕후를 합장해야 한다는 주장도 있었지만 여태껏 성사되지는 못했다.

2. 단종의 생애를 재구성한 문화 콘텐츠

지금 영월의 청령포에 가면 단종과 정순왕후가 마주 보며 손잡은 동상이 포토 존으로 활용되고 있다. 청령포의 나루터주차장에는 단종과 정순왕후가 손을 맞잡고 있는 동상이 조성돼 있다. 사람들은 동상 앞에서 사진을 찍는다. 지금 가 보면 '단종이 이곳에 계실 때의 옛 집터[단묘재본부시유지(端廟在本府時遺址)]'라는 영조 39년(1763년)에 세웠다는 표지 비(碑)만 비각에 모셔져 있을 뿐 유배 당시의 거처는 흔적도 없이 사라졌다. 2000년에 이르러서야 대한민국 국보 제303호인 『승정원일기(承政院日記)』를 바탕으로 문화재청(현 국가유산청)에서 정면 4칸 기와집으로 어소(御所)를 복원했고, 그 옆에 행랑채도 세워 지금에 이르고 있다.

[그림 4-4] 청령포 입구에 있는 단종과 정순왕후의 '천상재회'상 ©김병희

[그림 4-5] 청령포의 단종 어소(御所) 표지 비 ⓒ김병희

"어소 바깥에서 자라던 소나무가 위로 자라지 않고 어소를 향해 처소 담장을 넘어 굽어서 자라고 있어요. 단종 임금을 향해 부복(俯伏: 고개를 숙이고 엎드림)을 하고 있어요." 현장을 안내하는 문화해설사는 이렇게 설명했다. 청령포에는 700여 그루의 노송이 있어 아름다운 숲 전국대회에서 우수상을 탔을 정도로 경관이 수려하다. 그중에는 단종이 유배되었을 당시 걸터앉아 수심을 달랬던 천연기념물로 지정된 수령 600년이 넘은 관음송도 있다. 출입을 금한다는 금표비(禁標碑), 단종이 정순왕후를 그리워하며 돌을 쌓아 만들었다는 망향탑, 단종이 자주 오르며 처량한 신세를 한탄했을 법한 노산대(魯山臺)도 있다.

2. 단종의 생애를 재구성한 문화 콘텐츠

그동안 단종의 생애와 충신의 역사를 배경으로 하는 문화 콘텐츠 작품이 다수 창작됐다.[3] 어린 왕과 왕후가 강제로 이별하는 이야기는 『단종애사』 『영영이별 영이별』 『한명회』 『하늘연인』 『비애비(妃愛悲)』 같은 수많은 문화 콘텐츠의 소재가 되었다. 한국학중앙연구원의 디지털영월문화대전에는 그동안 영월을 주제 삼아 창작한 문화 콘텐츠(구비전승, 언어, 문학)가 상세히 소개돼 있다.[4] 그중에서 단종과 관련 내용을 간추리고, 새로운 사례를 추가해 종합적으로 살펴보기로 하자.

1) 고전 문학

임제(林悌, 1549~1587)의 『원생몽유록(元生夢遊錄)』(1568, 선조 1년)은 임제의 문집인 『백호집(白湖集)』(1621)의 별책부록 『남명소승』에 실려 있는 조선 중기의 한문 소설이다. 일명 『원자허전(元子虛傳)』이라고도 한다. 주인공 원자허는 생육신의 한 사람인 원호(子虛; 자)를 뜻하는데,[5] 그가 꿈속에서 단종과 사육신을 만나 수양대군의 왕위 찬탈에 비분강개하며 정치권력의 모순을 폭로하는 내용이다. 어느 날 원자허는 책을 읽다 잠이 들었는데, 꿈속에서 한 왕과 다섯 신하를 만나 좌정하고 토론 후의 시연에 참석한다. 왕위 찬탈에 대한

---

3) 양근수, 이상훈, 김현우(2020). "단종의 생애와 충신의 역사를 배경으로 하는 문화 콘텐츠 작품."(pp. 601-608.). 『단종백화(端宗白話): 조선 6대 선왕(先王) 단종 일대기와 충신들, 정순왕후에 관한 백과 사록』. 강원: 영월군.
4) 한국학중앙연구원 디지털영월문화대전(2024). "영월향토문화백과 삶의 이야기(구비전승·언어·문학): 문학 작품." https://www.grandculture.net/yeongwol/toc?search=13/1
5) 전성운(2019). "원생몽유록."(pp.182-183.). 『한국고소설강의』. 서울: 돌베개. 임제설, 남효온설, 김시습설, 황여일설 등 『원생몽유록』의 작자를 규명하기 위한 다양한 연구가 이루어졌다. 절반 이상의 이본에서는 백호 임제를 작가로 지목했다.

울분을 시로 표현하며 눈물을 흘리고 있는데, 사내 하나가 뛰어오더니 "썩은 선비들과는 대사를 이룰 수 없다."라며 칼을 뽑아 춤을 추면서 노래를 부른다. 노래가 끝나기 전에 원자허는 잠에서 깨어났고, 그의 벗 해월거사가 꿈을 해몽하며 소설이 끝난다. 이 소설은 수양대군의 왕위 찬탈을 비판하고 사육신의 절개를 칭송하는 몽유록(夢遊錄) 계열의 전형적인 소설이라는 평가를 받고 있다.

조선 선조(宣祖, 1552~1608) 시기에 창작된 「영월도중(寧越道中)」은 여류시인 옥봉(玉峯) 이숙원(李淑媛)이 단종의 죽음을 슬퍼하며 무덤가에서 느끼는 상념을 써 내려간 칠언절구(七言絶句)의 한시다. 시인은 장릉의 쓸쓸한 풍경을 이렇게 묘사했다.

닷새 먼 대관령 삼 일만에 넘어서니
슬픈 노래마저 단종릉의 구름에 끊어지네
이 몸 또한 왕손의 여식이라
여기 두견새 소리는 차마 듣지 못하겠네

오월장관삼일월(五日長關三日越)
애가창단노릉운(哀歌唱斷魯陵雲)
안신역시왕손녀(妾身亦是王孫女)
차지견성불인문(此地鵑聲不忍聞)

조선 후기에 금부도사와 감찰을 역임했던 문신 이유(李溰, 1675~1753)가 지은 「자규삼첩(子規三疊)」이란 세 편의 연작 시조에서도 단종의 죽음을 슬퍼하는 후세 사람의 심경이 절절하게 묻어난다. 시조는 주씨본(周氏本) 『해동가요(海東歌謠)』에 수록되어 있다. 이 시조들은 영월에서 단종의 흔적을 찾아 헤매던 이유를 알려 주며 단종의 생애를 심리적으로 재정립한 문학적 초상화라 할 수 있다. 시조의 전문은 이렇다.

자규(子規)야 우지 말아 울어도 속졀업다
울거든 너만 우지 날은 어이 울리는다
암아도 네 소릐 들을 제면 가슴 알파 ᄒ노라 (303번)

에엿븐 네 님금을 생각하고 절로 우니
하늘이 식엿거든 네 어이 울럿시리
날 업슨 상천(霜天) 설월(雪月)에는 눌로 ᄒ여 우니던다 (304번)

불여귀(不如歸) 불여귀(不如歸)혼이 돌아갈만 못ᄒ거든
에엿븐 우리 님금 므스 일로 못 가신고
지금(至今)히 매죽루(梅竹樓) 달빗치 어제론 듯 ᄒ여라 (305번)

2) 현대 문학

춘원 이광수(1892~1950)의 『단종애사(端宗哀史)』(1935)는 단종이 태어나서 영월에서 사망할 때까지를 기록한 연대기 형식의 소설이다. 1928년 11월 30일부터 1929년 12월 1일까지 〈동아일보〉에 총 217회에 걸쳐 연재된 이 소설은 1935년에 박문서관(博文書館)에서 단행본으로 출간됐고, 1972년 삼중당(三中堂)에서, 1979년 우신사(又新社)에서 발간한 『이광수전집』에 각각 수록되어 있다. 내용을 간략히 살펴보자. 수양대군, 한명회, 신숙주, 권람 등의 계책으로 김종서와 안평대군을 비롯한 수많은 사람들이 죽고, 그 후에도 단종의 복위를 도모하는 신하들이 있었다. 하지만 배신자의 누설로 인해 가담자들 모두가 죽어 나갔고, 이 일로 인해 상왕 단종은 노산군(魯山君)으로 강봉돼 영월로 유배되었다. 이후 금성대군 역시 노산군의 복위를 꾀하다가 발각되어 죽임을 당했는데, 소설에서는 노산군이 영월에서 죽는 순간까지의 이야기를 흥미진진하게 풀어 나갔다.

『단종애사』는 세종과 문종을 모시던 수구파와 한명회와 신숙주 같은 세조를 옹위하던 개혁파 사이의 다툼에서 희생된 단종의 슬픈 생애를 예리한 필치로 쓴 역사소설의 명작이다.[6] 단종에 초점을 맞춘 이 작품은 세조의 입장을 옹호한 김동인의 역사소설『대수양(大首陽)』(1943)과 명확히 대비되는 소설이다.[7] 소설에서는 역사적 사실을 바탕으로 작가의 상상력을 가미해 주인공과 등장인물의 내적 갈등과 정치적 동기를 섬세하게 묘사했다. 권력 추구에 대한 인간의 욕망과 그 욕망에 희생된 단종의 비극적인 생애를 통해 역사적 사건을 재조명하면서도 권력욕에 흔들리는 인간적인 면모를 생생하게 재현한 것이다. 특히 단종과 정순왕후의 순전한 사랑과 그들이 겪었던 시련과 비극을 눈물겹게 묘사함으로써 후세 사람들에게 깊은 울림을 남겼다.

---

6) 네이버 지식백과(2024). "단종애사." (한국현대문학대사전, 2004. 2. 25. 권영민).
7) 신봉승(1983). "한국역사소설연구." 경희대학교 석사학위논문.

2. 단종의 생애를 재구성한 문화 콘텐츠

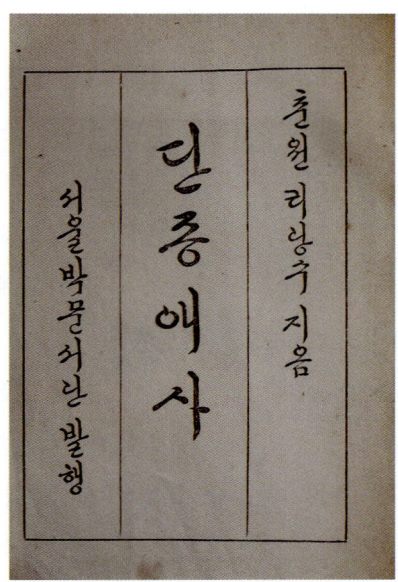

[그림 4-6] 이광수의 『단종애사』(1935) 표지

김성목의 「단종대왕장릉참배기(端宗大王莊陵參拜記)」(1935)는 장릉(莊陵)을 참배하고 쓴 기행문으로, 『삼천리(三千里)』지 1935년 제7권 5호에 발표됐다. 김성목은 강원도에 들어선 지 한 달 만에 영월에 있는 단종의 묘를 참배하면서 하염없이 눈물을 흘리며 지난날의 역사를 회고했다. 이 기행문에는 필자의 여정이 매우 구체적으로 그려져 있다. 단종의 일생에 대한 저자 김성목의 감정 표현이 필자의 여정에 따라 섬세한 필치로 묘사되었다. 이 기행문에서는 비록 지나간 역사의 흔적이지만 권력 쟁투의 비정함을 회고하면서 저자가 느끼는 역사와 인생에 대한 소회를 담담한 필치로 그려 냈다.

극작가 현철(玄哲, 1891~1965)의 「단종애곡(端宗哀曲): 중조가담(重調歌談) 영월단장곡(寧越斷腸曲)」은 단종의 유배 생활을 창연(唱演) 형식으로 창작해 해설과 인물의 대사에 창(唱)을 가미한 대본으로,『삼천리(三千里)』지 1935년 12월호(제7권 제11호)에 발표됐다 (pp. 143-149). 작가는 가담(歌談) 형식으로 창작한 이 작품을 창연이라고 명명했다. 일제 강점기에 대중의 인기를 끈 단종의 슬픈 인생사를 구현한 공연이었는데 대본에 '단종애곡'이라는 명칭을 붙여 가담 형식으로 만들었다. 한 사람의 창연자(唱演者)가 영월에서 유배 생활을 하던 단종의 비탄 어린 목소리를 비롯해 여러 등장인물 역을 맡아 1인 다역의 창(唱)으로 진행했다. 그리고 창(唱)을 하는 사이사이에 해설을 넣어 이야기를 들려주는 가담도 곁들여 공연을 진행했다. 또한 현철은 1935년 12월에 발표했던「단종애곡: 중조가담 영월단장곡」의 후속편으로「중조가담(重調歌談) 영월단장곡(寧越斷腸曲)」을 1936년 2월에 다시 발표했다(삼천리, 제8권 제2호, pp.152-161). 1935년 10월 21일, 경성중앙방송국에서 가담「영월단장곡」을 30분용 라디오 방송극으로 방송했다는 기록도 있다.

극작가 현철의 실험적인 단편소설『눈물의 영월(寧越)』이여, 가담(歌談) '단종애사속(端宗哀史續)'』(1936)은 단종의 비극적 운명을 소재로 삼아『삼천리(三千里)』지 1936년 1월호에 발표됐다. 이 소설은 문종(文宗, 1414~1452)의 승하와 단종의 즉위 그리고 수양대군의 왕위 찬탈 같은 역사적 사실은 산문의 형식으로 기술하고, 주요 인물의 심정은 시조와 시가의 형식으로 삽입하는 실험적 기법을 도입했다. 작가는 충신과 단종의 심정을 시조와 시가의 형식으로 삽입하는 이런 글쓰기 양식을 '가담(歌談: 노래 이야기)'이라고 명명하며, 소설의 제목에도 '가담'이란 말을 넣었다. 소설 제목에 속(續) 자를 넣은 것은 이광수가 쓴『단종애사』의 속편이란 뜻이었다.

김동인(1900~1951)의 장편역사소설『대수양(大首陽)』(남창서관, 1943)은 이광수의『단종애사』(1935)에 대응하는 작품이다.『개벽(開

關)』지[8]에「거인(巨人)은 음즈기다」라는 제목으로 2회 연재하던 도중에『개벽』지가 폐간돼 중단됐던 것을, 1941년 3월부터 12월까지『조광(朝光)』지 64~73호에『대수양』이란 제목으로 다시 연재했다. 전체 37장으로 구성된 이 소설에서는 수양대군이 왕위에 오르기까지의 과정을 철저히 수양대군의 입장에서 서술하며 왕위 찬탈의 정당성을 부각시켰다. 이 소설은 동일한 역사적 사건을 다르게 설명한 이광수의『단종애사』와 자주 비교되는데,『단종애사』에서는 수양대군이 야욕이 넘치는 왕위 찬탈자로 그려졌지만,『대수양』에서는 정치적 역량이 뛰어난 수양대군의 통치자로서의 면모를 부각시켰다.

    김동인은 1943년에 뒷부분을 완성해 남창서관에서 출판했고, 다시 해방 이후에 제목을『수양대군』(숭문사, 1948)으로 고쳐 재출간했다. 역사의 재구성이라는 맥락에서 볼 때, 이광수가 주로 사료에 의존해 소설을 썼다면 김동인은 거의 허구적 구성에 따라 소설을 썼다. 권력을 쟁취한 수양대군이 조선의 문화 창달(暢達)에 진력했다는 대목을 읽다 보면, 수양대군의 정치적 역량을 과도하게 미화시켰다는 인상을 준다. 일제강점기의 민족사를 바탕으로 소설을 썼지만, 이광수는 보수적 정통론을 강조했고 김동인은 과감한 개혁의지로 민족 주체성을 환기하려고 했다.[9] 어쨌든 이 소설은 기존의 역사서에서 부정적으로 묘사된 수양대군을 새롭게 해석한 김동인의 작가적 상상력이 돋보이는 작품으로 평가할 수 있다.

    단편소설「단종은 키가 작다」는 김형경의 소설집『단종은 키가 작다』(고려원, 1991)의 표제작으로, 현재와 과거의 병치 관계가 빚어

---

[8] 1920년 6월에 창간돼 1926년 8월 폐간될 때까지 천도교에서 발행한 월간 잡지이다.
[9] 김열규, 신동욱 편(1982).『김동인 연구』. 서울: 새문사.

내는 서사의 구조가 주목할 만하다. 소설의 주인공은 현대의 단종문화제가 민속 축제로 바뀌는 현상을 보면서, 관습과 타성에 젖은 사람들의 집단 무의식을 해부하며 과거를 현재의 관점에서 멋대로 해석하는 문화 행사의 정치성을 비판했다. 단종의 비극적인 개인사에 민초들의 선한 마음을 투영시킨 이 소설은 단종이 유배 왔을 때 영월 백성들이 단종을 환대하고 단종의 죽음을 기리는 마음을 투영하며 정치와 역사의 균형감각을 보여 주었다. 결국 이 소설에서는 비운의 인물인 단종을 기리는 단종문화제를 통해 과거의 역사와 현재의 상호 연관성을 강조했다고 할 수 있다.

극작가 이강백의 「영월행 일기」(1995)는 단종의 일생을 소재로 쓴 희곡이다. 극중 인물인 조당전은 500년 전의 『영월행 일기』라는 고서적을 발견하고 김시향과 함께 『영월행 일기』의 진위 여부를 확인하기 위해 책의 내용을 재현한다. 무대에서는 책의 내용에 따라 영월로 세 번의 여정을 떠나는데, 유배 중인 단종 역을 맡은 배우는 무표정, 슬픈 표정, 기쁜 표정을 다채롭게 표현했다.[10] 단종이 기쁜 표정을 지었다는 소식을 접한 세조는 사약을 내려 단종을 죽인다. 역사적 사실에 연극적 상상력을 덧붙인 이야기 구조이다. 영월과 단종에 대한 이야기가 '극 속의 극' 형태로 배치돼, 조당전이 경험하는 현실과 『영월행 일기』 속의 이야기가 연결되는 구성이라, 관객들은 공연을 감상하면서 연극에서 조당전이 느꼈을 감정도 되돌아볼 수 있었다.

김별아의 장편소설 『영영이별 영이별』(2005)은 단종의 아내로 비

---

[10] 주지원(2023. 2. 13.). "단종의 죽음에 표정에 관한 서사를 더하다: 연극 영월행 일기." 위드인뉴스. http://www.withinnews.co.kr/news/view.html?section=134&category=137&item=&no=29900

극적인 한평생을 살다 간 정순왕후 송씨(1440~1521)의 이야기를 편지체로 재구성했다.[11] 열네 살에 왕후가 되어 여든두 살에 사망하기까지, 단종이 죽고 나서도 65년 동안 슬픔 속에 살다가 세상을 뜬 정순왕후의 수난과 단종을 향한 그리움을 형상화한 이 소설에서는 죽은 다음에야 자유로워진 정순왕후 송씨의 영혼을 작중 화자(話者)로 등장시켜 정순왕후가 단종에게 편지를 쓰는 형식으로 재구성했다. 소설에서 정순왕후는 65년 동안 굴욕적인 삶을 견뎌 낸 심경을 비롯해, 궁 밖으로 쫓겨난 다음에 민가에서 식량을 얻어먹고 염색 일로 생계를 부지하다가 말년에 정업원(淨業院)에 들어가 여승처럼 살았던 인생을 담담하게 술회했다. 왜 자결하지 않았느냐는 세간의 궁금증에 대해 정순왕후는 자신의 운명과 세상에 맞서고 싶었다는 심경을 털어놓으며 이야기가 끝난다.

청계천 영도교에서 헤어진 단종과 정순왕후의 가슴 아픈 사랑을 재구성한 이 소설은 작가가 조선시대의 정순왕후가 된 것처럼 독백체로 써 내려간 작품이다. 혼백이 된 정순왕후가 저승으로 떠나기 전 49일 동안 한 많은 생애와 가슴에 묻어 둔 사랑을 49에서 0까지 50개의 마디로 나눠, 시대의 역순으로 거슬러 올라가며 이야기를 풀어 나갔다. 단종의 사망 소식을 들은 정순왕후가 산속을 미친 듯이 뛰어다니며 울부짖을 때, 아낙들이 함께 울며 동정곡을 하는 장면은 소설의 백미다. 이 소설은 단종을 중심으로 서술되기 마련인 정사(正史) 위주의 시각에서 탈피해, 그늘에 가려진 정순왕후가 겪은 질곡의 삶을 통해 왕조 시대의 의미를 증언하고 개인의 실존적 고뇌까

---

11) 김별아(2005), 『영영이별 영이별』, 서울: 창해.; 김별아(2014), 『영영이별 영이별』, 서울: 해냄.

지 생생하게 포착한 작품이다.[12]

　백금남의 장편소설 『관상』(2013)은 각각 '관상의 신'과 '궁극의 상'이란 부제가 붙은 2권짜리 역사 팩션물이다. 참신한 소재인 관상(觀相)을 통해 단종이 즉위하던 무렵의 역사적 격랑기에 기회를 잡으려는 자들과 정해진 운명을 벗어나려는 욕망의 군상들을 극적으로 보여 주었다. 배신과 충절이나 피아(彼我)의 구분도 모호했던 혼돈의 시대가 소설의 배경이다. 수양대군과 김종서가 갈등하는 나라에서, 소설의 주인공인 관상가 김내경은 왕이 될 운명인 수양대군의 관상을 역적의 관상으로 바꾸려 한다. 역사의 물줄기를 바꾸기 위해 관상가가 목숨을 걸었다는 설정이 퍽 흥미롭다. 이 소설은 한재림 감독이 연출한 영화 〈관상(觀相)〉(2013)으로도 제작돼 흥행에 성공했다. 소설 『관상』에서는 내경이 어떻게 관상가의 길을 걷게 되었는지, 팽헌은 어떻게 그의 처남이 되었는지, 그리고 진형의 외조부는 어쩌다가 역적으로 몰려 집안이 풍비박산 났는지, 영화에서는 볼 수 없던 내용까지 확인할 수 있었다. 이 소설이 주목받은 이유는 단종과 수양대군의 관계를 권력의 중심에 있던 당사자의 시선이 아닌 관상가의 눈으로 해석했기 때문이다.

　디지털 시대에 접어들어 웹소설 작가들은 단종의 일생을 여러 편의 웹소설의 소재로 활용했다.

　최광민의 웹소설 『아침의 나라』(2009)는 네이버 시리즈의 웹소설 코너에 125화로 연재를 마친 다음, 다시 단행본으로 출간된 장편 역사 판타지 소설이다.[13] 1453년, 수양대군이 반정을 일으키기 전날

---

12) 네이버 지식백과(2024). "영영이별 영이별(永永離別 永離別)." 한국학중앙연구원 향토문화전자대전.
13) 최광민(2009). 『아침의 나라』 전5권. 서울: 스카이미디어.

에 이상한 낌새를 감지한 김종서 장군은 세종대왕 때부터 숨겨 왔던 비밀을 공개하며 단종의 안전 보장을 요구한다. 자칫 비밀이 누설돼 명나라의 내정 간섭이 극심해질 것을 우려한 수양대군은 김종서의 타협안을 받아들이고, 김종서와 원로대신들은 어린 단종과 함께 먼 바다 너머에 있다는 신대륙으로 떠나, 그 후 단종 일행들이 낯선 이국땅에서 '동조선'을 건국한다는 내용이다. 이 소설에서는 특정 주인공이 없지만 외부의 힘이 아닌 한민족이 원래부터 가지고 있던 우수한 민족성과 역량으로 누구도 얕볼 수 없는 강대국을 세운다는 주제를 부각시켰다. 기존의 대체 역사소설이 역사 변형물의 일종이었다면, 이 소설은 기존의 대체 역사소설과는 달리 미래에서 온 주인공은 없지만 스스로 변화하려는 사람들의 이야기가 박진감 있게 펼쳐진다.

윤인수의 『환생했더니 단종의 보모나인』(2024)은 문피아에 2022년 8월 31일부터 연재를 시작해 2024년 2월 20일까지 모두 412화로 완결된 웹소설이다. 심리학박사 권윤서는 부모님의 3주기 제사를 지내려고 고향 홍성에 내려온다. 집안 대대로 내려온 현덕왕후의 백옥을 깎아 만든 봉황 비녀, 은으로 봉황 무늬를 새긴 금가락지, 문종이 남긴 애도시가 담긴 자개함을 발견한 권윤서는 갑자기 정신을 잃는다. 다시 정신을 차려보니 1443년의 조선시대가 펼쳐지며, 권윤서는 원손 이홍위의 보모나인 열여덟 살 권윤서가 된다는 판타지 소설이다. 이 소설은 재미와 교훈이라는 두 마리 토끼를 다 잡은 웹소설이라는 평가를 받았다. 그리고 수호(秀톳)의 웹소설『단종은 한명회가 필요해요』(제이트리미디어, 2024)는 한명회의 후손이라는 이유로 결혼 반대에 부딪힌 주인공이 술주정을 했더니 다시 한명회가 되어 버렸다는 판타지 장르이다. 주인공은 다시는 이런 일이 없도록 충신으로 남겠다고 결심하지만, 충신으로 살아남으려면 어린 단종과 야심 많은 수양대군 사이에서 선택해야만 한다는 흥미진진한 내용이다.

[그림 4-7] 윤인수의 『환생했더니 단종의 보모나인』(2024) 표지

다물의 웹소설 『단종으로 플레이한다』(어울림, 2024)는 잘나가는 게임회사의 대표인 이홍위가 믿었던 지인의 배신으로 죽게 되는데, 다시 눈을 떴더니 조선시대에서 살게 됐다는 판타지 소설이다. "내가 단종이라고?" 이홍위는 자신이 단종이 되었다는 사실을 알고, 수양대군을 토벌하고 조선의 미래를 바꿔 보려고 한다. 그의 눈에는 사람들의 능력치가 보이는데 어리고 나약한 단종의 면모는 더 이상 찾을 수 없다. 코락스의 웹소설 『죽지 않는 왕: 무왕 단종』(알에스미디어, 2024)은 수양대군을 한 대 패고 나서, 계유정난(癸酉靖難)을 막는 진유하의 이야기다. 습격당하는 노인을 구해 낸 진유하는 의도하

지 않았는데도 군주의 삶을 살게 된다. 그는 몸속의 나노 머신인 유사 지성 '그슨대'와 함께 불멸의 군주가 되어 조선의 미래를 바꾼다. 플로린의 웹소설 『조선패왕 단종』(문피아, 2024)은 조선 최강의 정통성을 가지고 태어났다가 폐위당한 단종이 다시 수양대군을 몰아내고 패왕(霸王)이 되어 가는 과정을 그렸다. 정통성 있는 조선 왕의 강력한 힘을 보여 주는 데 치중했다. 탈닌의 웹소설 『단종이 너무 강함』(제이트리미디어, 2024)에서는 정통성을 확보한 단종이 강력한 리더십을 가졌다고 설정해 흥미진진하게 이야기를 풀어 갔다.

3) 영화

이광수의 장편소설 『단종애사』는 시나리오로 각색돼 영화 제작의 기본 토대를 제공했다. 이 소설을 바탕으로 1956년과 1963년에 영화 〈단종애사〉가 만들어졌다. 유치진이 각본을 쓰고 전창근이 연출한 〈단종애사〉(1956)는 당시에 3천만 환이라는 막대한 자본을 투입해 제작한 역사극의 고전이다. 놀랍게도 그 시절에 10만 관객을 동원하는 기록을 세우며 흥행에도 성공했다. 정치적 야욕을 드러내는 수양대군의 탐욕스러운 얼굴과 조정의 여러 공간을 집중적으로 부각시킨 장면 전환이 인상적이었지만, 유약한 어린 단종과 충신들의 좌절과 죽음 때문에 작품 전체가 슬픈 분위기를 풍겼다. 단종 역을 맡은 황해남 씨와 정순왕후 역을 맡은 엄앵란 씨는 이 영화를 통해 영화배우로 데뷔했다. 정순왕후 역을 맡은 당시의 신인배우 엄앵란 씨의 청순하고 가녀린 모습에 관객들은 펑펑 눈물을 쏟았다고 한다.[14]

---

14) 스탠리(2014. 1. 21.). "단종애사(1956): 1950년대 한국영화의 고전." https://m.blog.naver.com/filmclassic/202894729

[그림 4-8] 〈단종애사〉(1956)에서 어린 단종을 연기한 황해남

[그림 4-9] 〈단종애사〉(1956)에서 정순왕후 역으로 데뷔한 엄앵란

이규웅 감독의 〈단종애사〉(1963)는 배우 김운하 씨가 주연을 맡아 어린 나이에 등극한 단종이 세조로부터 사약을 받기까지의 궁중 비화를 그렸다. 〈나를 버리시나이까〉(1971)는 김정훈과 윤정희라는 두 배우에게 초점을 맞춰 단종의 비극을 재구성한 영화이다. 어린 단종이 수양대군에게 선위하고 숨을 거두기까지의 과정을 슬픈 이

야기로 그려 냈다. 이규웅 감독의 〈세조대왕〉(1970)은 조카 단종(송재호 분)을 왕위에서 몰아내고, 충신들을 살해한 다음 스스로 왕위에 오른 세조(신영균 분)의 광기 어린 야욕에 환멸을 느낀 공주가 식음을 전폐하다 궐을 떠나고, 동궁(이순재 분)은 아버지에게 불교로 악업을 씻고 공덕을 쌓자고 설득하다 어느 날 갑자기 숨을 거둔다. 세조는 뒤늦게 잘못을 뉘우치며 불교에 귀의한 김시습(김진규 분)을 불러 초혼제를 열고, 억울하게 죽은 원혼들의 명복을 빌며 자신의 과욕을 반성한다는 줄거리였다.

한재림 감독의 〈관상(觀相)〉(2013)은 실제 역사인 계유정난(癸酉靖難)에 가상의 인물 관상가가 개입되었다는 상상력을 가미한 픽션 사극 영화다. 얼굴을 보면 그 사람의 모든 것을 꿰뚫어 보는 천재 관상가 내경은 기생 연홍의 제안으로 한양으로 향하고, 연홍의 기방에서 사람들의 관상을 봐 준다. 용한 관상가로 한양에서 이름을 날린 내경은 김종서로부터 사헌부를 도와 인재를 등용하라는 명을 받고 궁으로 들어간다. 수양대군의 역모를 눈치챈 그가 위태로운 조선의 운명을 바꾸려 한다는 픽션을 가미해 영화의 재미를 배가시켰다. 영화 〈관상〉도 흥행에 성공했지만 더 자세한 내용은 백금남 작가의 소설 『관상』(2013)에서도 확인할 수 있다.

김주호 감독의 〈광대들: 풍문조작단〉(2019)은 조선 팔도를 무대로 풍문을 조작하고 민심을 뒤흔드는 광대 패거리 5인방의 이야기다. 어느 날 광대 패거리들은 조선 최고의 권력자 한명회로부터 단종을 폐위하고 왕이 된 세조의 미담을 만들어 내라는 명을 받는다. 광대패의 리더 덕호와 그 무리들은 목숨을 걸고 지금껏 듣지도 보지도 못한 놀라운 판을 짜서 풍문을 조작한다. 영화는 세조(박해일 분)가 왕위를 차지한 후 민심을 조작하고 권력을 유지하기 위해 광대들을 이용하는 이야기를 그려 냈다. 세조실록에 기록된 40여 건의 기이한 현상의 뒤에는 광대들이 있었다는 설정을 통해, 광대 패거리들이 소문을 내면 역사의 흐름이 뒤바뀔 수 있다는 가상적인 설정으로 흥행에 성공했다.

4) 드라마

KBS-2TV의 드라마 〈파천무〉(1990)는 단종을 폐위하고 왕위에 오른 세조와 주변 인물들 그리고 김종서의 애첩인 여진족 여인 설리를 비롯해 사육신 같은 인물을 통해 세조 시기의 암투와 충절을 보여 주었다. 권력과 인생의 함수 관계를 보여 준 이 드라마는 최고 시청률이 60.2%를 기록할 정도로 인기를 얻었던 주간 사극이었다. 소설가 유주현의 소설 『파천무(破天舞)』(1976)를 바탕으로 제작한 이 드라마는 1980년에도 방송됐지만 전두환 정권의 군부독재 당시의 시대상과 곧바로 연결될 수 있었기에 조기 종영됐고, 그 후 10년의 시간이 지난 다음에 다시 방영됐다. 여진족 출신의 설리라는 가상적 인물이 세조 앞에서 춤을 추면서 세조의 왕위 찬탈로 인해 발생한 수많은 살생과 정당하지 못했던 집권 과정을 비판한 장면은 이 드라마의 압권이었다.

MBC의 드라마 〈조선왕조 오백년: 설중매(雪中梅)〉(1984~1985)는 정통 사극인 조선왕조 오백년 시리즈의 세 번째 작품이었다. 단종의 즉위와 폐위, 그리고 수양대군의 왕위 찬탈을 중심으로 이야기가 전개됐다. 단종의 충신들이 단종을 지키기 위해 싸우는 장면과 수양대군이 계유정난을 일으켜 권력을 잡는 과정을 그렸다. 단종의 비극적 운명과 신하들의 충절을 부각시킨 이 드라마는 문종 시대부터 단종,

세조, 예종, 성종, 연산군 시기로 이어진 조선왕조 최대의 격동기를 그렸다. 총 105회를 방영한 이 드라마는 역대 사극 시리즈 중에서 최장기간 방영된 것으로 유명하다. 한명회 역을 맡은 정진 씨는 이전에는 주로 단역 배우로 활동했지만, 이 드라마에서 비중 있는 역을 맡아 뛰어난 연기를 보여 주며 화제의 인물로 떠올랐다.

KBS-1TV의 드라마 〈한명회〉(1994)는 세종대왕이 승하한 시점부터 갑자사화에 이르기까지 조선왕조실록에 충실한 내용을 보여 주었다. 한명회라는 이름은 오래전부터 시대의 풍운아로 유명했지만, 수양대군의 앞잡이 정도의 이미지에서 벗어나지는 못했었다. 그런 한명회가 이 드라마에서는 당당히 주인공으로 떠올랐다. 계유정난과 세조 시대를 다루었던 대부분의 사극에서는 사육신의 단종복위 운동 정도만 다루고 세조 치세에 벌어진 일들은 대충 넘어가는 경우가 많았다. 그러나 이 드라마에서는 세조 치세에 일어난 신숙주의 여진족 정벌까지도 다뤘을 정도로 한명회와 관련되는 인물들의 활약상을 상세히 소개했다. 그러나 세조실록의 내용을 충실히 반영해 드라마를 만들었기 때문에, 역사학자들은 세조를 지나치게 미화한 드라마라고 비판하기도 했다.

KBS-1TV의 드라마 〈왕(王)과 비(妃)〉(1998~2000)는 단종과 수양대군의 이야기를 중심으로 조선 초기의 정치적 혼란과 권력 투쟁을 상세히 담아낸 186부작의 대하사극이었다. 단종의 즉위와 폐위, 그리고 수양대군이 세조로 등극하는 과정에서 벌어지는 음모와 갈등을 묘사했다. 이 드라마는 수양대군을 미화하고 계유정난을 긍정적으로 묘사해 방영 당시에 많은 비판을 받았다. 그러나 세조 역을 맡은 임동진 씨의 열연은 호평을 받았다. 특히 111부에서 수양대군이 꿈을 꿨는데 단종이 "숙부님, 저와 같이 가요."라고 말해 따라갔더니 단종의 무덤 앞이었다. 단종이 울면서 "추워요, 꺼내 주세요."라고 하자, "홍위야! 내 조카가 이런 곳에 묻혀 있었단 말이냐? 내가 꺼내 주마. 조금만 기다리거라." 하며 세조가 울부짖으며 단종의 무덤을 파헤치는 장면은 시청자들에게 깊은 인상을 남겼다. 단종과 주변 인물들의 복잡한 관계와 정치적 상황을 깊이 있게 탐구해 엄청난 인기를 끌어모은 드라마였다.

KBS-2TV의 드라마 〈사육신〉(2007)은 한국방송공사의 하드웨어(자본, 장비 등)와 북한 조선중앙방송의 소프트웨어(배우, 극본 등)를 결합해 제작한 남북 최초의 합작 사극으로, 사육신의 충절을 보여주려는 제작 의도가 있었다. 남한에서는 KBS-2TV에서 방영됐고 북한에서는 조선중앙텔레비죤에서 방영됐다. 이 드라마는 북한 최초로 조선시대의 정사를 다룬 텔레비전 드라마이자 조선중앙텔레비죤이 처음으로 제작한 정통 사극이었다. 〈사육신〉의 마지막 회에 흘러나온 내레이션 전문은 이렇다. "정의와 불의가 고패치며(세차게 굽이치며) 쌓아 온 역사. 당대에 역적의 누명을 쓰고 처형당한 그대들은 생을 마친 후에 사육신, 죽은 여섯 신하라 불리며 230년 후에는 충신의 명예를 되찾게 된다. 육체는 도려지되 칼로도 베일 수 없고 불로도 태울 수 없는 그대들의 높은 절기와 의기는 과연 이 나라 후손들의 넋 속에 살아 있지 않은가. 찬탈자의 용상 밑에서 권세와 영화를 누린 역신, 간신배들의 명이 길었다면 얼마나 길었으랴. 역사는 솟구치는 피로 이 땅에 길이길이 정의를 외치는 것이다!"

KBS-2TV의 역사 판타지 드라마 〈공주의 남자〉(2011)는 단종의 폐위에 관련된 사건들로 구성한 24부작의 로맨스 사극 드라마였다. 정치적 숙적이던 수양대군과 김종서의 두 자녀 이세령과 김승유가 공동 주인공으로 등장했다. 이 드라마는 조선의 고종 시절에 서유영

(徐有英, 1801~1874)이 보고 들은 141편의 이야기를 기록한 한문 야담집인 『금계필담(錦溪筆談)』(1873)에 등장하는 수양대군의 딸 세희와 김종서의 손자의 일화를 기록한 '피눈물로 얽힌 갸특한 인연' 편을 재구성한 김승유와 이세령의 사랑 이야기였다. 드라마에서는 단종의 폐위와 수양대군의 왕위 찬탈, 그리고 그로 인한 정치적 음모와 갈등을 상세히 다루었다. 정순왕후와 단종의 비극적인 이야기를 배경으로 역사적 사건과 로맨스를 결합해 공감을 유발한 드라마였다. 서유영의 『금계필담』에 나오는 '피눈물로 얽힌 갸특한 인연' 편의 일부를 소개하면 다음과 같다.[15]

"조선 초기 세조 왕이 친조카인 단종을 멀리 강원도 영월로 유배시키려 할 때에 이의 옳지 못함을 직간하던 사람 중의 한 분이 바로 세조의 공주였다. (…중략…) 그러자 세조는 크게 노하여 한낱 아녀자인 공주가 주제넘게 국사에 관여하여 도리어 일을 그르친다고 죽이려 했다. 왕비는 딸의 목숨이 경각에 달려 있음을 알고, 남의 이목을 피하여 노비와 함께 많은 금자를 내주어 야반도주케 하며 이르기를 '공주는 이제 왕실의 자손이 아니니, 어느 곳에 가서 살던지 신분을 숨기고 평민이 되어 부디 몸조심하며 편히 잘 살아라.' 했다. (…중략…) 이리저리 방황하던 공주가 송림이 울창한 심산유곡인 지금의 옥양동에 이르자 마침내 날이 저물어 숙소를 찾게 되었다. 마침 멀리 불빛을 발견하고, 반가운 마음으로 다가가 보니 보굴암 입구의 초막에서 나온 불빛이었다. 하룻밤만 유하려고 주인을 찾으니 초막에서 나온 주인이 엄두리 총각이라 공주는 차마 말 못하고, 머뭇거리다가 어렵게 여러 날의 노독을 이야기했다. 총

---

15) 권기성(2017). "19세기 후반-20세기 초 필사본 야담집 연구: 〈금계필담〉, 〈차산필담〉, 〈양은천미〉를 대상으로." 경희대학교 박사학위논문.

각도 처음에는 낯선 규수의 유숙을 거절하다가 딱한 공주의 사정을 듣고서는 자기 방을 비워 주었다. 공주는 총각이 부엌에서 잠을 자겠다는 소리에 범상치 않음을 직감하고, 노비와 의논하여 총각과 평생 가약을 결심하게 되었다. (…중략…) 세월이 흘러 장남이 출생하게 되자, 공주는 장롱 밑에 깊숙이 넣어둔 금자를 꺼내 놓으며 남편에게 자신의 신분과 그동안 감춰야만 했던 내력을 이야기했다. 그러자 공주의 이야기를 듣고 있던 남편이 '원수를 다리 위에서 만나 자식까지 낳았으니 이 일을 어찌 하리요.' 하며 탄식했다. 그는 바로 김종서의 친손자로서 환란 당시 구사일생으로 집을 빠져나와 이 심산궁곡에서 은신 중이었던 것이다. (…중략…) 세조가 지나다 보니 웬 아낙이 길가에 엎드려 슬피 우는지라, 가까이 불러 그 연유를 물어보았다. 그랬더니 놀랍게도 그 아낙은 몇 해 전에 자신이 죽이려 했던 그 공주임을 확인하게 되었다. 세월이 흐르는 동안 자신의 과오를 깨닫게 되었던 세조는 늘 공주의 일이 마음에 걸렸는데 이렇게 만나게 되니 몹시 기뻐하며 공주의 결혼 생활을 허락했다. (…후략…)"

5) 뮤지컬

서울시 종로구에서 제작한 창작 뮤지컬 〈비애비(妃愛悲)〉(2010)는 정순왕후의 애달픈 사랑을 소재로 창작한 4막 25장의 뮤지컬이다. 단종과 정순왕후의 애절한 사랑과 이별 이야기를 주제로 135분 동안 계속된 특색 있는 음악과 화려한 무대의상은 관중들을 압도하기에 충분했다. 음악은 세미클래식에서부터 록, 라틴, 재즈에 이르기까지 다양한 장르로 구성되었고, 작곡가 김기표 씨를 비롯해 김성주, 사이니, 조시형 씨가 참여해 극의 느낌을 더해 주는 32곡의 노래도 등장했다. 이 뮤지컬에서는 종로구 숭인동에 있는 동강봉을 비롯해 숭인동 일대에 남아 있는 정순왕후의 발자취를 바탕으로 단종과 정순왕후의 슬픈 사랑 이야기를 가수들의 감미로운 목소리로 전달했다.

국립창극단의 〈아비.방연〉(2015)은 작가 한아름과 연출가 서재형이 계유정난(癸酉靖難)을 배경으로 단종에게 사약을 전하는 명을 받은 의금부도사 왕방연을 소재로 삼아 구성한 창극이다. 어린 왕을 홀로 남겨 두고 돌아가는 길의 참담한 심정을 읊은 그의 시조("천만리 머나먼 길에 고운 님 여의옵고~")를 비롯해, 가장 평범한 아비인 방연의 이야기를 묘사했다. 이 창극은 단종의 충신 왕방연이 왜 사약을 들고 다시 영월로 향할 수밖에 없었는지 역사적 사실에 상상력을 발휘해 그려 낸 작품이다. 창극에서는 단종의 충직한 신하 왕방연이 눈에 넣어도 아프지 않을 무남독녀 소사의 혼례를 무사히 치르기 위해 스스로 주군을 저버리게 된다고 설정했다. 평생토록 강직하게 살아왔지만 딸을 위해 어쩔 수 없이 신념을 꺾어야만 했던 아버지의 심경을 연기하며 관객들과 소통했다. 계유정난이라는 역사의 파고를 겪으며 딸의 손을 놓지 못한 아버지의 고뇌와 슬픔을 고스란히 전한 창극이었다.

백윤승이 짓고 서미영이 연출한 뮤지컬 〈자수궁(慈壽宮)〉(2015)은 단종을 폐위하고 수양대군이 즉위하자, 집현전 학사 중에서 사육신 박팽년의 누이이자 세조의 계비인 근빈 박씨가 등장해 12지신과 함께 펼쳐 나가는 음악극이다. 자수궁(慈壽宮)은 세조의 계비인 근빈 박씨가 거처하는 궁으로 설정됐다. 쥐, 소, 호랑이, 토끼, 용, 뱀, 말, 양, 원숭이, 닭, 개, 돼지를 아우르는 12지신은 제각기 자신을 상징하는 백색 가면을 쓰고 나타났고, 세조를 끝까지 보필했던 신숙주와 한명회도 등장했다. 이 음악극에서는 세조와 박팽년이 죽마고우 사이였다는 사실이 소개됐지만 박팽년은 결국 역모로 처형된다. 그러자 근빈 박씨가 오빠의 시신만이라도 온전하게 지켜 달라고 간청하자 세조는 이를 허락하지만, 한명회를 비롯한 신하들의 맹렬한 반대에 부딪혀 박팽년의 시신까지 능지처참을 당하게 된다는 내용이다.

김은환 연출의 창작 뮤지컬 〈육신사의 비밀〉(2020)은 단종의 복위를 시도하려다 숨진 사육신의 넋과 얼을 기리기 위해 기획된 공연예술이었다. 육신사는 1456년(세조 2년)에 단종 복위를 모의하다 숨진 사육신(박팽년, 성삼문, 이개, 유성원, 하위지, 유응부)의 위패를 모신 사당이다. 사육신 중에서 유일하게 후손이 살아남은 박팽년의 후손이 터를 잡고 살고 있는 순천 박씨의 집성촌인 묘골마을(경북 달성군 하빈면 묘리)에 위치해 있다. 이 뮤지컬에서는 역사적 사실을 바탕으로 판타지 요소를 가미해 오빠의 과거 급제를 위해 육신사를 찾는 '여린'과 그녀의 갸륵한 마음에 감동한 묘골을 지키는 산신의 판타지 성격의 러브 스토리가 핵심 줄거리였다.

윤상원 연출의 뮤지컬 〈범옹(泛翁)〉(2022)은 계유정난 무렵의 신숙주의 심경을 조명했다. 제목인 범옹은 조선 전기를 대표하는 문인 신숙주의 자호인데, 세종 때부터 세조 때까지 벼슬을 했던 신숙주를 주인공으로 내세운 뮤지컬이었다. 1400년대 초반의 조선, 단종이 어린 나이에 왕위에 오르자 수양대군으로부터 함께 후일을 도모하자는 제의를 받은 신숙주가 절친한 벗 성삼문과의 관계 사이에서 어떻게 고뇌하며 어떤 선택을 하는지가 뮤지컬의 핵심 줄거리다. 계유정난을 앞둔 혼란한 시기에, 신숙주, 성삼문, 수양대군이 각자의 대의를 내세우는 과정을 치밀하게 그려 냈다. 단종과 수양대군에 초점을 맞춘 다른 문화 콘텐츠와는 달리, 이 뮤지컬에서는 신숙주와 성삼문에게 초점을 맞췄다. 사육신 성삼문을 높이 받드는 세간의 평가와는 달리, 이 뮤지컬에서는 신숙주가 주인공으로 등장했다.

6) 오페라

이승원의 대본과 성용원 작곡을 바탕으로 창작된 오페라 〈단종의 눈물〉(2017)은 단종과 정순왕후의 슬프고도 안타까운 사랑 이야기가 핵심 내용이었다. 돌아올 수 없는 남편을 평생 그리워하며 생을 마감한 정순왕후의 순애보를 재현한 이 오페라에서 정순왕후가 부르는 아리아 〈만약에 말이다〉(No.1)와 〈나는 우는 듯 웃으며 죽었다〉(No.2)는 관객들의 눈물샘을 자극하기에 충분했다. 수양대군에게 왕의 자리를 빼앗긴 다음 영월을 향해 유배를 떠나는 단종의 아픈 심경을 구구절절하게 묘사한 오페라 창작품이었다. 남편과 생이별을 하고 홀로 살아남아 단종의 사후에도 65년 동안을 슬픔 속에서 남편을 그리워하며 한평생을 살아 낸 정순왕후의 순정을 다양한 감정의 음악 선율로 풀어낸 수작이라는 평가를 받은 작품이다.

정순왕후의 아리아 〈만약에 말이다〉에서는 단종을 만나 왕비로 간택되기 이전부터 정순왕후가 백성을 아끼고 사랑하는 마음이 강했다는 내용을 강조했다. 양반과 상놈의 구별 없이 백성을 다스리겠다는 애민의 태도를 보여 주면서 정순왕후의 천진난만하면서도 인상적인 성품을 보여 주기에 손색이 없었다. 아리아 〈나는 우는 듯 웃으며 죽었다〉에서는 세상을 떠난 남편을 그리워하는 정순왕후의 지고지순한 사랑을 강조했다. 사별한 남편을 한시도 잊지 못하며 평생토록 변하지 않았던 정순왕후의 남편에 대한 사랑이 오롯이 전해지는 오페라였다. 정순왕후가 남긴 글을 소프라노 류정례 씨가 고우면서도 고혹적인 목소리로 전했기 때문에, 관객들의 마음을 더욱 아리고 시리게 만들었다.

7) 연극

한국을 대표하는 연출가의 한 사람인 임영웅(1936~)은 휘문고의 제1회 전국 중고등학생 연극경연대회의 참가작인 〈사육신〉(유치진 작, 1955)을 연출하며 연극계에 데뷔했다. 그 후 연극계의 여러 연출가는 단종과 사육신을 주제로 하는 여러 창작극을 발표하며 연극 무대를 풍성하게 만들었다.

연극 〈태(胎)〉(오태석 희곡, 안민수 연출, 1973)는 세조의 반정 과정을 묘사한 작품으로 1997년과 2007년에도 다시 공연됐다. 연극에서는 단종을 폐위하고 권좌에 오른 세조가 사육신의 가족을 몰살하거나 노예로 만드는 과정을 보여 주었다. 역사적 사실에 근거하지만 기존의 역사극과는 전혀 성격이 달랐다. 연극에서는 박중림의 손자며느리가 세조에게 출산의 허락을 요청하자, 세조는 아들을 낳으면 죽이고 딸이면 살려 주겠다고 약속한다. 박중림의 손자며느리는 아들을 낳았지만 옛 종이 낳은 딸과 바꿔치기해 겨우 아들을 살려 냈다. 아이 바꿔치기를 눈치챈 신숙주는 뒷날의 화근을 없애려고 왕방연에게 금성대군과 단종을 죽이라고 한다. 왕방연은 고심 끝에 어명을 사칭해 단종을 죽이려 하나 오히려 왕방연이 단종에게 죽임을 당한다. 단종은 세조를 죽이려 하다 세조의 아들이자 사촌인 의경세자를 죽이게 된다. 왕방연과 의경세자를 죽인 단종은 끝내 신숙주에게 죽임을 당한다. 결국 종은 세조에게 아이를 바꿔치기했다는 사실을 자백한다. 이 말을 들은 세조는 하늘의 뜻이 사람의 의지와 다르다며 그를 살려 주고 일산(壹冊)이란 이름을 하사했다는 내용이었다.

　연극 〈영월행 일기〉(이강백 극본, 1995)는 고서적연구동호회의 일원인 조당전이 『영월행 일기』를 발견해서 벌어지는 사건을 중심으로 이야기가 전개되는 흥미로운 연극이다. 〈영월행 일기〉는 신숙주의 하인 두 명이 유배 생활을 하고 있는 단종의 근황과 표정을 살피기 위해 떠난 세 번의 여정을 기록한 시종의 일기에서 제목을 따왔다. 연극에서는 일기의 내용에 따라 전개되는 가상적 상황을 무대에 올렸다.16) 강압적인 남편 밑에서 살아오다 남편의 여러 물건 중에서 고서적을 팔았던 김시향은 다시 책을 돌려 달라며 조당전을 찾아온다. 조당전은 책을 돌려주기 전에 책에 나오는 남종과 여종 노비가 되어 일기 내용을 재현해 보고 돌려주자는 조건을 내건다. 이 과정에서 벌어지는 이런저런 일화가 연극의 밀도를 높이는 데 기여했다.

　소설 『영영이별 영이별』(2005)이 출간된 이후에 연극과 낭독 콘서트도 이어졌다. 극단 산울림의 연극 〈영영이별 영이별〉(2005)은 "나는 우는 듯 웃으며 죽었습니다."로 시작하는 모노드라마다. 영도교는 단종이 영월로 귀양 갈 때 정순왕후가 정인의 모습을 마지막으로 바라보던 곳이라 하여 영이별다리, 영이별교, 영영건넌다리라는 슬픈 별칭을 얻었다. 『조선왕조실록』에는 이런 기록이 있다. "세조에게 왕위를 빼앗기고 영월로 귀양길을 떠나던 단종과 부인 정순왕후가 영도교 위에서 눈물로 이별했다." 연극배우 윤석화 씨는 꽃다운 15세 신부 역부터 82세 할머니 역까지 정순왕후의 한평생 굴곡진 인생을 소화했는데, 청계천 영도교에서 단종과 정순왕후가 헤어지는 애달

---

16) 주지원(2023. 2. 13.). "단종의 죽음에 표정에 관한 서사를 더하다: 연극 영월행 일기." 위드인뉴스. http://www.withinnews.co.kr/news/view.html?section=134&category=137&item=&no=29900

픈 순간을 특히 사실적으로 연기했다.

또한 연극계의 대모인 박정자 씨의 낭독 공연 〈영영이별 영이별〉(2015)도 소극장 산울림 무대에서 공연됐다. 이 공연은 소설 『영영이별 영이별』(2005)을 바탕으로 세상을 떠난 정순왕후의 혼백이 죽는 날까지 침묵해야 했던 기구하고 애달픈 사연을 죽어서야 단종에게 털어놓는 형식으로 구성됐다. 정순왕후는 열다섯 살 때 단종을 만났지만 그 사랑은 2년 만에 끝났다. 궁중 권력의 피바람 속에서 이들은 헤어질 수밖에 없었고, 수양대군에게 왕위를 빼앗긴 단종은 귀양길에 올라 5개월 뒤에 죽임을 당했다. 정순왕후는 왕비에서 서인, 걸인, 날품팔이꾼, 뒷방 늙은이로 82세에 세상을 떠났는데, 강은일 씨의 해금 연주를 비롯한 라이브 음악과 영상이 조화를 이뤄 감성적인 분위기를 더해 준 공연이었다.[17]

연극 〈사육신〉(윤현식 연출, 2021)은 1456년(세조 2년)에 벌어진 사육신의 단종복위운동을 무대에 올린 작품이었다. 1456년에 사육신이 왕권 강화를 꾀한 세조에 반발하며 단종의 복위를 꾀하다가 실패해 일어난 병자사화(丙子士禍)가 이야기를 전개하는 핵심 얼개이다. 연극에서는 단종의 복위를 꾀하다 세조에게 발각돼 처형을 당하거나 스스로 목숨을 끊은 사육신(성삼문, 박팽년, 하위지, 이개, 유성원, 유응부)에 관한 이야기를 풀어냈다. 사대부로서 충심을 지키려고 노력하는 장면을 세세하게 담고 있어 흥미를 더했다. 연극에서는 옥에 갇혀 처형당하거나 물고문당하는 장면까지 생생하게 볼 수 있어 관객들은 숨을 죽이며 연극에 빠져들었다. 이 연극에서는 또한 항일독

---

[17] 박정환(2015. 7. 8.). "박정자 낭독공연 '영영이별 영이별'." 뉴스1. https://www.news1.kr/life-culture/performance-exhibition/2318624

립운동과 민주화운동을 하며 희생된 열사들의 사건도 소환하면서 관객들에게 올바른 역사관을 가져야 한다는 메시지를 전했다.

연극 〈여도(戾悼)〉(강은교 연출, 2018)는 단종에게 숨겨진 아들인 '이성'이 있다고 가정하고 단종과 세조의 시대를 흥미롭게 그려 냈다. 이성은 단종의 사망에 관한 진실을 파헤치기 위해 미치광이 행세를 하며 극을 이끌어 간다. 관객들은 연극을 보면서 단종의 죽음에 대한 진실을 추정해 볼 수 있었다. 두 번의 단종복위운동은 모두 실패했다. 그런데 단종은 왜 부당하게 빼앗긴 왕권을 되찾으려 하지 않았는지, 단종이 스스로 목숨을 끊었다는 날짜가 왜 세조실록에는 다르게 표기되어 있는지, 연극에서는 단종의 과거 시점과 세조의 현재 시점을 오가며 단종의 죽음에 관한 실마리를 파헤쳤다. 모든 것이 불명확한 단종의 죽음에 대한 진실을 단종의 가상적 아들인 이성과 연결시켜 낱낱이 파헤치려고 시도함으로써 극의 밀도와 긴장감을 높인 연극이었다.

영월문화재단의 판타지 창작 연극인 〈도깨비 불, 단종의 환생〉(2018)은 영월 지역에 전해 내려오는 단종의 수호 도깨비 설화를 바탕으로, 단종과 정순왕후가 단종을 지키는 268개의 도깨비불을 매개로 시공간을 뛰어넘어 만나게 된다는 판타지 작품이었다. 구전 설화인 영월 장릉의 도깨비 놀이에는 단종의 생애를 안타까워하며 내세에서의 안녕을 기원하는 주민들의 마음이 반영됐고, 2017년에 발족한 영월동강마을예술단의 첫 총체극이라는 점에서 더 큰 의미가 있었다. 영월에서 단종의 가묘(假墓)를 지키던 도깨비인 도일과 도이는 나무꾼들과 한바탕 소동을 벌이고, 소동이 끝나자 도깨비들은 잠에서 깨어난 단종을 만나게 된다. 도깨비들로부터 이미 벌어진 지난 일들과 정순왕후에 관한 이야기를 소상히 들은 단종이 도깨비들에게 정순왕후를 다시 만나게 해 달라고 간청한다는 것이 판타지 연극의 핵심 내용이다. 독창적인 판타지 연극을 영월문화재단의 주관으로 자체 제작했다는 점에서 언론의 특별한 주목을 받은 작품이었다.

8) 미술

역사화로 유명한 서용선 서양화가는 영월 강가에서 친구와 술을 마시다가 친구로부터 "여기가 단종애사가 서린 청령포 들어가는 길목"이라는 이야기를 듣고 단종이 사약을 먹는 장면을 드로잉하며 단종에 대한 그림을 그리기 시작했다. 그는 2009년에 국립현대미술관으로부터 올해의 작가로 선정됐고, 2014년에 이중섭미술상을 받으며 한국을 대표하는 화가로 인정받았다. 단종을 둘러싼 사건 자체가 현재 진행형이라고 인식한 화가는 1986년부터 계유정난과 단종복위운동을 둘러싼 사건과 단종의 비극을 주제로 계속 그림을 그려 왔다.

영월의 호장 엄흥도는 단종의 주검을 선산에 암매장했다. 단종은 복권됐지만 엄씨 집안은 풍비박산이 났고 선산은 왕실 소유를 거쳐 국유지가 됐다. 서울 노량진에 있는 사육신묘가 '사칠신묘'로 바뀐 경위도 흥미롭다. 1970년대의 박정희 정부 때 중앙정보부장을 지낸 김재규 씨가 자신의 선조인 김문기 선비가 단종복위운동에 가담했다는 사실을 들어 조상의 묘를 사육신 묘역에 끼워 사칠신묘가 되었다고 한다.[18] 서용선 화가는 2009년 3월의 국립현대미술관 회고전에 〈단종〉 시리즈를 출품했다. 그리고 2014년 4월에도 파주 헤이리아트센터 화이트블럭에서 〈역사적 상상: 서용선의 단종실록〉 전

---

18) 임종업(2009. 3. 3.). "17살에 사약받은 단종의 비극은 원색: 올해의 작가 서용선." 한겨레.

2. 단종의 생애를 재구성한 문화 콘텐츠 • 177

[그림 4-10] 서용선의 〈처형장 가는 길〉(2014), 480×750cm, Acrylic on Canvas

(展)이라는 역사 풍경화를 주제로 개인전을 열었다. 역사적 사건과 도시인의 삶이라는 두 가지 주제에 집중된 전시회에서는 안평대군에게 초점을 맞춘 그림들과 역사적 사건이 발생한 곳을 직접 답사하며 그린 역사 풍경화를 선보였다.

서용선의 역사화는 뚜렷한 교훈이나 메시지를 전달하기보다 현재의 관점에서 과거를 지속적으로 상상하고 사유하는 과정을 기록했다는 평가를 받았다. 화가가 기록 뒤에 감춰진 또 다른 진실을 그림으로 표현하면, 관람객은 그림을 감상하며 각자가 느끼는 방식으로 역사에서 놓친 진실의 틈새를 엿볼 수 있었다. 〈처형장 가는 길〉〈백성들의 생각 정순왕후〉〈보위(단종과 수양)〉 같은 그림에 등장하는 인물이 분노하거나 체념하고 있는 표정은 역사의 기록이 가려 버린 진실을 암시하기에 충분했다.[19] 역사의 전면에서 억울하게 퇴장당

---

19) 정석범(2014. 5. 8.). "서용선 씨 화이트블럭서 개인전: 시각예술로 풀어낸 단종의 비극." 한국경제.

한 사람들이 분출하는 분노를 강렬한 원색으로 표현한 수작이 많았다. 단종의 유배지인 영월 청령포를 그린 그림을 비롯해 매월당 김시습이 단종의 영혼을 달래기 위해 제를 지냈다는 공주 동학사(東鶴寺) 경내의 숙모전(肅慕殿)[20] 그림 같은 역사 풍경화는 기존의 역사화와 차별화되는 지점이 있었다.

3. 단종문화제를 글로벌 축제로

영월군은 단종의 역사와 사적을 추모하고 기리는 단종문화제를 개최해 왔다. 1698년(숙종 24년) 이후 270년 동안 제향(祭享)만으로 그치던 관행을 1967년에 지방 유지들과 영월군이 뜻을 모아 각종 문화행사를 겸한 향토문화제를 거행하기로 한 것이 단종문화제의 시작이었다. 불사이군(不事二君)의 정신인 충의를 실천궁행(實踐躬行)하고 사육신과 생육신의 이상을 실현하자는 취지에서 시작된 단종문화제는 단종의 고혼과 충신들의 넋을 축제로 승화시키며 영월을 대표하는 축제로 자리매김했다.

영월 사람들은 객지에 오랫동안 머물다 영월에 돌아오면 으레 단종의 장릉(莊陵)[21]을 찾아 참배하던 미풍양속이 있었다. 따라서 단

---

20) 공주의 동학사에 있는 숙모전에는 단종의 복위를 꾀하다가 발각돼 참형당한 사육신과 생육신 외에도 300백여 충신들의 위패가 모셔져 있다. 1456년(세조 2년) 김시습(金時習)이 처음 이곳에 단을 모아 사육신을 초혼 제사했고, 1457년에 세조가 동학사에 들렀다가 초혼단을 보고 감동해 유교와 불교가 함께 제사를 지내도록 했다. 단종의 사후에는 김시습, 조상치 등 향사7신이 엄흥도와 만나 단종의 초혼 제사를 지냈다. 1904년(광무 1년)에는 왕이 숙모전이라는 현판을 내렸다. 숙모전 정전에는 단종과 정순왕후의 위패가 모셔져 있으며, 지금도 숙모전에서는 매년 음력 3월 15일과 음력 10월 24일에 대제를 지내고 있다.
21) 우리나라에는 영월군 외에도 파주시와 김포시에 장릉이 있다. 단종의 능인 영월의 장릉

종문화제는 영월군민의 미풍양속을 고취하는 동시에 바르게 살라는 정신 교육의 성격도 있다. 1967년에 '단종제(端宗祭)'라는 이름으로 시작된 이 축제는 1990년 제24회 때부터 '단종문화제'로 명칭을 바꿔 지금에 이르고 있다. 행사는 매년 4월 5일 제향을 올리던 한식을 전후해서 3일 동안 계속됐지만, 한식 무렵에 날씨가 고르지 않았다. 방문객의 편의를 고려해 2007년부터는 4월의 마지막 주 금요일부터 3일 동안 단종의 역사와 사적을 기리는 행사를 개최해 왔다.[22] 평창과 정선의 주민들은 물론 인근의 경북과 충북에서도 단종문화제에 관심을 가졌다. 단종문화제를 대표하는 프로그램은 조선시대의 단종국장 재현(천전의, 우주전), 정순왕후 선발 대회, 어가행렬, 단종제향, 칡줄다리기를 꼽을 수 있다.

영월군의 역사를 오롯이 담고 있는 단종문화제는 단종을 기리는 영월군민의 의지를 모아 발전을 거듭하고 있다. 영월은 단종이 생애의 마지막을 보냈던 장소다. 청령포와 관풍헌 및 장릉으로 이어지는 단종의 자취는 역사의 흔적을 단순히 따라가는 과정이 아니라, 단종의 가슴 시린 인생길을 되돌아보게 하는 여정과 같다. 단종문화제는 영월군민의 희로애락을 흥(興)과 예(藝)로 아로새긴 기록의 역사이자 영월의 역사문화와 예술과 체육을 집대성한 축제이다. 전통을 단

(莊陵)은 조선 6대 단종의 능이고, 파주의 장릉(長陵)은 16대 임금인 인조와 왕비 인열왕후 한 씨의 합장 능이며, 김포의 장릉(章陵)은 인조의 생부모인 추존왕 원종(元宗) 내외의 묘소이다. 모두 유네스코 세계유산으로 지정됐다. 영월의 장릉은 단종의 시신을 지역 호장이던 엄흥도의 엄 씨 선산에 모셨다가 나중에 단종으로 복위되고 왕릉이 되자, 인근에 있던 엄 씨 선산의 묘소는 모두 이장되는 고초를 겪었다. 영월 장릉에는 단종에게 충절을 바친 신하들을 배향한 배식단사(配食壇祠), 충신단(忠臣壇), 장판옥(藏版屋, 신하 268명의 위패를 모신 곳)과 엄흥도의 충절을 기리는 정여각(旌閭閣)이 있다.

22) 양근수, 이상훈, 김현우(2020). "단종의 역사와 궤를 함께하는 지자체들의 문화예술활동." (pp. 598-600). 『단종백화(端宗白話): 조선 6대 선왕(先王) 단종 일대기와 충신들, 정순왕후에 관한 백과 사록』. 강원: 영월군.

순히 반복하지 않으면서 계속 발전해 온 단종문화제는 미래 세대에게 전승할 문화적 유전자라 할 수 있다. 여러 자료를 바탕으로 단종문화제의 시기별 변천을 총괄적으로 재구성하면 〈표 4-1〉과 같은 흐름을 보이고 있다.[23]

〈표 4-1〉 단종문화제의 시기별 변천

태동기	기반기	도약기	성장기
1967~1969 (1~3회)	1970~1979 (4~13회)	1980~1989 (14~23회)	1990~1999 (24~33회)
변화기	재도약기	성숙기	
2000~2009 (34~43회)	2010~2019 (44~53회)	2020~ (54회~)	

영월군의 단종문화제 말고도 여러 지방자치단체에서는 단종과 정순왕후를 추모하는 행사를 개최하고 있다. 서울시 종로구의 '단종비 정순왕후 추모제'는 단종을 그리며 60여 년을 홀로 살다가 세상을 떠난 정순왕후 송씨의 절개와 충절을 기리는 추모문화제다. 종로구의 단종비 정순왕후 추모제는 비운의 삶을 살다 간 정순왕후의 명복을 기원하는 추모제향, 정순왕후 선발대회, 정순왕후 영도교 행차를 비롯해 정순왕후와 단종이 헤어진 영도교에서의 이별 장면을 재연하는 행사로 구성된다.

남양주시의 '사릉 정순왕후 기신제향'도 해마다 개최된다. 남양주시의 사릉(思陵)은 정순왕후의 능이다. 대동종약원 장·사릉봉향회

---

23) 김현우, 이상훈, 양근수(2021). "한눈으로 보는 단종문화제 53년의 발자취."(pp.13-23.). 『단종문화제 53년 기억과 기록: 단종대왕 탄신 580년 기념 단종문화제 53주년 기념 벽서』. 강원: 영월군.

의 주관으로 매년 5월 20일에 기신제(돌아가신 날 지내는 제사)를 봉행하고 있다. 서울시 동작구의 '사육신 추모 제전'은 조선시대에 단종복위운동이 발각돼 참형당한 성삼문(成三問), 박팽년(朴彭年), 이개(李塏), 유응부(兪應孚), 하위지(河緯地), 유성원(柳誠源) 같은 사육신의 위패를 모신 의절사(義節祠)[24]에서 매년 10월 9일에 추모제향을 올린다. 또한 추모제의 전날에는 사육신의 충절과 드높은 선비정신을 기리는 전야 행사로 사육신의 혼을 불러 영혼을 달래는 살풀이춤, 사물놀이 굿, 판소리, 단종복위 모의 과정을 재연한 무용극 같은 문화행사가 동작문화복지센터 대강당에서 열린다.

충남 홍성군의 '매죽헌 성삼문 추모제'도 있다. 숭모회가 주관하고 연기향교와 금남유도회의 후원으로 개최하는 추모제는 단종 복위를 시도하다 처형당한 성삼문(1418~1456)의 충절을 드높이고 그 넋을 기리자는 취지에서 시작됐다. 성삼문은 한강 가에서 거열(車裂)[25]의 극형을 당한 후 그 시신이 전국의 산하에 매장됐는데 그 과정에서 전국 각지에 시신의 일부가 묻혔다고 한다. 이런 연유로 그의 무덤은 일지총(一肢塚: 신체의 일부를 묻은 묘)이라고도 한다. 한편, 성삼문의 혼을 모신 문절사(文節祠)[26]는 1903년에 고종의 어명에 따라 성씨 집성촌에 건립돼 지금에 이르고 있다. 성삼문의 영정과 유품 및 친필이 소장돼 있는 문절사의 유물은 문화재의 가치를 인정받아 충청남도 지정문화재 제40호이자 세종특별자치시의 문화재 자

---

24) 서울특별시 동작구 노량진동에 있는 사육신공원(死六臣公園) 안에 있는 의절사는 사육신의 위패를 모신 사당으로, 1978년에 사육신묘의 성역화 사업으로 세워졌다.
25) 죄인의 사지와 머리를 말이나 소에 묶고 각 방향으로 달리게 해 사지를 찢어 내는 형벌이다.
26) 문절사는 세종특별자치시 금남면에 있는 매죽헌 성삼문을 모시기 위해 세운 사당이다. 2012년 12월 31일, 세종특별자치시의 문화재자료 제1호로 지정되었다.

료 제1호로 지정되었다.

경주 '매월당 김시습 금오신화제'는 김시습(1435~1493)의 『금오신화(金鰲新話)』를 기리는 작은 문학제라는 특성이 있다. 매월당 김시습을 기리는 동시에 『금오신화』의 문학적 성과는 물론 한국 최초의 한문소설을 집필한 곳이 바로 경주 용장사라는 사실을 환기하는 축제의 성격을 지닌다. '금오신화제'는 향토연구가 권순채 씨의 제안으로 2013년부터 시작됐다. 매년 2월 말이나 3월 초에 옛 용장사의 매월당 터에서 주, 과, 포를 올려놓고 고유제를 올린다. 김시습의 시를 낭독하고 참석자의 자작시를 읽으며, 김시습의 문학 정신을 기리는 행사이다. 또한 경북 영주시의 '금성대군 추모제'는 경북 영주시 순흥마을에 있는 금성대군 신단에서 해마다 두 차례씩 열린다. 세종시의 '매죽헌 성삼문 문화축제'는 매죽헌 성삼문의 600주년 탄신을 기리는 문화 축제이다. 매죽헌 성삼문의 숭고한 정신과 탄신을 기념하는 이 행사는 세종문화원과 문절사숭모회에서 주관한다.

최근의 단종문화제는 해마다 발전을 거듭해 왔다. 2023년(56회)부터 2024년(57회)까지는 주민 거버넌스를 구축하고 단종 스토리텔링을 활용했으며, 영월 칡줄다리기도 2023년에 강원특별자치도의 무형문화재로 공식 지정됐다. 〈표 4-2〉에 제시한 단종문화제의 SWOT 분석 결과에서 알 수 있듯이, 약점(W)과 위협(T) 요인에도 불구하고 단종문화제의 강점(S)과 기회(O) 요인은 많다.[27] 따라서 다음과 같은 단종문화제의 기본적인 방향성 3가지를 바탕으로 주민과

---

27) 김병희(2023. 8. 24.). "단종문화제의 글로벌화를 위한 홍보 마케팅 전략." 단종문화제 60주년 글로벌화를 위한 심포지엄 발표문. 강원: 영월군.

〈표 4-2〉 단종문화제의 SWOT 분석

	강점(Strength)	약점(Weakness)
내부 환경	• 풍부한 자연경관과 관광자원 보유 • 모두에게 친숙한 전통문화 자원 보유 • 단종 신앙의 유교적, 신화적 다양성 • 단종 문화에 대한 군민의 높은 공감대 • 단종문화제 개최 경험과 추진 의지	• 관광자원과 단종 문화의 연계성 미약 • 단종문화제의 경제적 파급효과 부족 • 축제 콘텐츠의 관광 상품화 미약 • 수용자의 욕구를 반영한 콘텐츠 부족 • 고령화로 인한 문화 잠재 인력 부족
	기회(Opportunity)	위협(Threat)
외부 환경	• 주5일 근무제 정착과 여가문화 활성화 • 단종애사에 대한 국민의 높은 인지도 • 기반시설 확충돼 영월의 접근성 향상 • 서울특별시와 우호적 문화교류 진행 • 향락에서 문화교육으로 관광패턴 변화	• 글로벌 소비자에게 단종 인지도 낮음 • 글로벌 진출을 위한 킬러 콘텐츠 부족 • 지자체 간의 과다한 축제 행사 경쟁 • 영월군의 독자적 발전 계획의 한계 • 중앙 정부의 지원에서의 각종 제약

함께 단종문화제의 글로벌화를 모색해야 한다. 첫째, 단종문화제의 정체성을 확립하는 것이다. 영월의 문화자본과 상징적 요인을 두루 활용하고, 영월 문화도시의 브랜드 정체성을 확립하고, 미래지향적 축제를 지향하는 주민 참여 분위기를 조성해야 한다. 둘째, 외부 관광객을 적극적으로 유치하는 것이다. 잘 되는 콘텐츠는 더 살려 내고 문제점은 개선함으로써 수익성 있는 새로운 축제를 기획하고, 핵심 타깃을 대상으로 홍보 마케팅 활동을 전개함으로써 국내외 네트워크를 구축해야 한다. 셋째, 영월의 소중한 가치를 지키고 보전해 나가는 것이다. 단종문화제는 단순한 문화 축제가 아닌 군민들의 문화적 자부심이자 미래 세대에게도 전승해야 할 문화적 유전자이다. 단종문화제 60주년을 기점으로 단종문화제의 위상을 글로벌 축제로 자리매김하고 항구적 가치를 제고해야 하는 이유이기도 하다.

단종문화제 참여자의 트리플(유료, 소유, 획득) 미디어 이용이 축제에 대한 기대와 태도에 미치는 영향을 분석한 연구는 흥미롭다.[28] 연구 결과, 축제 참여자의 유료(paid) 전통 미디어 이용은 매력성, 장소성, 인물성에 대한 기대에 긍정적인 영향을, 유료 뉴미디어 이용은 장소성에 대한 기대에 긍정적인 영향을, 인물성에 대한 기대에는 부정적인 영향을 미치는 것으로 나타났다. 획득(earned) 미디어 이용은 장소성에 대한 기대에 부정적인 영향을, 축제 참여자의 유료 전통 미디어 이용은 태도에 긍정적인 영향을, 획득 미디어 이용은 부정적인 영향을 미쳤다. 그리고 축제 참여자의 기대 요인인 매력성, 장소성, 인물성은 축제에 대한 태도에 긍정적인 영향을 미쳤다. 따라서 단종문화제의 마케팅 전략을 수립할 때는 참여자 유형에 알맞게 맞춤형 콘텐츠를 제공하되, 지역 주민에게는 유료 뉴미디어와 획득 미디어를 통해 장소성과 인물성을 고려한 맞춤형 콘텐츠를 제공하고, 방문객에게는 유료 뉴미디어를 통해 인물성과 관련된 흥미로운 스토리텔링 콘텐츠를 제공하면 효과적일 것으로 기대할 수 있다.

단종문화제의 글로벌 경쟁력을 높이려면 다음 3가지에 특히 집중해야 한다. 첫째, 장소 경쟁력을 강화시켜야 한다. 글로벌 마케팅 차원에서 보면 영월군과 단종문화제의 국제적 인지도가 낮아 장소 경쟁력이 약한 상태이다. 둘째, 역사문화 인프라의 글로벌 홍보 마케팅 활동이 필요하다. 영월은 역사문화 인프라에 대한 글로벌 홍보 활동을 적극적으로 수행하지 않았다. 약점이 아닐 수 없다. 따라서 영월의 역사문화 자원을 알리는 글로벌 네트워크를 구축하고 마케팅 활동을 강화해야 한다. 셋째, 글로벌 장기 이벤트를 기획해서 구

---

[28] 정채령, 가정혜(2025). "축제참여자의 트리플 미디어의 이용이 기대와 태도에 미치는 영향 관계에서 축제참여자 유형의 조절된 매개 효과 분석." 관광연구논총, 37(2), pp. 137-166.

체적으로 실행해야 한다. 영월군은 글로벌 시민들이 관심을 가질 만한 영월만의 실체적 동기 요인을 개발하고 영월만의 동인을 발굴해 글로벌 시민에게 순차적으로 알려 나가야 한다.

일반적으로 글로벌 지역 축제는 사회문화적 목적, 경제적 목적, 정치적 목적이 있다. 사회문화적 목적 차원에서 단종문화제는 주민들의 자부심을 높이고, 영월의 이미지를 제고하기 때문에 글로벌 시민과의 의사소통 강화 방안을 마련해야 한다. 경제적 목적 차원에서 보면 단종문화제를 통해 주민의 판매 수익금과 유료 공연 수익금을 확보할 수도 있겠지만, 그보다는 축제를 통한 영월의 홍보 효과 때문에 영월 전체의 생산성 제고를 견인할 수 있다. 정치적 목적 차원에서 단종문화제가 성공하면 거시적으로는 영월의 브랜드 가치를 높이고 미시적으로는 다른 지역과의 차별화를 시도할 수 있다.

2027년 단종문화제 60주년의 콘셉트는 '근자열원자래(近者說遠者來)'이다. 가까이 있는 사람을 기쁘게 하면 멀리 있는 사람이 찾아온다는 뜻이다. 영월군은 전통적 문화 요인을 현대적 맥락에서 재생산해 주민들과 방문객에게 놀라운 문화 체험의 기회를 제공하고 있다. 단종문화제의 60주년 글로벌화를 위해서는 지역의 문화자본과 상징적 요인을 활용해 문화적 정체성을 확립하고, 세계로 나아갈 글로벌 마케팅 전략을 전개해야 한다. 다양한 채널과 기술을 활용해 국제적인 관심과 참여를 유인할 수 있도록 단종문화제의 글로벌화를 위한 홍보 마케팅 전략을 실행하는 문제는 시급한 당면 과제다. 다음에 제시하는 14가지 홍보 마케팅 전략은 단종문화제의 글로벌화를 앞당겨 여러 나라의 방문객을 유치하는 데 기여할 것이다.

① 디지털 마케팅을 강화시켜야 한다.

소셜미디어 플랫폼을 활용해 세계 시민들에게 단종문화제의 역사와 가치를 구체적으로 홍보해야 한다. 인스타그램과 유튜브를 활용해 이전의 단종문화제의 성과에 관한 생생한 동영상과 이미지를 공유한다면 세계 시민들의 관심을 더 많이 유도할 수 있다.

② 다국어 웹사이트와 모바일 앱을 개발해야 한다.

영월군은 단종문화제를 소개하는 다국어 지원 웹사이트와 모바일 앱을 개발해 외국인 방문자가 정보를 쉽게 접하고 이해할 수 있도록 준비해야 한다. 예약 시스템과 일정 안내 및 지역의 숙박 정보를 포함시켜 이용자의 편의성도 높여야 한다.

③ 인플루언서와의 협력이 필요하다.

여행과 문화 분야에 특화된 세계적인 인플루언서를 영월로 초청해 그들의 소셜미디어 채널을 통해 단종문화제를 홍보하도록 해야 한다. 이들이 단종문화제의 다채로운 매력을 공유한다면 세계인들이 단종문화제에 참여하고 싶다는 욕구를 자극할 수 있다.

④ 국제적인 문화 행사에 참가해야 한다.

영월의 전문가들이 글로벌 축제에 참가해 단종문화제를 홍보하고 국제적인 네트워크도 구축해야 한다. 공무원을 비롯한 전문가들이 해외 축제에서 단종문화제의 가치를 알리는 설명회를 열고 단종문화제와 외국의 문화예술 행사와의 교류도 시도해야 한다.

⑤ 외국인을 위한 체험 프로그램을 개발해야 한다.

　예컨대, 외국인 단종임금 선발대회, 외국인 정순왕후 선발대회, 외국인을 위한 삿갓 체험, 외국인을 위한 동강 뗏목 체험, 외국인을 위한 차 체험(호안다구박물관), 외국인의 조선민화 그리기 대회(조선민화박물관) 같은 체험 프로그램이 있을 수 있다.

⑥ 국제적인 파트너십을 구축해야 한다.

　예컨대, 일본 교토축제의 주체와 영월 단종문화제의 주체가 협력의 파트너십을 구축하면 자국에서 양국의 축제를 홍보할 수 있다. 축제의 주체끼리 협력 프로그램을 개발해 상호 교류를 촉진한다면 양쪽 모두에게 도움이 되며 시너지 효과를 유발할 것이다.

⑦ 국제적인 이벤트와 공연을 기획해야 한다.

　단종문화제 기간 동안에 세계적으로 인지도가 높은 예술가나 공연단체를 초청해 영월의 예술가들과 공동으로 공연하는 것도 좋은 방안이다. 국제적인 공연은 더 많은 관광객을 유치하고 글로벌 단종문화제의 성과를 높이는 데 영향을 미칠 수 있다.

⑧ 세계 각국에서 활동하는 문화 대사를 참여시켜야 한다.

　세계 각국에서 활동하는 한국의 문화 대사들은 현지인들과의 네트워크와 영향력이 막강하다. 이들이 참여할 수 있는 프로그램을 개발해 단종문화제에 대한 관심을 유발하고 이들의 홍보 활동을 통해 외국인의 참여를 적극 독려해야 한다.

⑨ 다국적 기업과 협력해야 한다.

쉬운 일은 아니겠지만 글로벌 기업의 스폰서십을 확보해 해당 기업의 광범위한 네트워크와 자원을 활용해 단종문화제의 글로벌 마케팅 역량을 강화해야 한다. 예컨대, 외국 항공사나 여행사와 협력해 단종문화제가 포함된 여행 패키지를 함께 판매할 수도 있다.

⑩ 참가자의 경험을 공유하는 캠페인을 전개해야 한다.

단종문화제에 참여한 국내외 방문객들의 사진, 동영상, 후기를 소셜미디어에서 공유하는 캠페인을 진행하면 기대 이상의 성과가 나타날 수 있다. 방문객의 진솔한 경험을 공유하면 단종문화제에 대한 신뢰도가 올라가고 관심을 높일 수 있다.

⑪ 언론 홍보 활동을 전개해야 한다.

해외 언론에 적극적으로 보도자료를 배포한다면 단종문화제의 인지도가 점점 상승할 것이다. 문화 전문가나 유명인을 단종문화제에 초청하면 이 사실도 언론에 알려야 한다. 글로벌 PR 활동은 영월과 단종문화제를 국제적으로 알리는 전도사 역할을 할 것이다.

⑫ 각국의 사정에 알맞은 현지화 전략을 구사해야 한다.

보도자료는 각국의 문화적 배경과 언어를 고려해 기자들이 흥미를 느낄 수 있도록 작성해야 한다. 영월군의 홍보 마케팅 관계자들이 외국의 유명한 축제나 행사에 직접 참여해 단종문화제의 특성과 가치를 직접 홍보하는 것도 좋은 방안이다.

⑬ 디지털 기술을 활용해야 한다.

가상현실(VR), 증강현실(AR), 혼합현실(MR), 확장현실(XR) 기술을 적용해 박물관 체험의 기회를 제공하고, 세계 시민들이 단종문화제에 온라인으로 체험할 수 있도록 해야 한다. 이는 거리가 멀어 단종문화제에 직접 참여할 수 없는 사람들에게 크게 도움이 될 것이다.

⑭ 환경보호와 지속가능성을 강조해야 한다.

환경보호와 ESG의 가치를 강조함으로써 주민과 방문객의 실천 행동을 촉구할 필요가 있다. 예컨대, 자원의 지속가능한 재활용과 쓰레기를 줄이는 방안을 자주 소환하고 강조한다면, 주민과 방문객은 단종문화제의 글로벌화를 앞당기는 데 기여할 것이다.

지금도 단종문화제에 주민들이 참여하지만 앞으로의 단종문화제에서는 관이 아닌 주민이 주도하는 거버넌스를 더 확장해야 한다. 앞으로 단종문화제는 전적으로 주민이 주도하는 단종문화제를 지향해야 한다. 주민 주도형의 거버넌스 확장 전략을 수립하고, 단종문화제의 글로벌 소통 전략을 모색하고, 단종문화제 프로그램을 국제적 수준으로 개선하고, 단종문화제와 유사한 해외 지역 축제의 글로벌 소통 사례도 연구해야 한다. 또한 지역 축제의 글로벌화를 위한 네트워크를 구축할 방안을 모색하고, 단종문화제를 널리 알릴 수 있는 홍보 마케팅 전략을 수립하고, 주민들이 자발적으로 참여하는 축제 운영 방안을 모색하고, 단종문화제를 통한 경제적 효과의 창출 방안을 연구한다면 단종문화제의 글로벌화가 더 빨리 이루어질 것이다.

영월군은 단종문화제의 글로벌화를 위한 기본 계획을 이미 완성했다. 앞으로의 단종문화제에서는 기존의 프로그램도 계승해야 하지만 새로운 문화 콘텐츠도 선보여야 한다. 그렇게 하면 축제의 효과도 배가될 것이다. 예컨대, 2023년에 완성된 두 편의 시나리오를 활용해 단종과 정순왕후의 사랑을 담은 대형 뮤지컬을 단종문화제 때마다 특별 프로그램으로 공연한다면 축제의 백미를 장식할 것이다. 단종의 일생이야말로 서양의 어떤 왕과 영웅보다 감동적인 스토리텔링 요소를 지니고 있다. 단종을 잘 모르는 외국인들에게 단종의 일생과 신하들의 충정을 뮤지컬로 소개하고, 영월의 자연경관과 문화유산을 알려야 한다. 단종과 정순왕후의 사랑은 외국인들에게 한국형 '슬픈 사랑 이야기(sad love story)'로 다가갈 것이다.

그 연장선에서 보면 단종과 김삿갓을 품고 있는 영월이야말로 세계 어디에 내놓아도 손색없는 이야기의 고장이라는 문화자본을 가지고 있다. 단종문화제의 글로벌화는 '문화+콘텐츠+디지털+고객의사결정여정(CDJ)+아르(AARRR) 모형'[29]을 종합해 홍보 마케팅 활동을 체계적으로 전개했을 때 비로소 가능해질 것이다. "어두운 석탄광산(石炭鑛山)에서 빛나는 문화광산(文化光山)으로" 도약하는 영월을 세계 시민들에게 보여 주고 단종문화제를 글로벌 문화관광 축제로 비약시켜야 한다. 그렇게 하려면 영월군민을 비롯한 영월군청의

---

29) 디지털 생태계가 오프라인 생활공간을 점령하면서 더 중요해진 고객의사결정여정(Customer Decision Journey: CDJ)은 방문객이 제품이나 문화 콘텐츠를 구매하기까지의 과정을 설명한다. 그리고 아르(AARRR)란 디지털 마케팅에서 고객의사결정여정(CDJ)을 분석한 후에 시도하는 마케팅 퍼널(깔때기)의 효과 단계를 설명하는 모형이다. ① 브랜드 인지도를 높이기 위해 방문자를 유입시키는 획득(Acquisition) 단계, ② 방문자를 웹사이트의 이용자로 전환하는 활성화(Activation) 단계, ③ 이용자가 서비스를 계속 이용하도록 유도하는 유지(Retention) 단계, ④ 이용자가 구매를 결정하고 결제를 완료하는 수익(Revenue) 단계, ⑤ 이용자가 서비스를 추천하고 타인에게 홍보하는 추천(Referral) 단계로 구성된다. 고객의사결정여정(CDJ)과 아르(AARRR) 모형은 단종문화제의 글로벌 마케팅을 전개할 때도 필요하다.

공무원과 영월문화관광재단의 정책 관계자는 물론, 각계 전문가들의 폭넓은 경험과 지혜가 비축된 지혜광산(智惠鑛山)에서 아이디어의 금맥(金脈)을 찾아내는 작업을 시급히 추진해야 한다.

제5장
노마드 1호 김삿갓과 호모 비아토르

1. 김삿갓의 생애와 그가 쓴 시

강원특별자치도 영월군에는 김삿갓면과 김삿갓로가 있다. 면의 이름과 도로명을 사람 이름을 따서 지은 연유는 관광객 유치를 위한 전략만은 아니다. 중국에 이백(李白)이 있고 일본에 바쇼(芭蕉)가 있다면, 우리나라에는 영월에서 성장한 방랑시인 김삿갓이 있으니, 영월군은 자랑할 만한 역사 인물을 충분히 내세울 수 있다. 1982년에 김삿갓의 묘와 집터가 영월군 김삿갓면(전 하동면) 와석리 노루목에서 발견됐다. 난고(蘭皐) 김병연은 전라도 동복(지금의 전남 화순군)에서 작고했지만 아버지의 시신을 찾아 전국을 떠돌던 둘째 아들 익균이 주거지인 김삿갓면 노루목 골짜기로 이장했고, 이 묘소는 1982년에 영월의 향토사학자 정암 박영국 선생이 처음 발견했다. 영월군은 김삿갓이 방랑을 떠나기 전에 살았던 김삿갓면 와석리에 '난고김삿갓문학관'을 건립하고, 묘비와 시비와 유적비도 세웠다. 김삿갓문학관의 제1전시실에 가면 김삿갓 유적지를 처음 발견한 고 박영국 선생의 이력을 상세히 알 수 있다.

조선시대 후기에 삼천리 방방곡곡을 내 집처럼 떠돌던 김삿갓의 본명은 김병연(金炳淵, 1807~1863)이다. 자는 성심(性深)이고 호는 난고(蘭皐)이며, 별호 김립(金笠)은 삿갓(笠)을 쓰고 조선 팔도를 떠돌 때 쓰던 별칭이다. 김삿갓이 태어난 곳은 경기도 양주시 회암동으로 알려져 있다. 김병연은 금강산 유람부터 시작해 전국 각지를 떠돌며 한평생 삿갓을 쓰고 다녀 김삿갓이란 별칭을 얻었다. 그는 스스로 이름을 말하지 않았고 사람들도 애써 알려고도 하지 않아 그냥 김삿갓으로 불렸다. 그는 굽이굽이 발길 닿는 대로 떠돌며 때로는 감격하고 때로는 분노하며 붓 가는 대로 시를 썼다. 김문응 작사의 〈방랑시인 김삿갓〉(1955)이란 노래에서는 김삿갓의 한평생을 이렇게 압축해 놓고 있다.

"죽장(竹杖)에 삿갓 쓰고 방랑 삼천리
흰 구름 뜬 고개 넘어가는 객이 누구냐
열두 대문 문간방에 걸식을 하며
술 한 잔에 시 한 수로 떠나가는 김삿갓"

김병연은 1807년(순조 7) 음력 3월 13일에 경기도 양주군 회천면 회암리에서 태어났다. 조선시대 양반 계층의 성골이던 노론 장동 김씨 가문에서 부친 김안근과 모친 함평 이씨 사이에서 태어난 차남이었다. 위로 김병하가 있었고 아래로 동생 김병호와 김병두가 있었다. 그가 다섯 살이던 1811년(순조 11)에 평안도 일대에서 '홍경래의 난'이 일어났다. 당시 평안도 선천(宣川)의 부사(府使)로 갓 부임한 김병연의 조부 김익순(金益淳)은 새 임지에서 서너 달 업무 파악을 하고 그 지역의 선비들을 모아 며칠 동안 잔치를 벌였다. 그러던 어느 날 새벽에 홍경래(1771~1812)의 농민군이 쳐들어와 김익순을 결박하자 그는 곧 투항했다. 당시 가산군수를 지낸 정시는 포로가 되어 저항하다 목숨을 잃었지만, 선천부사 김익순은 농민군에게 항복했다가 농민군이 다시 관군에게 쫓기자 농민군 참모 김창시의 목을 1천 냥에 사서 조정에 바쳐 전공을 위장했다. 나중에 이런 이중적 처사가 드러나자 김익순은 참형을 당했고, 김삿갓의 아버지 김안근은 남해로 귀양을 갔다.

어린 김병연은 머슴의 등에 업혀 형제들과 함께 황해도 곡산으로 피신했고, 어머니 함평 이씨도 경기도 여주와 이천으로 피신했다. 그 후 조부 김익순의 죄가 일가족을 모두 죽이는 '멸족'에서 벼슬할 수 없는 '폐족'으로 감형되자 4형제는 어머니 품으로 돌아갔다. 귀향길에 아버지가 울화병으로 사망하자, 김삿갓의 어머니는 사람들의 괄시를 피해 강원도 영월군 영월읍 삼옥리에 숨어들었다. 김병연은 20세가 되던 1827년(순조 27)에 한 살 연상인 장수황씨와 결혼했고, 그해 영월군 동헌에서 실시한 과거에 나가 장원을 했다. 이때 문제로 나온 시의 제목은 '논정가산충절사 탄김익순죄통우천(論鄭嘉山忠節死 嘆金益淳罪通于天)'이었다. 즉, 가산군수 정시의 충성스러운 죽음을 우러러 논하고 하늘에 닿은 선천부사 김익순의 죄를 비판하라는 문제였다. 김병연은 영문도 모른 채 할아버지 김익순을 호되게 비판하는 글을 지어 장원을 했던 셈이다.

나중에 모친으로부터 조부의 대역죄와 폐족 신분을 뒤늦게 알게 된 김병연은 조상을 비난한 시로 장원을 했다고 자책하며 영월군 하동면 와석리로 돌아와 은둔 생활에 들어갔다. 그의 나이 22세 때 아들 학균을 얻자 중앙 무대의 과거 시험을 보려고 한양(서울) 안응수의 문객으로 들어가 학업에 정진했다. 하지만 뜻밖에도 24세 때 권문에 기대어 출세하려는 생각을 버리고 과거를 포기하기로 결심했다. 아들 학균을 형 김병하에게 입양하고 어머니와 아내에게는 홍성의 외가에 다녀오겠다며 가족을 남겨 둔 채 집을 나섰지만, 남쪽이 아닌 북쪽의 금강산을 향해 방랑길을 떠났다.[1]

김병연은 그때부터 푸른 하늘을 볼 수 없는 죄인이라 자책하며 죽

---

1) 오경근(2020. 3. 5.). "김삿갓 방랑의 시작과 종착 영월: 영월10경에 스민 김삿갓 병연, 청운의 한." 시사매거진, 263. https://www.sisamagazine.co.kr/news/articleView.html?idxno=314285

장에 삿갓 쓰고 조선 팔도를 떠돌며 방랑 생활을 이어 갔다. 한양과 충청도와 경상도를 떠돌다가 안동의 도산서원 아랫마을에서는 서당 훈장이 되어 제자들에게 글공부를 가르치기도 했다. 다시 전라도, 충청도, 평안도를 거쳐 자신이 어릴 때 자랐던 곡산의 머슴이던 김성수의 아들집에서 1년쯤 기거하며 훈장 노릇을 했다. 29세 때는 기생의 딸 '가련'이와 동거했으며, 충청도의 계룡산 밑에서 살 때는 아버지를 찾아온 둘째 아들 김익균을 재워 놓고 몰래 도망치기도 했다. 경상도 어느 산촌으로 찾아온 아들을 1년 만에 다시 만났지만 이번에도 심부름을 보내 놓고 줄행랑을 쳤다. 3년 뒤에는 경상도 진주에서 아들을 만나 집으로 돌아갈 생각도 했지만 생각을 바꿔 용변을 보러 간다는 거짓말을 하고 도망치기도 했다.

김삿갓은 둘째 아들 김익균에게 세 차례나 귀가를 권유받았지만 계속 거절하고 방랑을 이어 갔다. 이처럼 김삿갓은 평생토록 방랑 생활을 하다가 잠시 집에 들러 어머니와 처자식(황씨 부인, 장남 김학균, 차남 김익균)의 안부를 확인하고는 다시 집을 떠났다고 한다. 집을 떠난 김삿갓은 허름한 삿갓을 쓰고 조선 팔도를 떠돌며 양반 귀족들의 부패와 죄악 그리고 비인도적 행태를 고발하는 시(詩)를 썼다. 그는 조선 팔도를 떠돌며 때로는 남의 집 문간방에서 자고 때로는 동네 서당에 머무르며 자신의 경험을 바탕으로 시를 썼다. 그는 한자의 뜻과 우리말의 뜻을 절묘하게 연결시켜 얼핏 들으면 욕하는 것 같은데 한문의 뜻에 심오한 의미가 담긴 요절복통할 풍자시에 능했다.

서민들의 애달픈 삶이나 탐관오리의 부패상을 풍류와 해학과 풍자로 묘사한 그의 시는 사람들의 입에서 입으로 구전을 통해 조선 팔도에 알려졌다. 관동(冠童: 서당에서 글공부하는 학생)들도 그의 시를 외울 정도로 그의 시는 온 누리에 퍼져 나갔다. 서정적인 시를 주로 쓰는 김용택 시인은 자신이 사랑하고 감동하고 희구하고 전율했다는 시들을 모아 『시가 내게로 왔다』 시리즈 다섯 권을 편찬했다. 그중에서 제5권인 『내가 사랑하는 한시』(2004)에 김삿갓의 시 「강가의 집(江家)」이 선정돼 실려 있다.[2] 이 시에서 김삿갓의 시인으로서의 감수성과 자유로운 영혼의 한 단면을 엿볼 수 있다.

뱃머리에 물고기 뛰어오르니 은이 석 자요
문 앞에 산봉우리 높으니 옥이 만 층
바로 창 앞에 물 흐르니 어린아이는 늘 깨끗하고
꽃잎이 방으로 날아드니 늙은 아내까지 향기로워진다

선두어약은삼척(船頭魚躍銀三尺)
문전봉고옥만층(門前峰高玉萬層)
유수당창치자결(流水當窓稚子潔)
낙화입실노처향(落花入室老妻香)

김삿갓은 전국을 유랑하다가 전라남도 화순군 동복면에 도착해 기력이 없어 쓰러졌다. 당시에 동복 지역의 참봉이던 안 선비가 나귀에 태워 자기 집으로 데려가 보살펴 주었지만 김삿갓은 기력을 회복하고 나서 다시 지리산으로 들어갔다. 그 후 다시 쇠약한 몸으로 동복에 돌아오지만 1863년(철종 14년) 음력 3월 29일에 57세로 동복

---

2) 김용택(2004). "강가의 집(江家)." 『시가 내게로 왔다5: 내가 사랑하는 한시』. 서울: 마음산책. p. 121.

의 한 농가에서 객사해 그곳 마을 뒷산에 묻혔다. 그로부터 3년이 지난 다음 아버지의 행방을 찾아 헤매던 둘째 아들 익균이 아버지의 유골을 수습해 영월 김삿갓면(전 하동면) 와석리 노루목으로 이장했다. 결국 영월은 방랑시인 김삿갓의 한평생을 지배하던 방랑의 시발점이자 종착지가 되었다.

[그림 5-1] 방랑시인 김삿갓 시비 ⓒ김병희

김삿갓은 조선 팔도를 떠돌며 몰락해 가는 성리학의 윤리적 가치를 맹목적으로 신봉하는 부패한 관리들을 통렬한 풍자시로 조롱하며 질타한 저항 시인이었다. 그는 한시(漢詩)의 전형적인 틀에서 벗어나 서민들의 고달픈 삶을 위로하는 자유로운 형식의 시를 썼던 천재 시인이기도 했다. 김삿갓의 시를 처음으로 수집하고 본격적으로 연구한 북한의 이응수 선생은 김삿갓을 다면적이고 입체적인 시인이라고 평가했다. 즉, 김삿갓을 통속시인, 민중시인, 생활시인, 걸인시인, 방랑시인, 풍류시인, 풍자시인, 파격시인으로 설명한 것이다.[3] 김삿갓은 전통적인 한시의 형식을 파괴하는 데서 나아가 한자를 쓰지 않고 풍월을 짓는 파격적인 시 작품도 남겼다. 개화기에 한때 유행했던 언문풍월(諺文風月)[4]도 김삿갓의 시에서 처음 시도되었다.

김삿갓은 거침없는 목소리로 서민의 애환을 달래 주는 시를 자주 썼다. 그가 즐겨 선택한 시의 소재도 요강, 담뱃대, 돈, 머리카락, 벼룩 같은 서민의 생활과 관련된 것들이었고, 종종 자연경관을 구체적이고 실감 나게 그려 내기도 했다. 이와 같은 현실에 기반을 둔 사실주의적 색채는 관념적인 양반문학과 차별화되는 지점이 있었다. 한자와 한글을 교묘하게 배치해 뜻을 우회적으로 전달한 스타일도 김삿갓 시의 묘미다. 김삿갓의 시는 절묘한 음률의 풍자시에서 절정에 도달했다. 「길주명천(吉州明川)」이라는 시의 전문을 살펴보자.

> 좋은 고을 길주라 하나 조금도 좋은 고을이 아니어서
> 허가가 많이 사나 과객을 허하는 집 하나도 없다
> 밝은 강 명천이란 지방에 사람은 전혀 밝지 못해서
> 고기밭이란 어촌에 고기란 꼬리도 볼 수 없다
>
> 길주길주부길주(吉州吉州不吉州)

---

3) 허경진 역(1997). 『김립 시선』. 서울: 평민사.
4) 언문풍월(諺文風月)이란 한시처럼 글자 수와 운을 맞춰 우리말로 짓는 시다.

허가허가불허가(許可許可不許可)
명천명천인불명(明川明川人不明)
어전어전식무어(漁佃漁佃食無魚)

함경북도의 길주와 명천 지방에는 허가(許哥)가 많이 사는데, 이 지방에서는 옛날에 과객을 재워 주지 않는 악습이 있었다고 한다. 김삿갓은 그 악습을 지방 이름과 지방 특산물인 고기를 어전(漁佃: 어전은 마을 이름이자 고기밭이라는 뜻)에 결부시켜, 절묘한 음률의 풍자시를 썼던 셈이다. 이와 같은 절묘한 음률의 풍자시는 한국의 고전 시가에서 좀처럼 찾기 어려운 전혀 색다른 시의 경지라고 평가할 수 있다.

또한 김삿갓이 함경도 어느 곳에서 기거하다가 속 좁은 친구 내외가 끼니 문제로 서로 나누는 대화를 듣고, 한자의 자획을 풀어서 나누는 파자(破字)를 파자로 반박하는 일이 발생했다. 안주인이 "인량차팔(人良且八) 하오리까?" 하고 묻자, 집주인이 "월월산산(月月山山) 하거든"이라고 대답했다. 그러자 김삿갓이 화를 내며 "정구죽천(丁口竹天)이로구나, 아심토백(亞心土白)아" 하며 그 집을 떠났다는 일화이다. '인량차팔(人+良+且+八)'은 '식구(食具)'이니 "밥상 차릴까요?" 하고 묻자, '월월산산(月+月+山+山)' 곧 '붕출(朋出)'이니 "이 친구 나가거든"이라고 대답했던 것이다. 그 말을 들은 김삿갓은 '정구죽천(丁口竹天) 아심토백(亞心土白)'이라고 곧 합자해 '악자가소(惡者可笑)'라고 답했으니, "나쁜 놈들, 가소롭구나." 하고 비웃으며 그 집을 떠나 버린 것이다.[5]

---

[5] 오경근(2020. 3. 5.). "김삿갓 방랑의 시작과 종착 영월: 영월10경에 스민 김삿갓 병연, 청운의 한." 시사매거진, 263.

김삿갓은 또한 당시의 함경도 관찰사 조기영의 가렴주구를 폭로했다. 이 시를 보면 선화당, 낙민루, 함경도, 조기영이라는 한자의 훈을 바꿔 당시 권력층의 가렴주구를 기가 막히게 폭로하고 조롱했음을 알 수 있다.

선화당에서 화적 같은 정치를 행하고
낙민루 아래에서 백성들이 눈물 흘리네
함경도 백성들이 모두 놀라 달아나니
조기영이 가문이 어찌 오래 가리오

선화당상선화당(宣化堂上宣火黨)
낙민루하낙민루(樂民樓下落民淚)
함경도민함경도(咸鏡道民咸驚逃)
조기영가조기영(趙冀永家兆豈永)

작가의 체험을 중시하는 문학예술에서 김삿갓의 시는 '체험의 시'를 구체적으로 구현했다. 김삿갓은 오랫동안 방랑 생활을 했기에 술 한 잔에 시 한 수를 팔았고, 헌 옷 한 벌에 시 한 수를 써 주었다. 따라서 김삿갓 자신이 썼던 시편들을 모아 엮은 문집이나 시집이 있을 리 없으니 김삿갓의 시는 앞으로도 계속 발굴될 것이다.[6] 당대의 사회 모순을 소박하면서도 익살스럽게 풍자한 김삿갓의 시와 사설시조는 사람들의 공감을 얻었다. 서민들의 진솔한 삶과 애환이 녹아 있는 그의 시는 지금까지도 사랑을 받고 있다. 당대의 사회상을 비

---

6) 이명우(2017). 『방랑시인 김삿갓 시집』(개정증보판). 서울: 집문당.

판하면서도 인간적인 따뜻함과 유머가 녹아 있는 그의 시는 조선 후기의 사회상을 생생하게 보여 주는 한국 시의 자산이다.

일제강점기에 한국 문학의 산실 역할을 했던 『개벽』지에서는 1926년에 김삿갓의 시를 대대적으로 모집했다. 『개벽』지가 폐간되자 차상찬은 김삿갓의 시들을 보관했고, 그때부터 지식층은 '김삿갓 만들기' 프로젝트를 기획했다. 김삿갓은 사회적 통념을 넘어서 생활세계의 실상을 전하기 위해 정통 한시와 파격 한시를 모두 활용했다. 김삿갓의 창작 시는 6가지 유형으로 구분할 수 있다. 즉, 평측과 압운 같은 외재율을 엄격하게 지킨 한시, 온전한 한시 한 편을 완결하지 못한 단구(斷句)나 연구(聯句), 한시 형식에서 파생된 희작(戱作)이나 파격의 시, 조선 민간에서 유행했던 고풍(古風, 소고풍과 대고풍)[7], 우리말과 한자를 직조한 육담풍월(肉談風月)[8], 과거 시험에 나오는 형식의 과시(科詩)가 그 6가지 유형이다. 형식의 일탈, 독특한 해학, 인간적 고뇌, 사회 실상의 반영 같은 김삿갓 시의 특성은 한국 시의 지평을 넓히기에 충분했다.[9] 당시의 지배 계층이 저급하다고 버렸던 한시 형식을 자기만의 시어로 소화해 새로운 형식 실험을 시도했다는 사실에서 문자 권력에 저항한 김삿갓의 천재적 면모를 엿볼 수 있다.

지금처럼 기록 문학이 보편화되지 않았던 시절에 김삿갓의 시는

---

7) 대고풍(大古風)은 우리나라 특유의 한시체(漢詩體)로 칠언팔구(七言八句)로 되어 있으며 운(韻)을 달지 않는 것이 특징이다. 소고풍(小古風)은 한시의 한 체(體)로, 문과의 시체(詩體)를 본뜨기는 하나 운을 달지 않으며 칠언(七言) 10구로 되어 있다.
8) 육담풍월(肉談風月)은 한시의 형식을 하고 있으나 우리말과 한자가 섞여 있어 언어유희의 효과를 노리는 희작시(戱作詩)로, 시어로 쓴 한자를 때로는 뜻으로 풀어야 하고 때로는 소리 나는 대로 풀어야 한다.
9) 심경호(2018). 『김삿갓 한시』. 서울: 서정시학.

기록되지 않고 사람들의 입에서 입으로 구전되는 경우가 대부분이었다. 월북한 문학사가 이응수(李應洙, 1909~1964) 선생은 김삿갓의 시를 평생 집대성하고 연구했다. 함경남도 고원군에서 태어나 경성제대 조선어과를 졸업한 그는 일제강점기에 전국을 답사하며 김삿갓의 시를 수집했다. 그는 『김립시집(金笠詩集)』(1939)을 발간해 해방 전 최고의 베스트셀러로 올려놓았다. 여기저기에 흩어져 있던 김삿갓의 시가 이 시집에서 처음으로 정리된 것이다. 그는 1956년에 『풍자시인 김삿갓』(북한평양국립출판사)을 다시 출간했는데 이 책은 2만 부가 판매됐다고 한다. 한평생 김삿갓 연구에 몰두해 온 이응수 선생의 결론은 이렇다. "김삿갓의 문학에서 우아성을 발견하는 것은 어리석다. 중요한 것은 양반과 봉건체제에 대한 조롱과 이를 드러낸 형식의 조화이다. 김삿갓의 시는 당시 중류 이하 사람들 사이에 널리 유행하며 하나의 시풍을 형성했다." 이응수 선생의 연구 덕분에 김삿갓의 시가 살아 있는 문화유산으로 남을 수 있게 되었다.

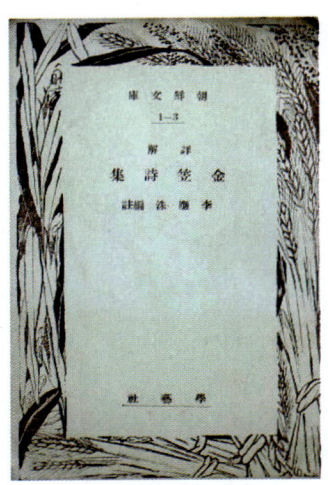

[그림 5-2] 이응수 역주의 『김립시집』(1939) 표지

김삿갓의 시는 다양한 주제와 형식을 통해 그의 사상과 철학 그리고 당시 사회에 대한 비판과 풍자를 담고 있다. 핵심 주제는 방랑과 자유, 풍자와 비판, 자연과 인간이라는 3가지로 요약할 수 있다. 그는 전국을 떠돌며 보고 듣고 경험한 일을 바탕으로 시를 썼기에, 김삿갓의 시는 자연경관, 만난 사람들, 겪은 일들이 생생하게 담긴 방랑과 자유의 시라고 할 수 있다. 또한 김삿갓은 시를 통해 당시 사회의 부조리와 모순을 비판했다. 고위층의 부패와 불의를 풍자하며 평범한 사람들의 삶과 고통을 조명한 시들은 당시의 정치사회적 문제를 비판한 풍자시였다. 마지막으로, 김삿갓의 시에는 자연과 인간의 조화로운 관계가 자주 등장한다. 그는 자연을 단순한 배경으로 보지 않고 자연 속에서 인간의 삶을 반추하고 성찰하는 시를 썼다.

김삿갓의 시는 후대의 시인과 소설가에게 깊은 영향을 미쳤다. 첫째, 자유로운 표현의 중요성을 일깨웠다. 김삿갓의 시는 형식에 얽매이지 않고 자유롭게 표현되는 특성이 있는데, 이는 후대의 시인들과 소설가들에게 창의적인 표현의 중요성을 일깨워 주기에 충분했다. 둘째, 풍자 문학의 계승이다. 김삿갓의 풍자와 해학은 후대의 많은 시인과 소설가들이 사회 비판적인 글을 쓰는 데 영향을 미쳤다. 예를 들어, 후대의 시인과 소설가들은 사회의 부조리를 비판하는 작품을 통해 김삿갓의 영향을 이어 갔다. 셋째, 민중적 시각의 확대이다. 김삿갓이 민중의 삶과 정서를 시로 표현한 것은 후대 문학에서도 중요한 요소로 작용했고, 20세기 한국문학에서 민중의 삶에 주목하는 리얼리즘 문학이 탄생하는 데도 영향을 미쳤다. 넷째, 방랑과 자유정신의 전파다. 김삿갓의 방랑 혹은 노마드 정신은 현대에 이르기까지 많은 예술가에게 영감을 주었다. 그의 자유로운 삶과 시 작품은 후세 사람들에게 자유로운 창조정신을 추구하며 살아가라는 깊은 울림을 남겼다.

2. 김삿갓의 생애를 재구성한 문화 콘텐츠

김삿갓은 실존 인물이지만 신비감에 쌓여 한평생을 방랑한 노마드 지식인의 전형적 인물이다. 학자들은 김삿갓을 기행의 천재이자 천하의 바람둥이로 풍류를 즐기며 살다 간 전설적 인물로 평가하기도 한다. 요즘 젊은이의 언어로 '힙(hip)한' 오빠나 인플루언서에 가까운 그의 인생은 1964년부터 30여 년 동안 KBS 제1라디오의 전파를 탔던 〈김삿갓 북한방랑기〉를 비롯해, 정비석의 『소설 김삿갓』(고려원, 1988)을 비롯해 이문열의 소설 『시인(詩人)』(미래문학, 1991)이나 김용철의 『소설 김삿갓』(우성출판사, 1991)의 주제가 되었다.

1) 소설

소설가 정비석(1911~1991)의 말년을 대표하는 『소설 김삿갓』(1988)에서는 김병연이 조선 팔도를 유람하며 백성들의 고된 삶을 증언하는 일생을 총체적으로 그려 내기 위해 작가가 김삿갓을 뒤따라가는 형식을 취했다. 김병연이 영월의 과거에서 장원급제한 장면부터 시작해서 그의 집안 내력을 밝혀내는 방식으로 이야기가 전개된다. 김병연의 할아버지는 '홍경래의 난' 때 선천부사(宣川府使)이던 김익순인데, 그는 시제(試題)에 따라 반란군에 투항했던 김익순을 비판하는 글을 잘 써서 장원급제했다. 뒤늦게 조부의 내력을 알게 된 그는 괴로워하다 조선 팔도를 떠돌며 방랑 생활을 이어 간다.

각 권의 주요 내용은 다음과 같다.

제1권 「산중문답(山中問答)」에서는 작가가 강원도 영월에 있는 김삿갓의 묘를 찾아가는 장면에서 시작해, 김병연의 출생과 집안 내력은 물론 산속에서 살며 인생과 예술에 대해 고민하는 순간을 서술했다. 제2권 「별유천지(別有天地)」에서는 김삿갓이 금강산에 머물다가 강원도 북부를 거쳐 함경도를 찾아가는 과정은 물론 술을 마시고 시를 짓고 사람들과 교유하는 이야기를 그려 냈다. 제3권 「관북천리(關北千里)」의 전반부에서는 김삿갓이 함경도의 안변부사(安邊府使)와 친분을 쌓고 기생의 딸 가련이를 만나 3년간 동거하는 이야기를 그렸고, 후반부에서는 김삿갓이 영월의 집으로 다시 돌아와서 신분제도의 문제점과 인간의 탐욕에 대해 비판하는 내용을 서술했다. 제4권 「귀거래사(歸去來辭)」에서는 방랑의 끼를 주체하지 못한 김삿갓이 다시 영월의 집을 떠나 한양과 개성 일대를 유람하고 방랑 생활과 예술 탐구를 계속하는 내용을 소개했다. 제5권 「산고수장(山高水長)」에서는 김삿갓이 한양과 경기도를 떠나 서북의 평안도를 유람하는 이야기를 소개하며, 평양의 아름다운 풍경을 경험하고 쓴 시를 비롯해 산과 물과 인간의 욕망에 얽힌 이야기를 그려 냈다. 제6권 「금수강산(錦繡江山)」에서는 김삿갓이 서산대사(西山大師)의 유적을 찾아가는 이야기를 비롯해 충청남도, 전라북도, 경상남도를 거쳐 전라남도 화순의 적벽에서 죽어 가는

[그림 5-3] 정비석의 『소설 김삿갓』 (1988) 책등

장면을 그려 냈다.

　소설에서는 작가의 호방한 필체로 김삿갓의 인생 유전과 예술 세계를 촘촘히 그려 냈다. 조선 후기의 아이돌이자 조선시대 노마드 1호 인물이었던 김삿갓은 조선의 산천과 예술혼을 가슴에 품고 평생토록 방랑자로 살았다. 『소설 김삿갓』에서 보여 준 세태 풍자는 독자들에게 인간의 욕망과 본성 문제를 깊이 생각해 보도록 암시했다. 백 년도 못 살면서 영생할 것처럼 세속의 부귀영화에 집착하는 사람들에게, 이 소설에서는 모든 것이 뜬구름처럼 부질없으니 인생의 멋을 알고 정신적 방랑을 누리며 자유롭게 살아가라는 시대의 표정을 제시했다.[10]

　한 마디로 『소설 김삿갓』은 꽉 막힌 인습, 도가 통하지 않는 신분제도, 부와 명예에 대한 인간들의 탐욕스러운 집착, 세상의 모든 잡사(雜事)를 훌훌 떨쳐 버리고 방랑하는 김삿갓의 드높은 예술정신과 선적(禪的) 삶의 태도를 호방한 필체로 그려 낸 풍류소설이다. 일찍이 사마천이 구별했듯이 칼로 세상을 구하는 협객이 무협(武俠)이라면, 글로 세상을 구하는 협객은 문협(文俠)이다. 강호를 떠돌며 시를 쓰고 산천을 주유하던 김삿갓은 모름지기 글을 품은 문협으로 살았다. 영월군의 김삿갓문학관에 가서 문협이 알려 주는 정신적 방랑의 가치를 되새겨 보는 것도 좋겠다.

　소설가 이문열의 장편소설 『시인(詩人)』(미래문학, 1991)은 영월을 떠나 세상을 떠돌다 죽어서야 영월에 묻힌 김삿갓의 생애를 그렸다. 역적의 자손이라는 불행한 운명을 짊어진 김삿갓이 세상을 원망하

---

10) 김병희(2024. 1. 22.). "문협(文俠) 김삿갓이 알려주는 정신적 방랑의 가치: 고려원의 '소설 김삿갓'." 교수신문, 1195, p. 10.

며 예술가로 변모해 가는 과정을 허구적으로 재구성했다. 소설에서는 김삿갓의 생애를 연대기적으로 기술하되, 불우한 청년이 서간의 질시를 감내하고 갈등하며 자기만의 시 세계를 구축하는 과정을 단계별로 기술했다. 김삿갓의 일생을 허구적으로 재구성하면서도 그의 시 세계를 비평하는 실험적인 문체를 시도한 점도 이 소설의 매력이다. 이 소설은 할아버지의 반역에서 시작된 자손의 불행을 다루면서도 시인의 삶과 예술혼을 강조했다는 점에서 작가의 자전적 이야기를 반영했다는 평가를 받았다. 독자는 김삿갓의 삶과 행적을 따라가며 조선 사회에 만연하던 추악한 부정부패로 인해 조선이 몰락해 가는 과정을 엿볼 수 있다. 김삿갓이 체제에 다시 편입되려는 미련을 버리고 시인의 세계로 빠져드는 대목은 소설의 핵심 장면이다.

시인 고은(1933~)의 역사소설 『김삿갓』(풀빛, 1995)은 영월에서 성장한 후 조선 팔도를 떠돌며 많은 풍류시를 남긴 김병연에 관한 이야기로 3권으로 출간됐다. 소설에서는 김병연의 파란만장한 삶을 재구성하는 동시에 사람들의 사연을 풍부하게 묘사함으로써, 개인사의 차원에 머무르지 않고 역사적 교훈과 시사점을 던졌다. 1권의 목차는 '적벽' '출분' '낙백' '다시 출분' '금강산'이다. 2권의 목차는 '북관' '변방의 밤' '출몰' '춘곤' '백두산 이전'이다. 3권의 목차는 '여수천리' '서도왕래' '할아버지를 찾아서' '절관서행'이다. 소설에서는 김병연의 일대기를 시간 순서대로 정리하지 않고, 전남 화순에서의 종명(終命) 서사를 먼저 제시한 이후 조선 팔도를 유람하는 과정을 두루 소개하다 마지막에 한양에서 영월로 돌아갈 마음을 먹는 것으로 끝난다. 전라남도 화순의 적벽에서 맞이한 죽음 장면에서부터 소설이 시작된다는 점에서 알 수 있듯이, 주인공의 일대기를 시간의 흐름에 따라 나열하지 않고 시간의 순서를 바꿔 놓은 점도 이 소설의 미덕이다.

　이상문의 『방랑시인 김삿갓』(행림출판사, 2002)은 김삿갓의 일대기를 그린 총 10권의 장편 역사소설로, 김삿갓의 지혜를 담은 99가지 이야기가 흥미롭게 전개된다. 재미와 지혜의 길을 찾아 36년 동안 떠돌며 여러 여인을 사랑했던 김삿갓이었지만, 그가 가슴에 품은 사랑은 오직 한 여인을 향한 지독한 사랑이었다는 점을 강조했다. 이 과정에서 때로는 깃털처럼 가볍고 때로는 칼날처럼 날카로운 시를 짓던 시인 김삿갓의 천재성을 재조명했다. 작가는 소설 속에서 우리나라의 옛 노래 30여 편을 비롯해 고려와 조선 그리고 당송(唐宋) 시대의 명시 180여 편을 소개했다. 중국의 사서삼경(四書三經)을 비롯한 동양 고전에서 가려 뽑은 201개의 명문장을 적재적소에 인용한 점도 소설을 빛내 주는 요인이었다. 비극적인 방랑자이자 고독한 시인이던 김삿갓의 내면 풍경을 더욱 선명하게 드러내기 위해 1인칭 시점에서 서술한 점도 흥미로운 대목이었다.

　김병연 탄생 200주년을 기념하여 출간된 이청의 장편소설 『소설 김삿갓』(경덕출판사, 2007)은 조선 팔도를 두루 유람하며 조선 후기의 무너진 민생과 양반계급의 타락상을 비꼬고 풍자한 방랑시인 김삿갓의 일대기를 재구성했다. 김병연이라는 인물의 집안 내력을 이해할 수 있도록 역사적 배경에 해당하는 '홍경래의 난'을 소개하며 소설이 시작된다. 소설에서는 필요 이상으로 과잉된 군더더기나 작가의 개입이 없이 담백한 서사를 전개했다. 따라서 읽기 쉽고 안정된 느낌을 주었고 서사의 객관성이 돋보이는 소설이었다. 역사적 사실을 차용하면서도 이야기의 정리정돈을 잘한 소설이라 평가할 수 있다. 소설에서는 김삿갓의 대표 시도 상황에 알맞게 적절히 소개하고 있어, 김삿갓의 일생과 그의 노마드 정신을 이해하는 데 도움이 된다.

　작가 황원갑의 장편소설 『김삿갓』(바움, 2018)에서는 김삿갓의 일생에서 우리가 잘못 알고 있는 사실을 지적했다. 작가는 김삿갓처럼 비상한 천재가 여섯 살 때 집안이 풍비박산돼 어머니의 손에 이끌려 십여 년 동안이나 떠돌며 숨어 지낸 까닭에 의문을 제기했다. 작가는 김삿갓이 나이 스물이 되도록 집안의 내력을 몰랐다는 점이 이치에 맞지 않는다며 의문을 제기하는 소설을 쓴 것이다. 작가는 김삿갓에 대해 잘못 알려진 사실들은 평양의 훈장 노진이라는 분이 김삿갓을 관서지방에서 쫓아내기 위해 지은 시에서 비롯됐다는 사실을 소설에서 밝혔다. 작가는 조선시대 인물의 전기와 일화를 수집해 강효석(姜斆錫)이 편찬한 야사집 『대동기문(大東奇聞)』에서 김삿갓과 노진의 관계를 설명한 기록을 근거로 제시했다. 작가는 후대의 어떤 사람이 김삿갓에 대해 잘못 말한 것(노진이 시에서 말한 사실)이 정설처럼 굳어져 지금까지 전해 내려왔다고 설명했다. 또한 작가는 소설에서 김삿갓과 고산자(古山子) 김정호(金正浩)와 동리(桐里) 신재효(申在孝)가 의형제를 맺고 우정을 나누는 사이로 설정함으로써 흥미로운 이야깃거리를 남겨 주었다.

2) 시

　일제강점기 때 이응수 선생에 의해 『김립시집(金笠詩集)』(1939)이 처음 출간된 이후, 김삿갓의 시집은 여러 형태로 출판됐다. 범우사의 범우문고 44권으로 나온 『김삿갓 시집』(범우사, 1988)이나 허경진 번역의 『김립 시선』(평민사, 1997)은 주목할 만한 성과였다. 허경진의 『김립 시선』에서는 김삿갓의 시를 방랑 편, 인물 편, 영물 편, 산천누대 편, 일화 편, 시집에 실리지 않은 시들이라는 7개의 유형으로 구분하고, 부록으로 '김사립전(金莎笠傳)'을 실었다.

김삿갓 연구의 권위자인 이응수 번역의 『정본 김삿갓 풍자시 전집』(실천문학사, 2000)은 김삿갓의 삶과 사상을 소개하고, 그의 시를 내용상의 특성별로 정리하여 묶은 책으로 최고 권위자가 편찬한 김삿갓 시집의 정본이다. 김삿갓을 세상에 알리는 데 평생을 바친 이응수는 광복 이후에 북한에서 활동했고 분단의 장벽도 계속됐기 때문에, 우리는 그가 일제강점기에 펴낸 『김립시집(金笠詩集)』(1939)만 알고 있었다. 실천문학사에서 펴낸 전집은 이응수 선생이 북한에서 출간한 『풍자시인 김삿갓』(평양국립출판사, 1956)을 그대로 담아 출판했다. 김삿갓이 지은 한시 95수를 풍자시, 영물시, 자연 풍경시와 향토시, 연정시, 과시(科詩) 등으로 구분한 이 전집은 국내에서 첫 출간된 김삿갓 시 전집이라는 특별한 의미가 있다. 이 전집은 시의 번역뿐만 아니라 권위자다운 해석이 뛰어나기 때문에, 김삿갓 이해의 길잡이 역할을 했다는 평가를 받았다. 이 전집은 김삿갓의 시 문학을 여러 각도에서 고찰했다. 김삿갓에 관한 문헌, 김삿갓이 활동했던 시기의 사회 환경, 김삿갓의 사상과 경향, 김삿갓 문학의 내용적 특성인, ① 인도주의 사상과 평민 사상을 표현한 작품들, ② 풍자시, ③ 영물시(詠物詩), ④ 자연 풍경시와 향토시, ⑤ 연정시(戀情詩), ⑥ 과시(科詩)를 소개한 다음에 그의 시 형식을 분석했으며, 마지막에 결론으로 마치고 있다. 해방 이후에 집필한 한국문학사에서 이응수는 김삿갓에 대해 "인도주의 사상에 기초해 지배층에 대한 강한 비판정신을 드러낸 걸출한 시인"으로 평가했다.

김진중의 『김삿갓 민조시』(고글, 2015)는 김삿갓의 시를 민조시의 음절에 맞춰 번역한 독특한 시집이다. 민조시(民調詩)는 한국만이

가지고 있는 가락 장단의 율조를 살려 삶의 고단함을 여유와 풍류로 남기는 민중의 가락을 3·4·5·6조에 담아 민중의 애환을 표출하는 문학의 한 장르이다. 1980년대에 신세훈 시인이 오랜 연구 끝에 발굴한 민조시는 한국의 전통적인 정형시 장르인 시조와 더불어 새롭게 개척된 정형시 장르라 할 수 있다.[11] 민조시는 3음절로 시작해 4음절과 5음절을 거쳐 6음절로 완성되는 시의 율조를 살려야 한다. 김진중은 김삿갓의 시는 민중의 희로애락(喜怒哀樂)을 대변하기에 충분다고 평가하며, 김삿갓의 시 269편을 3·4·5·6조의 민조시 율조에 맞춰 새롭게 번역했다.

　이창식의 『김삿갓 문학의 풍류와 야유』(태학사, 2011)는 김삿갓의 정체성을 탐구하며 시와 설화를 연결 지어 분석한 연구서이다. 김삿갓 시의 구비문학(口碑文學)적 성격, 영월 김삿갓 인물설화의 유형과 특성, 김삿갓 설화의 실상과 관심, 김삿갓 풍류 캐릭터와 스토리텔링, 김삿갓 시의 현장, 김삿갓의 주요 구비시 108편(구비풍자시 22편, 사물비유시 32편, 유람구비시 22편, 구비육담시 32편), 김삿갓 이야기 구비설화 55편, 그리고 김삿갓에 관한 조사연구 문헌목록이 이 책의 주요 내용이다. 이 책에서는 김삿갓의 삶과 문학에 대한 의혹과 진실을 구비문학의 원리로 해석함으로써 시대를 초월하는 소통의 가능성이 무엇인지 알려 주고 있다.

　이명우가 엮은 『방랑시인 김삿갓 시집』(집문당, 2017)은 2000년에 출간한 초판의 오탈자를 수정하고, 초판에 실려 있던 250수에 저자가 새로 발굴한 42수를 더하고, 김삿갓의 작품이 아닌 것으로 판

---

11) 월요일에 yoon2043(2015. 7. 27.). "한국민조시인협회 김진중 회장: 민중의 희노애락을 3·4·5·6조 민조시(民調詩)로 이어나가는 시인." https://blog.naver.com/yoon2043/220432666087

단되거나 의심이 가는 시 4수를 제외하고 최종적으로 선정한 288수를 실은 개정증보판이다. 과체시편(科體詩篇), 애정시편(愛情詩篇), 인간과 인생, 방랑과 걸식, 영물시편(詠物詩篇), 곤충과 동물, 산천과 누각(樓閣), 파자(破字)와 육담(肉談), 언문 진서 혼용시(諺文 眞書 混用詩)라는 9개의 유형으로 분류해 김삿갓의 시를 해석했다. 또한 정민호의 『현대시의 감각으로 풀이한 김삿갓 시집』(명문당, 2017)에서는 김삿갓을 기지와 해학과 요설의 시인으로 규정하고 그의 시 세계를 탐색했다. '영원한 나그네의 노래' '방랑자여 그대 이름은 김삿갓' '노스탤지어의 손수건' '시도 인생도 영원한 떠돌이' '아― 그립다 말을 할까?' '그의 시와 인생이 여기에도 있다' 같은 각 장의 제목에서 알 수 있듯이 김삿갓의 시를 현대적 맥락에서 풀이했다.

심경호의 『김삿갓 한시』(서정시학, 2018)는 김삿갓의 시를 비판적 정신의 시민들에게 돌려주자는 취지에서 기획된 한문학 전문 연구자의 노작(勞作)이다. 저자는 김삿갓이 맨주먹의 독서인이 구축할 수 있는 최상의 비판 철학을 미학으로 구현해 냈다고 평가하며, 김삿갓의 시를 입체적으로 분석했다. 김삿갓 시의 본질, 문자 권력에 대한 김삿갓의 저항, 김삿갓 시의 미학, 문화사 속의 김삿갓 시에 대해 분석하며, 이응수와 『김립시집』의 가치 등을 논의했다. 이 밖에도 1939년에 학예사에서 출간한 『김립시집』의 수록 시편, 1941년의 대중보판 『김립시집』 수록물, 1956년의 『풍자시인 김삿갓』(『정본 김삿갓 풍자시 전집』, 실천문학사, 2000)의 수록 목록을 비롯해 김삿갓 시의 소장 필사본 같은 여러 판본을 부록으로 소개한 점도 이 책의 가치를 더해 준다.

류훈이 감수하고 박종수가 엮은 『되살아난 김삿갓 시혼』(한국영상문화사, 2021)에서는 김삿갓을 조선 민중의 언어를 구사한 최상의 시인이라고 평가하며, 김삿갓을 한 시대를 조롱하며 한시(漢詩)를 해체한 현실 비판자로 규정했다. 김삿갓의 시를 자연시, 애정시, 인생시와 방랑시, 방방곡곡, 소재별, 파자시와 언문시, 최근에 발견된 시(「무등산」 외 3수)로 구분해 김삿갓의 시 세계를 조망했다. 김영대의 『방랑시인(放浪詩人) 김삿갓 시선(詩選)』(때꼴, 2022)은 김삿갓의 시를 방랑의 시, 금강산 시(명산유람), 해학 풍자시, 계절의 시, 여인 연정시, 인생의 시, 형상 및 파격시, 강산 누정시(江山, 樓亭詩), 난고평생시(蘭皐平生詩), 만시(挽詩)라는 10개의 장으로 구분해 김삿갓 시의 총체적 면모를 보여 주었다. 그리고 문세화 번역과 이응수 엮음으로 출간된 『물 흐르듯 구름 가듯』(북랩, 2023)은 김삿갓 시의 현대적 해석판이다. 이 책에서는 『이응수 김립시집(金笠詩集) 소고(小考)』에 다 싣지 못했던 언문풍월을 골라 담았다.

이 밖에도 김용제의 『방랑시인 김삿갓』(범우사, 1985), 이부춘의 『방랑시인 김삿갓』(중앙출판사, 1989), 송명호의 『방랑시인 김삿갓』(삼성미디어, 1991), 김영일의 『방랑시인 김삿갓』(계림출판공사, 1992), 중앙미디어 편집부의 애니메이션 판타지인 『방랑시인 김삿갓』(중앙미디어, 1996), 한국색채문화사 편집부의 『김삿갓 금강산 관유기』(한국색채문화사, 1998), 조은설의 『방랑시인 김삿갓』(가정교육사, 2002), 김선과 배용파의 『김삿갓 시집』(온북스, 2014), 권영한의 『김삿갓 시집』(전원문화사, 2017) 등이 있다. 김의숙 편저의 『김삿갓 구전설화』(푸른사상, 2001)는 김삿갓에 대한 민중의 이야기인 구전설화만을 체계적으로 정리한 김삿갓 설화 모음집이다. 김삿갓의 생애와 연보, 10개의 유형으로 분류한 김삿갓의 구전설화, 김삿갓 문학이 지닌 구비문학적 위상에 대한 논의를 전개하며, 민중에게 투영된 김삿갓의 인물과 문학을 분석했다.

이문영의 『김삿갓의 지혜』(정민미디어, 2003)에서는 "방랑시인 김삿갓이 열어 주는 인생 혜안"이라는 부제에서 알 수 있듯이, 김삿갓이 그때그때 난국을 헤쳐 나간 탁월한 지혜와 품격 높은 해학을 이야기체로 엮어 펴낸 것이다. 인생의 지혜, 처세의 지혜, 성공의 지혜, 행복의 지혜, 인격의 지혜, 정의의 지혜, 배움의 지혜 같은 7개의 장을 통해 김삿갓이 전하는 해학과 풍자에서 건져 올린 촌철살인의 메시지를 전달했다. 또한 이생진 시인의 『김삿갓 시인아 바람아』(우리글, 2004)에서는 김삿갓의 삶과 여정을 뒤쫓으며 쓴 시들을 소개하며, 자신이 시를 쓰며 뒤쫓는 사람은 김삿갓이라고 고백했다. 김삿갓에 대한 그리움을 담아, 때로는 자신이 김삿갓이 되어 쓴 시를 비롯해 자연과 삶에 대해 쓴 시들을 골라 담았다. 이길호의 『자전거 타고 문학관 기행: 김삿갓문학관』(유페이퍼, 2022)에서는 자전거를 타고 문학관을 찾아가는 여행기를 통해 김삿갓의 시와 인생을 소개했다.

3) 방송 프로그램

주목할 만한 라디오 방송 프로그램으로 〈김삿갓 북한방랑기〉를 들 수 있다. 〈김삿갓 북한방랑기〉는 1964년 5월 18일부터 2001년 4월까지 KBS 제1라디오에서 방송된 라디오 드라마로, 총 37년 동안 약 11,500회가 방송되었다. 이 프로그램의 주요 작가들은 북한 실정에 밝은 이철주, 최풍, 우길명, 김광섭, 이기봉, 김영수, 주태이, 박우보, 김광섭, 박서림, 김지수, 윤혁민, 이기명, 최홍목 등이다. 이들은 라디오 방송 프로그램을 통해 북한의 실정을 사실적이고 생생하게 전달하는 데 치중했다.

〈김삿갓 북한방랑기〉는 주인공 김삿갓이 북한 전역을 떠돌며 주민들의 삶과 고통을 다루는 내용을 담아냈다. 방송 프로그램에서는 주로 풍자 시조를 포함하여 북한 체제의 문제점을 비판하고 남북한의 정치사회적 차이를 조명했다. 방송에 등장한 김삿갓은 지혜롭고 풍자적인 인물로 그려졌다. 김삿갓은 북한 주민들과의 대화를 통해 그들의 고통과 애환을 파헤치며 체제의 모순을 비판했다. 김삿갓의 대사와 풍자 시조는 폭발적인 인기를 끌었고, 그의 캐릭터는 프로그램의 핵심 요소가 되었다. 라디오의 전성기 시절을 이끈 〈김삿갓 북한방랑기〉 프로그램은 남녀노소를 불문하고 많은 청취자의 사랑을 받았다. 성우들의 대사와 표현은 일상에서도 자주 쓰일 정도로 흥미를 끌었다. 한국의 청취자들은 이 프로그램을 통해 북한의 현실에 접할 수 있었다. 북한 당국에서도 이 프로그램을 경계하며 대응 프로그램을 만들었지만 성공하지는 못했다.

남북 관계가 변화함에 따라 프로그램의 이름과 내용도 달라졌다. 1972년의 남북 공동성명 이후에는 〈김삿갓 방랑기〉로 이름을 바꿔 새마을운동과 국군장병의 사기를 높이는 내용으로 방향을 틀었다. 방송의 의의와 가치 차원에서 봤을 때 이 프로그램은 북한 주민의 고통을 조명함으로써 우리 국민에게 북한의 실상과 정치 상황을 소개하고 반공 이념을 전파하는 데 기여했다. 라디오의 전성기 시절을 대표하는 이 프로그램은 라디오가 핵심 미디어 기능을 수행하던 시대를 상징하는 동시에 37년 동안 방송되었을 정도로 유래를 찾을 수 없는 한국 방송사의 중요 프로그램이었다고 평가할 수 있다.

4) 뮤지컬

영월군은 방랑시인 김삿갓의 노마드 정신에 주목해 2024년에

〈영월 김삿갓, 노마드 시인〉이라는 창작 뮤지컬을 6월 15일부터 8월 31일까지 매주 토요일 영월읍 관풍헌에서 상설 공연했다. 이 뮤지컬은 김삿갓이 전국을 떠돌며 마을의 사건을 해결해 준다는 흥미진진한 내용으로 구성돼 있다.[12] 공연 당일에는 배우들이 장릉과 청령포와 영월관광센터를 비롯한 영월 읍내를 무대의상을 입고 돌아다니며 뮤지컬 공연을 홍보했다. 또한 '문화 야(夜)시장'이란 제목으로 지역 상인이 참여하는 벼룩시장과 체험 공간을 운영했다. 야간 관광을 활성화하기

[그림 5-4] 뮤지컬 〈영월 김삿갓, 노마드 시인〉(2024)의 포스터

위해 관광지에서 문화예술작품의 상설 공연을 진행한 것은 물론 걷는 길(뉴트로드) 관광 조형물을 설치하고, 주요 관광지의 야간 연장 운영 같은 다양한 즐길 거리도 마련했다. 김삿갓의 노마드적 특성을 부각시킨 이 뮤지컬은 관광과 문화 콘텐츠가 행복하게 만나 감동을 안겨 준 좋은 사례였다.

3. 노마드의 철학과 호모 비아토르의 가치

방랑시인 김삿갓의 가치는 노마드(유목민) 철학으로 설명할 수

---

12) 신관호(2024. 6. 10.). "영월 김삿갓, 노마드 시인 김병연: 영월 관풍헌서 상설공연." 뉴스 1. https://news.nate.com/view/20240610n30668?mid=n0100

있다. 노마드 철학을 심화시킨 학자는 질 들뢰즈(Gilles Deleuze)와 펠릭스 가타리(Félix Guattari)가 대표적이다. 두 철학자는 저서 『천 개의 고원: 자본주의와 분열증(Mille Plateaux: Capitalisme et Schizophrenie)』(1980)에서 노마드 철학을 제시하며, 전통적이고 고정된 사고방식에서 벗어나 끊임없이 변화하고 이동하는 사고의 필요성을 강조했다.[13] 그들은 인간의 이동 본능이 창조적이고 혁신적인 사고로 이어진다고 주장했다. 나아가 로지 브라이도티(Rosi Braidotti)는 노마드 철학을 통해 페미니즘 관점과 포스트모더니즘 관점을 결합했다. 그녀는 저서 『노마딕 서브젝트(Nomadic Subjects)』에서 인간은 이동하는 주체가 되어 고정된 정체성을 거부하고 유동적이고 다원적인 정체성을 추구한다고 주장했다.[14] 노마드적 사유를 통해 구조주의에서 탈출하자고 제안한 자크 데리다(Jacques Derrida)는 고정된 의미와 구조를 해체하고, 끊임없이 변하는 의미의 가능성을 탐구했다.[15]

노마드 철학에서는 고정된 구조나 관념에 얽매이지 않고, 변화하는 상황에 맞춰 유연하게 적응하는 사고방식을 강조한다(유연성과 적응력). 노마드 철학은 현대 사회의 불확실성과 빠른 변화에 대응하는 능력을 키우려는 사람들에게 깊은 영향을 미쳤다. 또한 노마드적 사

---

13) 질 들뢰즈, 펠릭스 가타리 저, 김재인 역(2001). 『천 개의 고원: 자본주의와 분열증』. 서울: 새물결. 두 철학자의 저서 『천 개의 고원』에 대한 상세한 해설은 이진경의 다음 책이 가장 상세하고 정확하다. 이진경(2002). 『노마디즘1』. 서울: 휴머니스트. 이진경(2002). 『노마디즘2』. 서울: 휴머니스트. 이 책은 『천 개의 고원』이나 들뢰즈의 철학을 좀 더 쉽게 설명하려는 안내서이다. 또한 불어판을 영어로 번역한 영역본도 도움이 된다.
Deleuze, G., & Guattari, F. (1987). *A Thousand Plateaus: Capitalism and Schizophrenia*. University of Minnesota Press.

14) Braidotti, R. (1994). *Nomadic Subjects: Embodiment and Sexual Difference in Contemporary Feminist Theory*. Columbia University Press.

15) Derrida, J. (1997). *Of Grammatology*. Johns Hopkins University Press.

고는 새로운 관점과 아이디어를 받아들이고 기존의 틀에서 벗어난 창의적이고 혁신적인 사고를 장려한다(창조성과 혁신). 나아가 노마드 철학은 단일한 진리나 정체성을 거부하고 다양한 관점과 정체성의 공존을 존중한다. 이런 관점은 현대 사회의 복잡성과 다양성을 이해하고 수용하는 데 있어서 중요한 가치를 제공했다(다원성의 존중).

그렇다면 노마드 철학이 현대 사회에 미친 영향은 무엇일까? 노마드 철학은 물리적 장소에 구애받지 않고 일할 수 있는 현대의 기술 발전에 디지털 노마드라는 철학적 기반을 제공했고(디지털 노마드), 중심 위주의 고정된 사고에서 벗어나 다양한 관점과 가능성을 탐구하는 사고방식을 사회의 여러 분야로 확산시켰다(탈중심적 사고). 노마드 철학은 국가나 지역에 얽매이지 않는 글로벌 시민의식을 촉진함으로써, 국가 간의 협력과 상호 이해를 증진시키는 데도 기여했다(글로벌 시민의식).

노마드 철학의 진정한 가치는 자유와 자율성, 지속적인 성장과 학습, 그리고 사회적 유대와 공동체 정신을 강조하는 데서 찾을 수 있다. 개인의 자유와 자율성을 중시한 노마드 철학은 개인이 자신의 삶을 주체적으로 선택하고 자율적으로 살아가는 자신감을 갖도록 하는 데 영향을 미쳤다. 노마드적 사고는 변화와 학습을 통해 개인의 지속적인 성장과 끊임없는 발전을 가능하게 하며, 정체되지 않고 새로운 것을 탐구하는 삶의 자세를 갖게 하는 데도 영향을 미쳤다. 개인의 자유와 자율성을 강조하면서도 공동체와의 유대를 중시하는 노마드 철학에서는 다양한 사람들과의 유대와 협력을 통해 사회적 연대를 강화하는 데도 기여했다.

라틴어로 '이동하는 인간'을 뜻하는 호모 비아토르(homo viator) 개념도 현대인의 일상생활을 구체적으로 설명할 수 있는 용어이다.

방랑시인 김삿갓이야말로 본능적으로 옮겨 다니는 호모 비아토르 인간의 전형적인 모습을 보여 주었다. 김삿갓의 삶과 문학적 행보는 이동하는 인간의 특성이 고스란히 반영돼 있다. 김삿갓은 평생을 조선 팔도를 떠돌며 인생이 끝날 때까지 방랑자로 살았다. 그는 특정 장소에 정착하지 않고, 전국을 떠돌며 시를 썼다. 시를 쓰며 이동했던 인간 김삿갓에게 조선시대의 호모 비아토르 1호 인간의 자격을 부여해도 큰 무리는 없을 것이다.

프랑스의 철학자 가브리엘 마르셀(Gabriel Marcel)은 인간 존재의 본질적인 불완전성과 지속적인 탐구를 상징하는 호모 비아토르 개념을 주창했다. 그는 인간이란 끊임없이 자기 탐구를 위해 이동하는 존재임을 강조하며 이동하는 인간이라는 '호모 비아토르' 개념을 제시하고, 인간이란 본질적으로 끊임없이 이동하고 새로운 경험과 지식을 추구하는 존재라는 사실을 강조했다. 마르셀은 인간이 이동하는 과정에서 만나는 모든 경험과 도전이 중요한 의미를 가진다고 하며 인간의 고독과 상실을 통해 얻는 깨달음과 성숙을 강조했다.[16]

마르셀이 방랑시인 김삿갓의 일생을 정확히 이해하고 자신의 철학적 개념을 정립하지 않았을까 싶을 정도로, 호모 비아토르 개념은 고독과 상실을 통해 깨달음을 얻었던 김삿갓의 삶과 문학을 잘 설명해 준다. 나아가 폴 리쾨르(Paul Ricoeur)는 인간의 서사적 정체성과 자기 이해를 강조하면서 호모 비아토르의 개념을 확장했다. 그는 인간이란 자아 정체성을 이해하고 구축하는 과정에서 끊임없이 자아와 타자 사이를 오가며 여행하는 존재라고 설명하며,[17] 자아와 타자

---

16) Marcel, G. (1951). *Homo Viator: Introduction to a Metaphysic of Hope*. Harper & Row.
17) Ricoeur, P. (1992). *Oneself as Another*. University of Chicago Press.

사이의 여행 과정에서 인간이 자신의 존재를 보다 깊이 이해하게 되며 도덕적으로 성숙해지는 과정을 거친다고 주장했다.

호모 비아토르 개념에서는 끊임없이 자신을 탐구하며 성장해 가는 과정을 중시한다. 인생에서 겪는 모든 경험이 배움과 성숙의 기회로 작용할 수 있다는 뜻이다. 인간의 삶을 여정으로 보는 관점은 목표 자체보다 과정에서의 경험과 배움이 더 중요하다는 사실을 강조한다. 결국 인생의 여러 순간들을 의미 있게 받아들이고 각 순간에서 깨달음을 얻어야 한다는 뜻이다. 호모 비아토르 개념은 인간이 혼자가 아닌 다른 사람과의 관계 속에서 성장하고 변화한다는 관점이기 때문에, 타인과의 교류와 관계 맺기가 중요하며 공동체와 함께 성장하는 가치를 중시한다. 고정된 정체성이 아닌 유동적 정체성을 수용하는 포스트모던한 인간을 이해하는 데 있어서 호모 비아토르 개념은 깊은 울림을 남긴다.[18] 호모 비아토르 개념은 인간의 삶에서 외적 성공보다 내적 여정과 성장이 더 중요하다는 진리를 현대인에게 깨닫게 했다. 마찬가지로 방랑시인 김삿갓도 자신의 방랑 여정에서 깨달음을 얻고 내적으로 풍요로운 삶을 살았을 것이다.

노마드 철학에서는 정주하지 않고 끊임없이 이동하며 살아가는 삶의 방식을 강조했다. 이는 고정된 구조나 규칙을 거부하고 새로운 환경과 상황에 따라 유연하게 대처하는 삶을 의미한다. 디지털 시대에는 디지털 노마드처럼 물리적 장소에 구애받지 않고 일하는 삶의 방식도 등장했다. 방랑시인 김삿갓의 삶과 시는 자유로운 영혼을 상징한다. 그는 특정 지역에 머무르지 않고 조선 팔도를 떠돌며 사람들과 교류하며 그 경험을 시로 표현함으로써, 자유로운 노마드 정신

---

18) Grene, M. (1966). *The Knower and the Known*. University of California Press.

과 창조형 인간의 전형적 면모를 보여 주었다.

　강원특별자치도 영월군은 김삿갓이 오랫동안 머물렀던 지역으로, 그의 방랑과 철학적 가치가 잘 드러나는 곳이다. 영월군은 김삿갓의 철학적 가치를 기리며 사람들에게 새로운 삶의 방식을 제안하는 문화유산의 중심지가 되었다. 아름다운 자연경관과 역사문화 유산이 풍부한 영월군은 김삿갓의 방랑 정신을 기리기 위해 김삿갓문화제를 비롯한 여러 문화 행사를 개최해 왔다. 영월군의 자연경관은 김삿갓의 방랑 정신과 잘 어울린다. 청정한 강과 산 그리고 드넓은 들판은 김삿갓의 노마드 정신을 구현하는 공간이 되었을 것이다. 영월의 자연은 방문객에게도 노마드 철학을 실천할 수 있는 이상적인 장소라고 인식하게 할 것이다. 김삿갓의 방랑 정신과 노마드 철학 그리고 호모 비아토르 개념은 영월의 자연에 철학적 가치를 더해 줄 것이다. 김삿갓의 시와 자유로운 영혼은 영월의 자연경관과 문화유산 속에 여전히 살아 숨 쉬며, 방문객에게 방랑과 탐구의 가치를 전하고 있다.

　김삿갓의 방랑은 단순한 이동이 아니었다. 사람들과 만나 새로운 경험을 하면서 자기를 되돌아보고 탐구하는 신산스러운 여정이었다. 방랑과 경험에서 비롯된 독창적인 표현과 사유를 시로 형상화한 그는 기존의 형식에 얽매이지 않고 자신만의 독특한 시 세계를 구축했다. 김삿갓의 방랑은 단순한 유랑 생활을 넘어 인간 존재의 본질적 탐구와 자기 성찰의 과정으로 이해할 수 있다. 권위나 규범에 얽매이지 않는 자유로운 영혼을 가졌던 김삿갓의 방랑은 자기 존재와 삶의 의미를 찾기 위한 발견과 성찰의 여정이었다. 후세 사람들에게도 자신을 발견하고 성찰하는 여정의 중요성을 환기하는 그의 일생은 호모 비아토르의 자유로운 정신과도 정확히 일치한다.

김삿갓의 문학 작품은 후대의 작가들에게 자유로운 영혼의 가치를 알려 주었고, 당대의 사회정치적 문제를 비판하는 풍자와 해학 스타일을 정립하는 데 기여했다. 김삿갓의 방랑 경험은 다채로운 주제와 형식으로 시에 반영돼 우리 예술가들이 자유로운 예술 형식을 창조하는 본보기가 되었다. 김삿갓의 방랑은 단순한 이동을 넘어 예술적 영감의 원천으로 작용했으니 그의 예술을 '방랑의 미학'이라 할 수 있다. 후대의 예술가들도 그의 방랑 정신을 이어받아 여행에서 영감을 얻고 작품을 쓰고 있으니, 조선시대의 노마드 1호 인물이자 호모 비아토르인 김삿갓은 방랑을 통한 자기 성찰의 중요성을 후세에 전했다고 할 수 있다. 그가 추구했던 노마드 정신과 호모 비아토르의 가치는 앞으로도 예술가들에게 영감의 원천으로 작용할 것이다.

제6장

영월 박물관에서 배우는 발견의 기쁨

1. 박물관의 개념과 박물관 고을 육성

강원특별자치도 영월군은 지난 2000년부터 지속적으로 전문 박물관을 개관해 공립박물관 9개와 사립박물관 13개를 운영하고 있다. 영월에 있는 22개의 박물관은 영월이 역사문화 향유형의 복합 문화도시로 변하는 데 상당한 영향을 미쳤다. 영월이 폐광도시라는 부정적인 이미지에서 벗어나 영월의 문화적 정체성을 보존하고, 그 연장선에서 지역 발전을 모색했던 배경에는 박물관이라는 역사 문화적 자산이 존재했다. 영월 주민들과 영월군은 박물관 고을 육성 사업을 적극적으로 전개함으로써, 이제 영월은 문화도시에 날개를 달았다. 영월 각지에 산재한 22개의 박물관은 석탄광산에서 문화광산으로 영월을 바꾸는 동력으로 작용했다.

세계의 저명한 박물관에는 진귀한 문화유산이 즐비하다. 우리나라의 국립박물관에도 한민족의 얼이 담긴 찬란한 문화유산이 많다. 진귀한 문화유산을 많이 보유하고 있는 박물관이라고 해서 가장 훌륭한 박물관일까? 적어도 문화예술 마케팅의 맥락에서 보면 그렇지 않다. 진귀한 문화유산이 아무리 많은 곳이라 해도 관람객이 많이 찾아와 감상하면서 그 가치를 인정해 주지 않는다면 훌륭한 박물관이라고 하기 어렵다. 이런 맥락에서 "가장 훌륭한 박물관은 관람객이 넘치는 박물관"[1]이라는 주장도 설득력을 얻게 된다. 관람객이 넘치는 박물관이야말로 유명한 가수의 공연장처럼 관객의 열기로 후끈 달아오를 수밖에 없다.

---

1) 이보아(2014). 『박물관 경영과 마케팅』. 서울: 김영사.

박물관의 역사는 기원전 3세기경 프톨레마이오스 1세(Ptolemaios I, BC367~283)가 고대 이집트의 유물들을 알렉산드리아 궁전에 수장(收藏)하면서부터 시작됐다. 박물관이란 용어는 기원전 284년 무렵 이집트에서 그리스 신화에 등장하는 학예 여신인 뮤즈(muse)를 경배하고자 세운 신전 알렉산드리아 뮤제이옹(museion)에 그 어원이 있다.[2] 뮤즈는 그곳에 머물며 명상을 하거나 진리를 탐구했다고 전해진다. 오늘날의 박물관이 전시품을 감상하고 수집품을 연구하는 공간이라는 점에서 고대의 뮤제이옹과 기능을 같이 한다.[3] 박물관이나 미술관을 뜻하는 뮤지엄(museum)은 지금의 뜻과는 달랐다. 처음에는 신(神)에게 바치기 위한 수집품 자체를 의미했다. 16세기 르네상스 시대에 이르기까지 귀족사회에서 수집품의 수납 시설에 그쳤던 뮤지엄은 19세기부터 일반인에게 널리 공개되기 시작했다. 그때부터 뮤지엄은 '사회적 공유재'라는 보편적 인식이 확산됐다.[4] 예컨대, 영국 런던의 대영박물관(The British Museum)을 비롯한 세계의 저명한 박물관이나 미술관들은 사회적 공유재의 기능을 톡톡히 하고 있다.

사전적 의미에서 박물관이란 고고학적 자료, 역사적 유물, 예술품 그 밖의 학술 자료를 수집·보존·진열하고 일반에게 전시하여 학술 연구와 사회교육에 기여할 목적으로 만든 시설로, 수집품의 내용에 따라 민속·미술·과학·역사박물관 등으로 구분할 수 있다. 국제박물관협의회(ICOM)[5]는 지난 2022년 8월의 체코 프라하 총회에

---

2) 이보아(2001), 『박물관학 개론: 박물관 경영의 이론과 실제』, 서울: 김영사.
3) 이보아(2003), 『성공한 박물관, 성공한 마케팅』, 서울: 역사넷.
4) 서상우(2005), 『뮤지엄 건축: 도시 속의 박물관과 미술관』, 서울: 살림출판.
5) 국제박물관협의회(International Council of Museums: ICOM)는 지난 1946년에 창립된 세계 여러 나라의 박물관 협의체이다. https://icom.museum/en/

서 박물관에 대한 기존의 정의를 개정했다. 박물관의 개정된 정의는 "박물관은 유·무형의 유산을 연구, 수집, 보존, 해석, 전시하여 사회에 봉사하는 비영리 연구기관"이다.

이 정의에는 박물관이 모두에게 열려 있어야 하고, 이용하기 쉽고 포용적이어서 다양성과 지속가능성을 촉진해야 하며, 공동체의 참여를 바탕으로 윤리적·전문적으로 소통해야 하며, 교육·향유·성찰·지식 공유를 위한 다양한 경험을 제공해야 한다는 취지가 담겨 있다. 국제박물관협의회(ICOM)의 2022년 총회는 '박물관의 힘(The Power of Museums)'이라는 주제로 진행됐다. 여러 세미나에서는 문화유산의 탈식민지화 경향, 신기술 발전에 따른 유물 수집의 새로운 패러다임, 지속가능한 사회를 만들기 위한 박물관의 역할을 논의함으로써,[6] 미래 사회에 필요한 박물관의 기능을 다각도로 모색했다.

〈표 6-1〉 박물관의 목적과 기능 및 범주

	목적	기능	범주
사전적 정의	학술 연구, 사회 교육에 기여	수집, 보존, 진열, 전시	고고학적 자료, 유물, 예술품, 학술자료
국제박물관협회 (ICOM)	사회에 봉사하는 비영리 연구	유·무형의 유산을 연구, 수집, 보존, 해석, 전시	교육·향유·성찰·지식 공유를 위한 다양한 경험 제공
대한민국 「박물관 및 미술관 진흥법」	문화·예술·학문의 발전, 대중의 문화 향유 증진에 기여	수집, 관리, 보존, 조사, 연구, 전시, 교육	역사·고고·인류·민속·예술·동물·식물·광물·과학·기술·산업 등에 관한 자료

---

6) 황현주(2022. 10. 25.). "데꾸유, 프라하: 국제박물관협의회(ICOM) 프라하 총회 참석기." Museum News. https://museumnews.kr/321column/

우리나라의「박물관 및 미술관 진흥법」제2조에서도 박물관의 정의를 확인할 수 있다. 「박물관 및 미술관 진흥법」의 정의에 따르면, 박물관이란 문화・예술・학문의 발전과 일반 공중의 문화 향유 증진에 이바지하기 위하여 역사・고고・인류・민속・예술・동물・식물・광물・과학・기술・산업 등에 관한 자료를 수집・관리・보존・조사・연구・전시・교육하는 시설이다. 박물관의 목적과 기능 및 범주에 대한 여러 정의를 비교해서 정리하면 〈표 6-1〉과 같다.[7] 또한 고대부터 현대에 이르기까지 박물관의 시기별 특성 변화를 정리한 내용은 〈표 6-2〉에 제시했다.[8]

〈표 6-2〉 박물관의 시기별 특성 변화

시기			특징	예시
고대	그리스	~5C	• 박물관의 어원 형성 • 신에게 봉헌하는 신전	알렉산드리아 뮤제이옹(Museion)
	로마		• 전쟁에서 정복한 기념 전리품 • 개인 소장을 위한 진열 형태	
중세		5C~ 15C	• 종교 미술품 • 사원의 수집	
근세	르네상스	14C~ 16C	• 인간 중심의 미술 • 귀족 후원가	우피치미술관 (메디치 가문)
	절대왕정	18C	• 군주들의 통치력을 기반으로 궁중에 예술품 진열	루브르박물관
근대	시민혁명	18C	• 시민혁명 후 궁정 박물관 공개	루브르박물관
	–	19C	• 개인의 소장품 기증	스미소니언박물관
현대		20C	• 신박물관학의 등장 • 관람객의 참여와 소통	미국 근린박물관 프랑스 생태박물관

---

7) 정다은(2016). "박물관 마케팅 믹스와 브랜드 자산 및 관람객 행동 의도의 구조적 관계 검증." 중앙대학교 석사학위논문.

박물관의 변화를 시대별로 살펴보자. 먼저, 로마 시대의 박물관은 지배층을 중심으로 미술품과 전리품을 개인적으로 소장하고 진열하기 위해 존재했다. 중세 초기에는 사원과 수도원에서 종교 미술품을 수집하고 소장했다. 인본주의 운동이 시작된 중세 말기의 르네상스 시기에는 이탈리아 피렌체의 메디치 가문 같은 귀족들이 예술품을 수집해 우피치 미술관을 건립했다. 절대 왕조 시기에는 군주들이 통치력의 권위를 보여 주기 위해 예술품을 궁전에 진열했다. 이 과정에서 박물관을 연구하는 학문의 관점도 변화했다. 여러 지역에 산재한 박물관의 발전 방안을 신박물관학의 관점에서 모색한 연구들도 다수 이루어졌다.[9]

근대 박물관학(구박물관학)에 이어 신박물관학의 개념이 등장함으로써 박물관 연구의 패러다임도 획기적으로 변했다. 신박물관학의 관점에서 보면 박물관이란 소장 자료를 단순하게 전시하는 공간이 아니라, 관람객의 감성을 자극해 박물관 자체를 감각의 공간으로 인식하도록 유도하는 체험 공간이다. 박물관이 있는 지역의 정체성을 확보해 역사 문화적 가치와 의미를 전달하는 문화 공간으로 자리매김하는 것도 신박물관학의 지향점이다. 〈표 6-3〉에서 구박물관학과 신박물관학의 개념을 비교해서 살펴볼 수 있다.[10]

신박물관학의 관점에서 영월 박물관의 운영 방안을 규명한 윤병화(2021)의 연구에서는 신박물관학이 포용을 전제로 박물관 업무의

---

8) 양현미(2001). "박물관 연구와 박물관 정책: 문화 연구의 관점에서 본 우리나라 박물관 연구와 정책." 홍익대학교 박사학위논문. pp. 153-154.
9) 이명진(2013). "신박물관학의 관점에서 본 부산 박물관의 발전방안 연구." 경성대학교 박사학위논문. p. 44 재구성.
10) 이보아, 이예나(2005). "문화원형 지향적인 박물관과 문화 콘텐츠 지향적인 박물관의 비교분석: 시장현황과 일반대중의 선호도에 따른 비교 분석." 박물관학보, 8, pp. 3-26.

확장을 가져올 수 있는 학문이라고 전제하고, 이용자와의 적극적인 참여와 개입을 유도함으로써 영월 지역 박물관을 발전시킬 동력을 얻을 수 있다고 주장했다. 이 연구에서는 박물관 본연의 기능을 충실히 수행하면서도 신박물관학의 개념을 적극적으로 도입한다면 앞으로 영월 박물관의 진화를 기대할 수 있다며, 영월 박물관을 발전시킬 방안으로 박물관을 디지털화하고, 스토리텔링을 도입하고, 박물관 포털 사이트를 운영하기를 권고했다.[11]

〈표 6-3〉 구박물관학과 신박물관학의 비교

구분	구박물관학	신박물관학
수집범위	물질적 유물	비물질적 문화유산 포함
주요대상	유물 중심	사람 중심
접근방법	과거 지향의 단일 학문	미래 지향의 학제적 학문
조직	전문 인력	지역시민 및 각계 전문가
교육	근대 시민의 교화	교육기관으로서의 박물관
재정	정부지원	지역단체와 개인 후원 포함
시선	제국주의적, 식민주의적, 민족주의적, 남성중심적	탈식민주의적, 지역주의적, 여성주의적

지역을 바꾸는 매개체인 박물관은 문화도시영월을 활성화하는 데도 영향을 미친다. 문화도시는 다양한 문화 콘텐츠가 풍부한 도시, 예술인들이 문화산업에 참여하기 좋은 여건을 가진 창조도시, 그리고 서민들이 쾌적한 일상생활을 영위할 수 있는 기초가 탄탄한 도시다. 결국 문화도시와 관련된 담론은 모두 창조도시와 혼합된 양

---

[11] 윤병화(2021). "신박물관학 측면에서의 영월지역 박물관 운영방안 연구." 아시아강원민속, 35, pp. 203-229.

상을 나타내는 경향이 있다.[12] 세계관광기구(UNWTO)에서는 관광 환경의 추세 예측을 통해 지역 관광이 나아가야 할 방향에서 주제별 관광 상품의 하나로 박물관의 활성화가 필요하다고 강조했다. 영월군에서도 그동안 관광산업을 지역 특화산업으로 선정해 전략적으로 추진해 왔다. 영월군은 다양한 주제의 박물관으로 유명하며 현재 22개의 박물관(공립박물관 9개 관, 사립박물관 13개 관)을 운영하고 있으며, 현재 박물관 고을 특구로 지정돼 박물관을 육성해 지역 경제를 활성화하고 역사문화를 진흥하는 정책을 실행하고 있다. 2008년에 박물관 고을 특구로 지정된 영월은 현재까지 우리나라의 군(郡) 단위에서 가장 많은 박물관 수를 보유하고 있다.

영월은 전국에서 유일한 박물관 특구이며, 천문, 역사, 문학, 사진, 탄광, 라디오 등 다양한 주제의 박물관을 운영하고 있다. 각 박물관에서는 전시, 교육, 체험 프로그램을 운영하고 있으며, 해마다 '음악과 연극이 있는 박물관의 오후' 공연을 통해 관람객과 소통하고 있다. 영월의 박물관 고을 육성 사업은 관광 자원을 효율적으로 활용해 지역 경제의 활성화에 영향을 미친다. 영월군은 영월 박물관 고을을 성공적으로 육성하고 발전시키기 위해, 박물관이 위치한 마을과의 협력, 국가적 차원의 확실한 뒷받침, 박물관의 브랜드화, 지역 주민의 적극적인 지원, 활성화를 위한 소프트웨어 활용 같은 5개의 핵심 영역에 역량을 집중하고 있다.

영월군의 박물관 고을 육성 사업은 지역 자원을 효율적으로 이용한다는 측면과 다른 지방자치단체와의 차별성을 강조하는 측면, 그리고 세계적인 관광산업의 흐름에도 부합되는 사업이다. 박물관 고

---

12) 임상오, 이보아, 전영철(2007). 『박물관 창조도시 영월』. 서울: 해남.

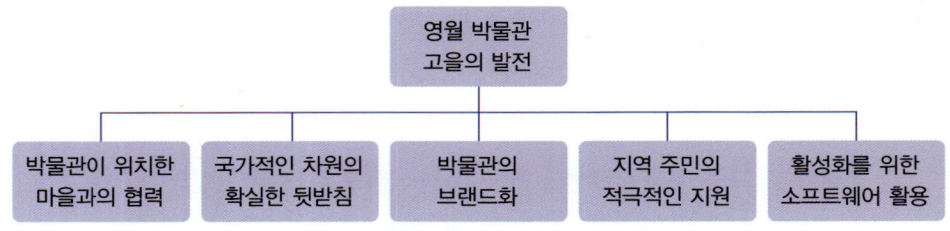

[그림 6-1] 영월 박물관 고을 육성 사업의 핵심 영역

[그림 6-2] 영월 박물관 지도

을 육성 사업의 기본 전략은 지역 특성을 반영한 박물관을 유치하고 소프트 경쟁력을 강화하는 사업에 신 활력 사업비를 투입하는 것이다. 인재의 육성과 활용, 네트워크의 구축, 주제별 체험 프로그램의 개발, 문화 상품의 개발 같은 눈에 보이지 않는 가치를 찾거나 영월의 박물관 자산을 기획함으로써 부가가치를 높이는 사업을 중점적으로 추진해 왔다. 박물관 고을 육성 사업은 문화도시영월의 인지도

제고에 기여하는 동시에 주민 참여를 통한 소득 증대에도 이바지할 것이다. 영월에 있는 22개의 박물관(공립 9개, 사립 13개)에서는 각각 특색 있는 소장품과 전시 주제를 바탕으로 바야흐로 박물관 고을의 개화기(開花期)를 기다리고 있다. 영월박물관포털(www.ywmuseum.com)의 자료를 바탕으로 각 박물관의 특성을 살펴보자.

2. 영월 공립박물관의 특성과 매력

① 영월Y파크

영월Y파크는 주천면의 술샘박물관을 개조해 박물관의 특성과 공방의 용도를 합쳐 만든 복합예술 공간이다. 주천이라는 지명은 주천강 부근의 망산 바위 밑에서 술이 나왔다는 설화를 바탕으로 지은 이름이다. '술이 샘 솟는다'는 뜻인 주천(酒泉)의 모티브를 바탕으로 조성한 술샘박물관에서 영월의 생활사를 비롯해 전통주와 관련된 자료들을 전시해 오다가, 공간 디자이너 최옥영 작가의 '영월=젊은 달' 기획을 계기로 2019년 6월 14일에 영월Y파크라는 이름으로 재탄생했다. 최옥영 작가의 공간 기획력에 따라 붉은색을 바탕으로 10개 구역으로 구분한 현대 미술관이자 대지미술 공간인 영월Y파크가 새로 태어난 것이다.

기존 건물의 내벽과 천정을 모두 뜯어내고 붉은 파빌리온(Red Pavilion), 목성, 붉은 대나무, 바람의 길 같은 내부 공간을 만들었다. 제1전시실에는 그레이스 박의 '사임당이 걷던 길' 전(展), 제2전시실에는 최옥영의 '우주정원' 전, 제3전시실에는 '춤추는 피노키오'와 최옥영의 '우주' 전, 제4전시실에는 최옥영의 'Dragon 용(龍)' 전, 제5전

〈표 6-4〉 영월 군립박물관의 현황

구분	명칭	주소	개관 연월일	면적 (m²)	소장 자료(점)	운영 프로그램(회)
공립	영월Y파크	주천면	2014. 11. 11.	3,323	도자기, 민속품, 근현대자료 143	프로그램4
	별마로천문대	영월읍	2001. 10. 13.	2,322	망원경 및 사진 163	프로그램3
	단종역사관	영월읍	2002. 4. 5.	559	고문서 414 및 조선시대 의복	프로그램2
	난고김삿갓문학관	김삿갓면	2003. 10. 11.	853	서적 및 생활용품 368	
	동강사진박물관	영월읍	2005. 7. 23.	1,096	사진자료, 카메라 1,627	전시6/연 프로그램5
	영월동굴생태관	김삿갓면	2009. 9. 4.	1,594	화석 및 탐험장비 345	
	강원특별자치도탄광문화촌	북면	2009. 10. 20.	1,061	채탄장비 및 생활용품 401	
	동강생태정보센터	영월읍	2010. 8. 25.	871	암화 및 모형 120	
	영월라디오스타박물관	영월읍	2015. 8. 14.	824	라디오, 전축 및 음반 3,167	전시7/연 프로그램3

시실에는 이선주의 '최후의 만찬' 전이 상설 전시된다. 그리고 영월 Y파크에 설치된 거대한 규모의 목성(木星)은 관람객을 압도하며, 누구나 즐길 수 있는 다양한 소재도 많다.

② 별마로천문대

별마로천문대는 영월읍 영흥리의 해발 799.8m의 봉래산 정상에 건설된 국내 최대 규모의 천문대이다. 별마로란 별과 마루(정상) 그리고 고요할 로(嘮) 자의 합성어로 '별을 보는 고요한 정상'이라는 뜻이다. 2001년 10월 13일에 개관한 별마로천문대의 연간 관측 일수는 196일로 우리나라 평균인 116일보다 훨씬 길다. 국내 최고의 관측 여건을 갖추고 있다. 지하 2층과 지상 4층 규모의 별마로천문대는 천체투영실, 천체관측실, 미디어 전시 및 체험존으로 구성돼 있으며, 주망원경과 여러 대의 보조망원경으로 강의를 들으며 관측할 수 있다. 지름 800mm의 주망원경은 빛을 모으는 집광력이 사람 눈의 13,061배이며, 천문대가 있는 봉래산 정상에 활공장이 있어 넓은 시야로 자연경관을 감상할 수 있다.[13]

지하 1층의 천체투영실에 설치돼 있는 투영기는 8.3m의 돔 스크린에 가상의 별을 투영해 날씨에 상관없이 최대 54명까지 동시에 밤하늘을 감상할 수 있으며, 약 9,500여 개의 별 표현, 별자리 찾는 방법, 로마 신화에 대한 설명을 재미있게 들을 수 있다. 1층부터 3층에서는 우주의 탄생과 여행 주제의 프로젝션 맵핑, 홀로그램, 미디어 아트, 인터랙티브, 설치미술로 구성된 실감 전시를 관람할 수 있다.

---

13) 영월군청 문화관광체육과 박물관팀(2023). 『영월 박물관 이야기 공립 편: 2024 학교 교육과정 연계 박물관 교육과정 연구개발』. 강원: 영월군.

4층의 보조관측실에서는 굴절망원경과 반사망원경의 태양 필터를 통해 주간에는 태양의 흑점과 홍염을 관찰할 수 있고, 야간에는 달, 행성, 별, 성단, 성운 등을 관찰할 수 있다.

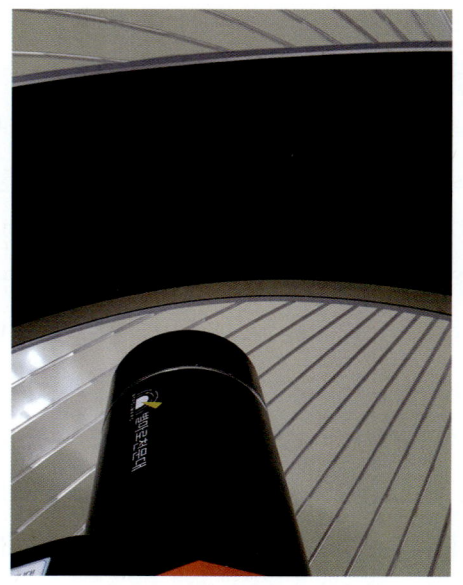

[그림 6-3] 주망원경으로 밤하늘을 바라보는 장면 ⓒ김병희

③ 단종역사관

총면적 535m² 규모로 지하 1층과 지상 1층의 미음(ㅁ) 자 모양의 맞배지붕을 갖춘 전통 양식의 건물인 단종역사관은 2002년 4월 5일 영월읍 영흥 12리 장릉 경내에 개관했다. 이 공간에는 세종실록, 문종실록, 단종실록, 세조실록을 비롯해, 단종의 세자책봉과 왕위책봉, 단종의 죽음 과정에 대한 기록물이 있다. 그리고 『단종애사』(1935)를 비롯한 각종 서적, 단종의 일대기를 그린 그래픽 패널, 생육신과 사육신의 충절을 기린 위패, 단종어보와 정순왕후 어보, 단종의 유

2. 영월 공립박물관의 특성과 매력

배를 재현한 영상물, 단종 유배 행렬의 디오라마(diorama)[14], 정순왕후의 유물과 왕후의 능인 사릉(思陵) 디오라마 등이 1층과 지하 1층에 주제별로 전시돼 있다.

지하 1층의 문화예술관에는 사육신과 생육신에 관한 설명과 그들의 위패와 관련 서적을 비롯해 조선시대의 형벌기구가 전시돼 있다. 단종유물관에는 단종 유배의 재연, 정순왕후실, 모형도, 조선궁중복식도가 정리돼 있다. 조선궁중복식실에는 곤룡포, 원삼, 원복, 조복 같은 왕과 왕비, 왕자와 공주, 신하들이 입었던 의복을 전시하고 있다. 지상 1층에는 단종의 탄생과 복권에 이르기까지의 일대기가 모형으로 제작 전시돼 있다. 영상실에서 단종의 일생을 10분 분량으로 제작한 영상물을 상영하므로 방문객들은 단종의 일대기를 영상을 보며 살펴볼 수 있다.

단종역사관의 전시물 중에서 조선시대 당시의 단종의 유적지인 장릉, 청령포, 관풍헌, 창절사의 풍경을 엿볼 수 있는 〈월중도(越中圖)〉(사본임. 원본은 한국학중앙연구원 장서각 소장)는 주목할 만하다. 문화유산청의 고시 내용을 바탕으로 〈월중도〉에 대해 설명하면 다음과 같다.[15] 〈월중도〉는 유배지 영월에 남겨진 단종의 자취와 충신들의 절의가 깃든 장소를 8폭의 그림으로 제작한 화첩이다.

제1폭은 단종의 왕릉인 장릉(莊陵)을 산도(山圖)의 형식으로 그린 것이고, 제2폭은 단종의 유배지였던 청령포(淸泠浦)를 과감한 구도로 묘사한 일종의 실경 산수화이다([그림 6-4] 참조). 제3폭은 영월

---

14) 디오라마는 작은 공간 안에 어떤 대상을 설치해 놓고 틈을 통해 볼 수 있도록 설치한 입체 전시물이다.
15) 문화재청(2007. 12. 31.). "문화재청고시 제2007-127호(국가지정문화재 보물 지정)." 관보(그6), 16659, p. 788.

객사의 관풍헌(觀風軒)을 계화(界畵) 형식으로 그렸으며, 제4폭은 관풍헌 동남쪽에 위치한 자규루(子規樓)를 중앙에 그렸다. 제5폭은 단종에 대한 절의를 지키며 숨진 사육신(死六臣)을 배향한 사당인 창절사(彰節祠)를 가운데에 배치했고, 제6폭은 단종의 시녀와 시종들이 순절한 낙화암(落花巖)을 산수화 형식으로 그렸다. 제7폭은 영월읍 치소(治所)를 개화식 구도를 취한 회화식 지도의 형식으로 그렸으며, 제8폭은 영월 일대를 그린 지도이다. 각 면의 오른편 윗부분에 화폭에 등장하는 장소에 대한 간략한 기록을 적어 놓았다. 〈월중도〉의 제작 시기에 대해서는 단종이 복권된 1698년 이후를 비롯한 여러 학설이 존재한다.[16] 〈월중도〉는 2007년 12월 31일에 대한민국의 보물 제1536호로 지정되었다.

[그림 6-4] 〈월중도〉의 제2폭 「청령포도」(60×50cm)

---

16) 황윤정(2012. 11. 28.). "사도세자 슬픔 간직한 정조, 단종 화첩 제작 지시." 연합뉴스 (https://www.yna.co.kr/view/AKR20121128087500005). 〈월중도〉의 제작 시기와 관련하여 김문식 교수는 한국학중앙연구원 장서각 학술대회에서 발표한 「18세기 단종 유적의

몇 개의 그림을 보다 구체적으로 설명하면 다음과 같다.[17] 제1폭 〈장릉도〉(50×40cm)는 장릉(莊陵)을 중심으로 주변의 경관을 그린 지도로, 단종이 영월에 유배돼 머물렀던 청령포와 관풍헌과 자규루, 사육신의 사당인 창절사가 있으며, 아래쪽에 단종의 시종들이 단종을 따라 순절한 낙화암이 간명하게 그려져 있다. 제2폭 〈청령포도〉(60×50cm)는 단종이 1456년(세조 2년) 노산군으로 강등돼 유배된 청령포를 그린 실경 산수화이다. 도산(刀山)을 배경으로 곡수(曲水)가 감싸고 있다. 중앙의 비각은 1763년(영조 39년)에 세운 것이다. 1791년(정조 15년)에 영월부사 박기정이 정조의 지시에 따라 단종의 처소 터에 2층 기단을 쌓아 보존했던 곳도 그림에 나타난다. 제3폭 〈관풍헌도〉(60×50cm)는 단종이 1456년 이후 거처하다 이듬해 사약을 받고 숨진 관풍헌의 건축 도면이다. 관풍헌은 객관인 나성관(奈城館) 우측에 있었고, 1791년(정조 15년) 영월부사가 대규모로 중수했다. 제5폭 〈창절사도〉(60×50cm)는 단종에 대한 절의를 지킨 사육신인 박팽년, 성삼문, 이개, 하위지, 유성원, 유응부와 엄홍도, 박심문, 김시습, 남효온의 위패를 모신 사당인 창절사를 그린 그림이다. 창절사는 2022년에 18세기 건축의 특성을 잘 나타냈다는 점이 인정돼 국가 보물로 지정됐다.

정비와 월중도」라는 논문에서 〈월중도〉가 정조의 지시로 1791년 10월을 전후해 제작된 것이라는 결론을 내렸다. 그동안 학계에서는 〈월중도〉의 제작 시기를 단종이 복권된 1698년 이후라고 추정해 왔지만, 김 교수는 1791년 정조의 특교(特敎: 특별 명령)에 따라 당시의 영월부사 박기정이 주관해 궁중 화가들이 제작했다고 주장했다. 〈월중도〉는 영월의 단종 유적을 정비한 사실을 기록으로 남겨 두려는 정조의 의지와 사육신 박팽년의 후손인 박기정의 의지가 담겨 있는 그림이라는 것이다.
17) 단종역사관(2024). "문화유산표준관리시스템." 강원: 영월군.

④ 난고김삿갓문학관

난고(蘭皐)김삿갓문학관은 강원특별자치도의 시책 사업인 '강원의 얼 선양사업'의 일환으로 영월군 김삿갓면 와석리에 2003년 10월에 개관했다. 2018년 12월에는 내부를 완전히 새로 단장해서 다시 개관했다. 김삿갓의 생애와 문학 세계를 한눈에 볼 수 있는 곳으로, 많은 관광객이 찾아와 그의 방랑정신을 기리고 있다. 영월의 향토사학자 정암 박영국 선생이 20여 년 동안 노력한 끝에 1982년에 김삿갓의 묘소와 주거 터를 처음 발견했다. 영월군은 김삿갓의 얼과 문화예술 혼을 추모하고 문학적 가치를 재조명하기 위해 그 자리에 문학관을 건립하고 묘비와 시비와 유적비도 세웠다.[18] 박영국 선생이 수집한 자료를 바탕으로 난고김삿갓문학관도 개관했다.

문학관 1층의 제1전시실 '방랑시인 김삿갓'에서는 김삿갓 유적지를 처음 발견한 고 박영국 선생의 이력을 소개하고, 『대동기문(大東奇聞)』(1926)[19]과 이응수 역주의 『김립시집(金笠詩集)』(1939)을 비롯한 서책과 기증 자료를 전시하고, 김삿갓의 방랑 여정이 담긴 상호작용 영상도 체험할 수 있다. 2층의 제2전시실 '민중시인 김삿갓'에서는 설화 속의 주인공으로 친숙한 김삿갓의 일화를 비롯해 민중의 편에서 시를 썼던 김삿갓의 문학적 이력을 톺아볼 수 있다. 김삿갓에 관한 애니메이션 영상 보기, 김삿갓 시의 창작 국악 듣기, 시 문구 직접 써 보기 같은 다양한 체험도 할 수 있는 공간이다. 2층의 제3전시실 '김삿갓 프로젝트'에서는 시공간을 넘나들며 과거에서 현재로

---

18) 오경근(2020. 3. 5.). "김삿갓 방랑의 시작과 종착 영월: 영월10경에 스민 김삿갓 병연, 청운의 한." 시사매거진, 263. https://www.sisamagazine.co.kr/news/articleView.html?idxno=314285
19) 역대 인물들의 전기와 일화를 모아 강효석이 편찬하고 윤영구와 이종일이 교정해 1926년에 한양서원(漢陽書院)에서 출간한 4권 1책의 전기 서적이다.

다시 미래로 이어지는 시간의 연속성을 경험할 수 있다. 난고김삿갓 문학관에 가면 방랑시인 김삿갓의 솜씨를 엿볼 수 있는 다음과 같은 시들을 산수의 풍광과 함께 감상할 수 있다.

나는 지금 청산을 찾아가는데
푸른 물아 너는 왜 흘러오느냐

아향청산거(我向靑山去)
녹수이하래(綠水爾何來)

솔과 솔 잣과 잣 바위와 바위 사이 돌아가니
물과 물 산과 산이 곳곳마다 기묘하구나

송송백백암암회(松松柏柏岩岩廻)
수수산산처처기(水水山山處處奇)

꼿꼿, 뾰족뾰족, 괴괴한 경개가 하도 기이하여
사람 신선 신령 부처 모두가 놀라 의심하는구나

촉촉첨첨괴괴기(矗矗尖尖怪怪奇)
인선신불공감의(人仙神佛共堪疑)

내 평생의 소원이 금강산을 읊으려고 별러 왔으나
이제 금강산을 대하고 보니 시를 못 쓰고 감탄만 하는구나

평생시위금강석(平生詩爲金剛惜)

급도금강불감시(及到金剛不敢詩)

⑤ 동강사진박물관

2005년 7월에 개관한 동강사진박물관은 영월군청 앞의 3,000여 평 부지에 연면적 587평의 지하 1층과 지상 2층 규모로 건립된 국내 최초의 공립 사진박물관이다. 동강사진박물관은 7개의 전시실(상설전시실 1실, 기획전시실 2실 등)과 야외 화랑 및 다목적 강당을 갖추고 있다. 국내 최초로 '사진의 마을'을 선언한 영월군에서 박물관 고을의 육성과 발전을 위해 건립한 문화 기반 시설이다. 1940년대부터 1980년대까지 한국 사진을 대표하는 다큐멘터리 사진가들의 대표작을 비롯해, 2002년 이후 동강국제사진제에 참여한 작가의 작품과 '동강사진상'의 수상 작가들로부터 기증받은 작품, 강원 다큐멘터리 사진사업 관련 작품, 영월군민의 기증 사진 등 약 1,500여 점의 사진 작품과 130여 점의 클래식 카메라를 전시하고 있다. 동강사진박물관에서는 매년 여름에 '동강국제사진제'를 개최하고 있다. 포항시의 포항국제사진제(PIFF)에 출품한 사진을 여행의 3가지 구성 요인(여행자, 매력물, 관광활동)에 따라 분석한 연구 결과는 영월의 동강국제사진제를 발전시키는 데도 현실적으로 유용한 시사점을 제공할 것이다.[20]

앞으로 동강국제사진제를 활용해 영월의 장소 마케팅 활동을 전개할 때는 조사연구, 전략수립, 실행, 조정통제 같은 4단계 과정을 고려해야 한다. 즉, 조사연구 단계에서는 시장 조사(이해 관계자 집

---

20) 김병희, 구승회(2023). "사진 콘텐츠를 활용한 장소 마케팅의 사례 연구: 경북 포항시를 중심으로." 광고연구, 138, pp. 107-136.

단, 정책수립 집단, 영월군 정책구조)와 환경 분석(전시환경 분석, 영월군 SWOT 분석, 전시 경쟁력 분석)을 수행하고, 전략수립 단계에서는 정책 목표 설정(영월군 비전, 영월군 정체성, 마케팅 목표 설정)과 전시 시장의 세분화는 물론 적합한 전시회를 파악하는 목표 그룹 설정은 물론 전시회의 성격을 한 마디로 설명할 포지셔닝 전략이 필요하다. 실행 단계에서는 장소 마케팅 실행(컬러 마케팅, 그린 마케팅, 아트 마케팅, 관광 마케팅)과 마케팅 믹스(전시 상품 개발, 전시 브랜드 형성, 영월군 홍보) 계획을 수립하고, 조정통제 단계에서는 조직(마케팅 조직, 행정 조직)과 시스템(마케팅 시스템, 정책집행 시스템, 전시 시스템) 및 목표 관리(마케팅 목표 통제, 전시 목표 통제)가 필요하다. 동강사진박물관은 살아 있는 동강과 영월군민의 생활상이 담긴 역사의 산실이기 때문에, '동강국제사진제' 하나만 성공적으로 개최해도 영월에 대한 매력적인 장소 만들기(making place)를 시도하는 데 크게 도움이 될 것이다.

[그림 6-5] 동강사진박물관 주차장의 '소년의 꿈' 조각 ©영월군

⑥ 영월동굴생태관

전시교육 기능과 연구 기능을 갖춘 영월동굴생태관은 각 분야의 동굴 전문가들이 소장한 자료를 관람객에게 효과적으로 전달할 수 있도록 기획하고 설계한 국내 최초의 동굴생태 전시 시설물로 2009년 9월에 개관했다. 건축 연면적 1,594m² 규모이며, 전시실은 지하 1층과 2층으로 구성돼 있다. 지하 1층에는 영월 석회암 지형의 특성을 보여 주는 동굴 생성물, 광물, 암석, 동굴생물 등이 전시돼 있고, 석회 동굴과 관련된 기획 전시를 열고 있다. 지하 2층에는 어린이 놀이시설을 비롯한 동굴의 생성 과정을 알 수 있는 미디어 아트 체험 프로그램이 있고, 고씨굴을 미리 탐험해 보는 실감 영상도 관람할 수 있다. 영월동굴생태관은 고씨굴 관광지 내에 있기 때문에 가족 단위로 방문하기 좋고, 고씨굴을 방문하기 전후에 관람하면 석회 동굴의 형성 과정을 이해하는 데 크게 도움이 된다.

⑦ 강원특별자치도탄광문화촌

강원특별자치도탄광문화촌은 경제 개발 시기의 대표적 에너지인 석탄산업의 영향권에서 영월 사람들의 삶을 재현하는 리얼리티 문화체험 공간이다. 석탄이 검은 황금으로 불리던 1960~1970년대의 광부와 가족들의 삶을 엿볼 수 있는 탄광 지역 생활상을 그대로 재현하였다. 생활관과 갱도가 대표적인 공간이다. 공중에 로프를 가설해 운반 기구를 걸어 동력이나 운반기구의 자체 무게를 실어 운전하는 삭도(索道)[21]는 영월광업소에서 채굴한 석탄을 정양리의 영월화

---

21) 삭도(cableway)란 공중에 매달린 밧줄에 운반기를 설치해 여객이나 화물을 운송하는 교통수단이다. 운반기는 차량 형태일 수도 있고 의자 형태일 수도 있는데, 운반기가 차량 형태인 경우를 케이블카라고 한다.

력발전소까지 운반했다. 영월에는 우목골, 분덕치, 영흥, 덕포, 정양에 5개의 정거장이 운영되었다. 탄광문화촌은 부모 세대에게는 옛 추억에 잠길 수 있는 시간 속에서 아련한 향수와 감흥을 떠올리게 하며, 자라나는 미래 세대에게는 석탄을 채취하는 과정을 안내하면서 색다른 체험과 재미를 선사한다.

탄광문화촌은 광부들의 생활상을 마차리 탄광촌의 흔적으로 재조명함으로써, 검은 황금으로 불렸던 석탄에 대한 이해의 폭을 넓히고 광부들의 생활을 알아보는 복합 체험 공간으로 자리매김했다. 나아가 탄광문화촌은 1960년대 영월군 마차리의 아련한 향수와 추억을 소환하는 교육의 장이 되기도 한다. 탄광촌에서 광부의 땀과 애환이 서린 갱도를 직접 걸어 보며, 다른 한편으로는 새롭게 변모한 공간에서 과거의 탄광 문화를 체험해 보면 독특한 매력을 느낄 수 있다. 강원특별자치도탄광문화촌에는 조선전력 영월광업소에서 1941년에 자동차 춘계 검사를 기념하며 찍은 사진도 전시돼 있다. 영월광업소는 석탄을 트럭으로 운송했는데, 한국전쟁 당시에 영월광업소에서 GMC 트럭 84대를 징발해 갔다고 한다.[22] 트럭 84대라는 숫자에서 당시 영월광업소의 규모가 얼마나 컸을지 충분히 짐작할 수 있다.

---

22) 1945년 8·15 해방 당시에 우리나라의 자동차 수는 1만 6천여 대였다. 그중에서 1만 대가 일본의 군용 자동차였고, 6천여 대가 일반 자동차였다.

[그림 6-6] 조선전력 영월광업소의 춘계 검사 기념사진(1941)

⑧ 동강생태정보센터

태고의 신비를 그대로 간직한 영월 동강에 대해 상세히 안내하는 동강생태정보센터는 동강 생태 자원의 중요성을 알리는 뉴스 룸에 비유할 수 있다. 영월군은 동강의 생태와 자연을 연구하고 동강의 우수한 생물자원을 보전하고 생태 문화적 생명력을 지키기 위해 동강생태정보센터를 건립했다. 영월 동강은 수려한 자연환경이 빼어나고 희귀 동식물을 비롯한 많은 생물이 서식하고 있어, 태고의 원시 상태를 간직한 생태계의 보고라고 몇 번을 강조해도 결코 지나치지 않을 것이다.

동강생태정보센터에는 동강생태정보센터, 곤충산업육성지원센터, 동강테마 식물원이 있어 동강의 지형과 지질, 동강의 소리, 동강의 물고기, 동강의 새들과 만날 수 있다. 동강래프팅 3D 가상 체험관에서는 태고의 신비를 그대로 간직한 영월의 동강 래프팅을 3D의 가상현실로 체험할 수 있고, 탐험가의 방에서는 동강 12경과 동강의 일반 현황, 동강 탐방 백과사전을 체험할 수 있다. 동강생태정보센터에서는 사람과 자연이 어우러지는 프로그램을 기획하고 운영함으로써, 생태계 보전지역으로 지정된 영월 동강의 우수한 생물자원을 지속적으로 보전하고 생태 문화적 생명력을 지켜 가고 있다.

⑨ 영월라디오스타박물관

영월군 영월읍 영흥리에 있는 영월라디오스타박물관은 영월읍 금강공원 내의 옛 KBS 영월방송국 건물을 개조해서 2015년 8월 13일에 개관했다. 옛 KBS 영월방송국 건물은 안성기와 박중훈 주연의 영화 〈라디오 스타〉(2006)의 배경으로도 널리 알려졌다. 단순한 관람을 넘어 라디오 방송 제작을 직접 경험해 볼 수 있는 체험형 박물관인 라디오스타박물관은 연면적 937m²에 지상 2층 규모다. 1층 역사관에는 1800년대부터 2000년대까지 라디오 방송의 역사에 관한 관련 자료가 전시돼 있어 라디오의 탄생과 발달사를 한눈에 파악할 수 있다.

영월라디오스타박물관은 단순히 보고 가는 박물관을 넘어서 방문객이 직접 라디오 방송 제작에 참여하는 체험형 학습 박물관으로 특화돼 있다. 체험전시관에서는 라디오와 관련된 오래된 기록 문서를 볼 수 있다. 이 밖에도 라디오 DJ들의 소장품을 관람할 수 있는 DJ 전시관과 라디오스타관도 있다. 방문객은 라디오스타관에서 '명대사 명장면 투표하기'에 참여할 수 있다. 2층에는 옛 정취를 체험할 수 있는 음악다방, 라디오방송 체험 스튜디오, 포토존 같은 관람객 체험 공간은 물론 라디오 관련 자료의 수장고와 라디오 조형물도 있다.

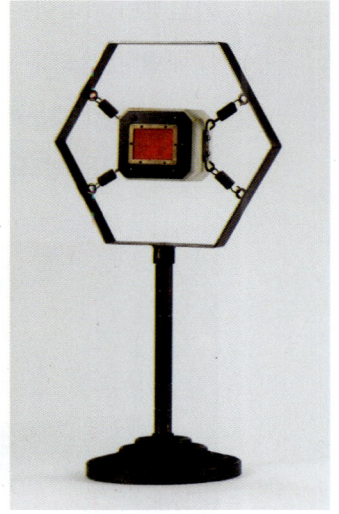

[그림 6-7] 박물관에 전시된 '카본 돌마이크'(55cm, 일제강점기)

3. 영월 사립박물관의 특성과 매력

① 조선민화박물관

조선민화박물관은 국내 최초의 민화 전문 박물관으로 2000년 7월에 개관했다. 조선민화박물관에서는 전통 민화를 계승하고 발전시키기 위해 체계적인 연구와 수집 작업을 하고 있다. 나아가 조선민화에 관한 전문 서적을 출판하고, 맞춤형 체험 학습이나 포럼과 공모전을 실시하고 있다. 소장하고 있는 5,000여 점의 민화 유물 중에서 250점을 상시 순환 전시하기 때문에, 관람객은 언제나 전문 해설가로부터 재미있는 민화 이야기를 경청할 수 있다.

매년 개최되는 공모전 수상작과 현대 민화 작가들의 작품도 함께 전시하기 때문에 민화의 시대적 흐름을 한자리에서 파악할 수 있고, 재미있는 민화 체험도 즐길 수 있다. 제1전시관에서는 조선시대

[그림 6-8] 조선민화박물관의 춘화도 전시실 ©김병희

의 진본 민화를 전시하고, 제2전시관에서는 현대 민화를 비롯한 각종 특별전을 열고, 제3전시관에서는 전국민화공모전 수상작을 전시한다. 그리고 박물관 2층에는 성인전용 춘화도(春畫圖) 전시실이 마련돼 있다. 박물관에서 주관하는 행사에는 김삿갓문화제 기념 전국민화공모전, 전국 초등학생 민화공모전, 찾아가는 민화 교실 등이 있다.

② 국제현대미술관

도시와 농촌 간의 문화적 격차를 해소하고 영월 문화예술의 글로벌화를 모색하기 위해 2000년에 개관한 국제현대미술관은 다양한 예술 작품을 감상할 수 있는 복합문화 공간이다. 국제현대미술관은 영월읍 삼옥리의 동강 변에 자리 잡고 있다. 야외조각공원에는 17개국의 대형 조각 작품 100여 점이 고즈넉한 풍경과 함께 설치돼 있으며, 국제조각심포지엄 축제 때에 완성된 야외 조각품도 전시하고 있다. 실내 전시실에는 70여 개국의 소장품 3,000여 점 중에서 300여 점이 상설 교환 전시되고 있다. 국제현대미술관에서는 해마다 국제현대문화예술축제를 개최해 국내외의 저명한 조형 예술가를 초청한다. 관람객들은 오픈 작업실을 통해 작품이 탄생하기까지의 과정을 한눈에 확인할 수 있다. 야외 작업 공간에서는 예술가와 관람객이 만나 상호작용하는 만남의 장도 마련돼 있다.

③ 영월곤충박물관

영월곤충박물관은 자라나는 어린이에게는 자연 사랑의 중요성을 일깨워 주고 어른들에게는 환경보호의 필요성을 제고하기 위해 2002년 5월 5일 어린이날에 개관했다. 살아 있는 곤충을 직접 만날

〈표 6-5〉 영월 사립박물관의 현황

구분	명칭	주소	개관 연월일	면적 (㎡)	소장 자료(점)	운영 프로그램(회)
사립	조선민화박물관	김삿갓면	2007. 7. 29.	1,157	민화 및 기타 4,500	전시2/연 프로그램5
	국제현대미술관	영월읍	2008. 11. 2.	846	현대조각, 회화 등 3,700	전시2/연 프로그램7
	영월곤충박물관	영월읍	2002. 5. 5.	2,928	표본, 화석, 생물 등 8,320	전시1/연 프로그램3
	호야지리박물관	무릉도원면	2007. 5. 4.	890	고지도, 고서, 표본 등 3,930	전시2/연 프로그램5
	영월화석박물관	주천면	2007. 12. 8.	481	화석 1,321	전시1/연 프로그램6
	호안다구박물관	김삿갓면	2007. 12. 7.	280	찻잔, 주전자류 365	프로그램4
	영월아프리카미술박물관	김삿갓면	2009. 5. 19.	1,225	나무, 토기, 청동 800	전시1/연 프로그램4
	영월종교미술박물관	북면	2009. 11. 2.	860	목조각, 석조각 1,800	
	영월미디어기자박물관	한반도면	2012. 5. 24.	530	도서, 취재용품, 사진 등 11,566	전시2/연 프로그램5
	영월초등교육박물관	북면	2012. 4. 28.	628	고서류, 사진 등 20,207	전시1/연 프로그램1
	인도미술박물관	주천면	2012. 5. 26.	523	회화, 조각, 공예품 1,430	운영프로그램 6
	만봉불화박물관	김삿갓면	2013. 5. 28.	1,854	불화, 글씨, 도자기 등 287	
	영월지오뮤지엄	북면	2021. 10. 22.	130	샌드박스, 암석 판타지아 400	

수 있는 생물전시실, 국내의 여러 곤충을 관찰할 수 있는 국내표본 전시실, 세계의 신기한 곤충을 모아 둔 해외표본전시실, 다양한 곤충을 볼 수 있는 특별기획전시실, 살아 있는 나비와 식물이 있는 비바리움(온실), 4차원(4D) 체험을 할 수 있는 신기한 자연 영상체험관이 있다. 영월곤충박물관에서는 곤충 표본은 물론 살아 있는 곤충들도 전시해 생생한 자연의 모습을 전달한다. 관람자들은 직접 곤충을 만져 보며 곤충 체험도 할 수 있다. 영월곤충박물관 부설 연구소에서는 멸종 위기 곤충을 인공으로 증식하거나 복원하는 작업도 병행하고 있다.

④ 호야지리박물관

영월군 무릉도원면에 있는 호야지리박물관에서는 한국령인 독도 관련 고지도와 지리 관련 희귀 자료를 관람할 수 있다. 국내 최초의 지리 전문 사설 박물관으로 지난 2007년에 개관했다. 호야지리박물관에 가 보면 교과서에서 보던 지리적 요인이 전시 현장에 생생히 부각되고 지리 현장을 체험할 수 있기 때문에, 지리에 관한 지식과 사고력을 함양할 수 있다. 다시 말해서, 호야지리박물관에 가면 친숙한 '지리 세상'을 경험하게 될 것이다. 박물관에 수집된 지도를 보면 일본의 독도 침략의 역사를 생생히 파악할 수 있어, 독도가 한국의 고유 영토임을 다시 한번 확인할 수 있다. 호야지리박물관은 우리나라 지질과 지형 변화를 알아볼 수 있는 지리 답사 1번지이자 광물의 표본실인 영월에 최적화된 박물관이다.

⑤ 영월화석박물관

영월군 주천면에 있는 영월화석박물관에는 46억 년 지구의 신비로움이 그대로 전해지고 있어, 46억 년 동안 이루어진 지구 생물의 변모 과정을 살펴볼 수 있다. 선캄브리아시대부터 원생대, 고생대, 중생대, 신생대의 곤충 화석에 이르기까지 각 시기에 해당하는 화석들이 다양하게 전시돼 있어, 영월 지역이 5억 년 전에는 바다였다는 지질학적 사실도 확인할 수 있다. 전시실에 들어가면 대륙의 이동설을 증명하는 메소사우르스화석, 살아 있는 물고기 화석으로 유명한 4억 년 전의 실러켄스화석, 익룡화석, 공룡화석, 시조새, 공룡알, 공룡위석은 물론 공룡분화석, 규화목, 암모나이트 같은 세계 각지의 희귀 화석 외에도 한국에서 발견된 각종 식물화석과 고생대의 양치식물, 속세류, 봉인목 등이 두루두루 전시돼 있다. 나아가 중생대와 신생대의 다양한 곤충 화석까지 관람할 수 있기 때문에 관람객들은 지구 생명체의 신비로운 변화 과정을 확인할 수 있다.

⑥ 호안다구박물관

자연경관이 수려한 지역에 위치한 호안다구박물관은 2007년 개관했다. 호안다구박물관은 어린이부터 성인까지 차와 관련된 작품을 감상하고 자연 속에서 다도와 제다를 실습할 수 있는 최적의 요건을 갖추고 있다. 박물관은 전통 예절, 다례(茶禮), 문화예술, 전통 예절의 교육장 기능도 한다. 다인(茶人)과 차를 공부하는 학생과 도자기에 관심 있는 사람들은 고미술품을 감상하며, 차의 역사와 문화에 대한 토론을 즐길 수도 있다. 전시실에는 찻잔(도기, 목기, 철제) 56종, 다완(도기, 철제) 26종, 다반(철제) 10종, 차호(도기, 철제) 37종, 탕관(도기, 철제) 12종, 차통(도기, 목기, 철제) 35종, 물통(도기, 철제) 56종, 화로와 향로와 등 18종, 기타 다구 12종, 다실 관련 작품 16종 등이 있고, 체험실에는 차탁과 다기세트 및 기타 체험시설이 있다.

⑦ 영월아프리카미술박물관

　아프리카 20여 개 나라에서 수집한 미술품을 전시하는 영월아프리카미술박물관은 2009년에 개관했다. 주한 아프리카대사관이 출품한 작품들을 반영구적으로 전시하는 이 박물관에서는 아프리카 여러 부족의 생활, 의식, 신앙, 축제와 관련된 문화 상품인 조각, 그림, 생활도구, 장신구를 비롯해 현대 미술 작품을 상설 전시한다. 1층의 상설 전시관에는 아프리카 전통부족 사회의 조각과 현대적 작품이 전시되어 있다. 아프리카의 고미술과 관련되는 근현대 작품도 함께 전시하기 때문에 아프리카 미술의 진수를 두루 감상할 수 있다. 나무, 청동, 토기, 상아로 만든 아프리카 미술품은 관람객의 발걸음을 멈추게 한다. 아프리카 사람들의 관념적 세계를 표현한 다스크와 인물상 같은 전통 조각품을 감상하며 아프리카 미술의 소재, 제작 기법, 미술적 특성도 확인할 수 있다.

⑧ 영월종교미술박물관

　영월군 북면 시루산길에 2009년에 개관한 영월종교미술박물관에서는 성경을 바탕으로 제작한 주요 전시 작품 1백여 점을 비롯해 기타 작품 6백여 점을 주제별로 감상할 수 있다. 영월종교미술박물관에서는 세계 여러 나라의 친환경 조각품과 자료들도 상시 전시하고 있다. 조각 미술은 일상의 예술이기에 그 안에 담긴 인간의 모습과 신을 향한 인간의 염원을 조각 예술품에서 확인할 수 있다. 동서양의 종교적 갈등과 분쟁을 용서와 화해 그리고 평화와 사랑으로 승화시킨 종교 미술품으로 가득 차 있는 영월종교미술박물관을 찾는 순례자들도 갈수록 늘고 있다. 이동식 박물관의 개념을 적용해 종교미술품의 전국 순회 전시를 실시하기도 한다. 세종문화회관, 인천문화예술회관, 대구문화예술회관, 광주문화예술회관 등지에서 약 60회에 걸쳐 영월종교미술박물관의 소장품 순회 전시회가 이루어졌다.

[그림 6-9] 종교미술박물관에 전시된 '최후의 만찬' 조각품 ⓒ영월군

⑨ 영월미디어기자박물관

영월미디어기자박물관은 한국 언론사 자료를 전시하는 박물관으로 2012년에 개관했다. 이 박물관에서는 우리나라 신문의 역사는 물론 현장의 기자들이 사용했던 타자기, 카메라, 출입 기자증을 비롯해 과거의 정기 간행물과 한국기자협회의 역대 기자상 수상작도 한눈에 볼 수 있다. 제1전시실에서는 취재 현장에서 기자들이 착용했던 완장, 비표, 언론 검열의 흔적이 남은 보도자료, 한국보도사진전의 역대 수상작, 현직 사진기자들의 사진 작품을 감상할 수 있다. 제2전시실에는 〈한성순보〉부터 최근까지 한국 신문의 역사를 톺아볼 수 있으며, 1960~1970년대에 방송기자들이 사용했던 취재 용품과 현장 기자들의 모습도 생생하게 재현했다. 제3전시실에는 국내 정

기 간행물 1800여 점을 비롯해 기자들이 쓴 언론 관련 서적을 전시하고 있다. '국민교육헌장'과 '어린이독서헌장'도 미디어기자박물관에서 볼 수 있는 현대의 문화유산이다.

⑩ 영월초등교육박물관

우리나라 교육의 역사를 한눈에 보여 주는 영월초등교육박물관은 2012년에 개관했다. 이 박물관에서는 우리나라의 교육 자료를 발굴하고 체계적으로 전시함으로써 어린이와 청소년에게 인성교육과 체험학습의 기회를 제공한다. 시기별로 전시된 교육 자료의 내용은 이렇다. 조선시대 교육(1392~1894)에서는 조선시대의 서당과 관련된 자료를, 개화기 교육(1894~1910)에서는 근대 교육제도가 정비된 1894년 갑오개혁부터 대한제국까지의 교육 자료를, 일제강점기 교육(1910~1945)에서는 일본어를 국어로 표기한 『국어독본』과 『조선어독본』 같은 교육 자료를 전시하고 있다. 광복 후의 미 군정기 교육(1945~1948)에서는 광복 후부터 1948년까지의 교과서와 교육 자료를, 교수요목기 교육(1948~1954)에서는 정부수립 직후부터 6·25 전쟁 중의 전시 교과서와 교육 자료를, 교육과정기 교육(1954~현재)에서는 1954년 제1차 교육과정부터 제7차 교육과정까지의 교과서와 학습 자료를 전시하고 있다. 영월초등교육박물관은 어른들에게 지난 추억을 돌아볼 기회를 제공하는 박물관이라는 성격을 갖는다.

⑪ 인도미술박물관

다양한 인종과 종교를 바탕으로 수많은 신화 속에서 독특한 전통을 바탕으로 형성된 각종 미술품을 전시하고 있는 인도미술박물관은 2012년에 개관했다. 인도에는 오랜 역사의 유산이자 세계 최고의 수준인 수많은 유적과 미술품이 남아 있다. 한국과 인도는 불교를 통해 오랜 인연을 맺었지만 인도 미술이 한국에 제대로 소개되지 않았었다. 인도미술박물관은 1981년부터 인도 미술에 매료돼 인도 사회와 인도인의 삶을 주제로 여러 차례 개인전을 개최한 박여송 관장과 인도 지역 연구를 하는 남편 백좌흠 교수가 그동안 수집한 인도 미술품을 전시하는 공간이다. 인도미술박물관에서는 인도 민화, 만다라, 세밀화, 블록 프린팅 같은 다양한 인도 미술을 체험할 수 있고, 인도 요가와 명상 체험, 인도의 다과 체험, 인도의 음식 체험, 인도의 의상 체험도 할 수 있다.

⑫ 만봉불화박물관

모두 6개의 상설전시관으로 구성된 만봉불화박물관에는 문화재로 등록된 시왕초 10점과 중요무형문화재 제48호(단청과 전통 불화)로 지정된 만봉스님의 예술작품을 비롯한 250여 점의 유물을 전시하고 있다. 제1전시관에는 17세기 초반의 청색과 녹색을 활용한 〈산신탱화〉〈신중탱화〉〈관세음보살도〉 등 30여 점과 만봉스님이 쓰던 천연 안료와 도기들이 전시되어 있고, 제2전시관에는 만봉스님의 역작인 〈금니극락도〉와 〈영산회상도〉 채색 작품 그리고 스님의 의복과 유품 50여 점이 전시되어 있다. 제3전시관에는 〈시왕도 초본〉과 〈사자도 초본〉 10점과 석가모니의 일생을 그린 〈팔상도〉 등 30여 점이 전시되어 있고, 제4전시관에는 〈십이지신상도〉〈신선도 병풍〉〈금박봉황도〉〈민화도〉〈관세음보살도〉 등 30여 점이 전시되어 있다. 제5전시관에는 어린 동자들이 놀고 있는 〈백동자 16폭 병풍〉과 〈고려문양〉〈비천도〉 같은 30여 점이 전시되어 있고, 제6전시관에는 석주 스님과의 합작품인 〈달마도〉와 〈관세음보살도〉 외에 〈궁모란병풍〉〈금니영상회상도〉 같은 30여 점이 전시되어 있다. 만봉불화박물관은 한국 불교 미술의 정수를 보여 주는 곳이다.

⑬ 영월지오뮤지엄

국가 지질공원인 영월지오뮤지엄(Geo Museum)은 5억 년 전에 바다였던 영월 지역의 경관, 지형, 지질에 내재된 역사와 의미를 이해하자는 취지에서 개관했다. 영월지오뮤지엄 1층 전시실에는 영월 지역의 암석을 비롯해 전국에서 수집한 특색 있는 암석들이 있어 관람객이 보고 만질 수 있다. 영월지오뮤지엄에서는 암석에 관한 지오투어 프로그램을 운영하며, '지돌이' 캐릭터가 설명하는 카툰을 통해 지질의 특성에 대해 학습할 수 있다. 지돌이 암석 카툰은 퇴적암, 화성암, 변성암, 판게아, 마그마, 맨틀, 핵, 지구의 구조와 지각 변동을 설명해 준다. 2층 실험실에서는 편광현미경을 통해 암석의 미시 세계를 살펴볼 수 있다. 그리고 현대 지질학의 원리를 설명하는 판구조론(板構造論)[23]에 대해서도 상세히 알 수 있고 화강암을 만드는 체험 학습도 가능하다. 증강현실로 체험하는 애니메이션 샌드박스나 편광현미경으로 보는 암석 판타지아도 흥미로운 프로그램이다.

---

[23] 판구조론(Plate tectonics)은 현재와 과거의 지진과 화산들이 지표면을 구성하는 거대하고 단단한 판(板)들의 상대적인 운동으로 설명하는 이론이다. 판구조론에서는 판 운동이 지구상에 나타나는 대규모 지형의 형성과도 깊은 관계가 있는데, 판들이 서로 수렴하는 곳에서는 산맥이 형성되고 판들이 갈라지는 곳에서는 새로운 해양 지각이 생성된다고 설명한다.

4. 체험경제 이론에 의한 박물관 활성화

체험(experience)이란 자극을 받는 어떤 활동에 직접 참여해 실제로 겪는 과정에서 지식과 기능을 얻는 자극에 대한 반응을 의미한다.[24] 파인(Pine)과 길모어(Gilmore)는 광범위한 산업에서 사업의 성과를 높이기 위한 새로운 패러다임으로 체험경제(experience economy) 이론을 제안했다.[25] 경제 분야에서 처음으로 쓰이다가 관광, 건축, 간호 등 여러 분야로 확산된 체험경제 이론에서는 체험 콘텐츠에 대한 참여(participation)와 연결(connection)이라는 차원에 따라 체험 유형을 4가지로 구분했다. 파인과 길모어는 체험도 상품이라며 경제적 상품이 '원자재 → 제조품 → 서비스 → 체험'이라는 4단계 순서로 발전해 왔다고 주장했다. 파인과 길모어는 유형 상품인 제조품과 무형 상품인 서비스와 차별되는 인상적인 차세대 상품이 곧 체험이라며, 제품과 서비스에 체험의 가치를 추가하기를 권고했다.

박물관에서도 관람객을 위해 기획하고 연출할 수 있기 때문에, 박물관 체험도 관람객에게 상품이 될 수 있다. 상품으로서의 체험은 박물관과 미술관 방문이나 이벤트 참여를 통해 다양하게 소비된다. 체험 상품의 특징은 고객과 체험상품 간의 특별한 관계에서 찾을 수 있다. 파인과 길모어가 제시한 체험경제 이론에서는 체험을 제품과 서비스의 상위 개념으로 제시하며, 소비자가 생산 과정과 서비스 과

---

24) Schmitt, B. (1999). "Experiential Marketing." *Journal of Marketing Management*, 15(1-3), pp. 53-67.
25) Pine II, B. J., & Gilmore, J. H. (1998). "Welcome to the Experience Economy." *Harvard Business Review*, 76(4), pp. 97-105.

정에 직접 참여함으로써 얻는 것을 체험이라고 정의했다.[26] 체험 요인의 분류 기준은 이렇다. 가로축인 참여에는 적극적 참여(active participation)와 소극적 참여(passive participation)가 있고, 세로축인 연결에는 소비자가 체험 콘텐츠를 단순히 흡수(absorption)하느냐 아니면 몰입(immersion)하느냐가 있다. 사람들이 체험을 인지하며 관심을 높이지만 상황이나 대상에 일정한 거리를 유지하는 상태가 흡수라면, 몰입은 거리의 간격을 줄여 체험에 근접하는 상태이다. 체험의 4가지 차원은 [그림 6-10]에서 확인할 수 있다.[27]

체험 요인(4Es)의 분류 기준을 영월 박물관의 상황에 맞춰 생각해 보자. [그림 6-10]의 수평축은 관람객의 참여 정도에 해당하며, 관람객 개인의 참여가 얼마나 능동적인지 또는 수동적인지를 의미한다. 왼쪽 끝은 '소극적 참여'로 관람객이 단순히 관객이나 청중의 입장에서 환경에 직접 영향을 미치지 않고 관람하는 것으로 박물관에서 상영하는 영상 프로그램을 시청하거나 동강사진박물관에서 사진 작품을 감상하는 경우가 대표적이다. 오른쪽 끝은 '적극적 참여'로, 관람객이 직접 환경에 영향을 미치거나 체험에 직접 참여하는 것을 말한다. 관광객이 영월Y파크나 강원특별자치도탄광문화촌에 들러 각종 체험 활동에 참여하는 경우가 대표적이다.

---

26) Pine II, B. J., & Gilmore, J. H. (1998). "Welcome to the Experience Economy." *Harvard Business Review*, 76(4), pp. 97-105.
27) Pine II, B. J., & Gilmore, J. H. (1999). *The Experience Economy: Work is Theatre and Every Business a Stage*. Boston, MA: Harvard Business School Press. p. 30.

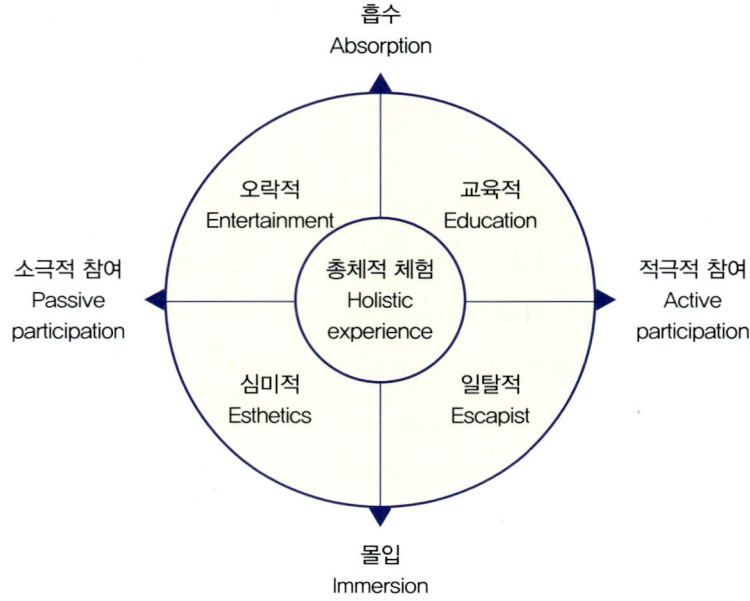

[그림 6-10] **체험의 4가지 차원**

두 축을 기준으로 분류된 4가지 유형에 대해 설명하면 다음과 같다. ① 체험 콘텐츠를 단순히 흡수하며 소극적으로 참여하는 체험은 오락적(entertainment) 체험이고, ② 체험 콘텐츠를 단순히 흡수하되 적극적으로 참여해야 하는 체험은 교육적(education) 체험이다. 그리고 ③ 체험 콘텐츠에 몰입하되 적극적 참여가 필요한 체험은 일탈적(escapist) 체험이고, ④ 체험 콘텐츠에 몰입하되 소극적으로 참여하는 체험은 심미적(esthetics) 체험이다. 4가지 체험 유형을 완전히 상호 배타적으로 구별 짓기는 쉽지 않다. 직간접적 참여를 통해 수동적으로 쾌락과 유희를 느끼는 체험이 오락적 유형이라면, 교육적 유형은 체험 활동에 능동적으로 참여해 지식 습득을 지각하는 체험이다. 체험 활동에 능동적으로 참여해 몰입하는 것이 일탈적 유형이라면, 심미적 유형은 관람하고 감상하며 아름다움이나 예술성을 지각하는 체험이다.

1) 오락적 체험

체험 콘텐츠를 단순히 흡수하며 소극적으로 참여하는 오락적 체험은 텔레비전 시청이나 공연을 관람할 때가 대표적이다. 단종과 정순왕후에 관련된 뮤지컬 공연은 영월 방문객에게 오락적 체험을 제공할 수 있다. 버스킹 같은 소규모 공연뿐만 아니라 영월 박물관의 각종 체험 콘텐츠도 관람객이 영향을 거의 미치지 못하면서 그대로 흡수한다는 점에서 오락적 체험에 해당된다. 체험자가 수동적으로 음악을 듣거나 텔레비전을 보는 것과 같이 오락적 체험은 체험의 대상에 흡수되는 경향이 있다(Pine & Gilmore, 1998).

오락적 체험의 특징은 체험자가 오감을 통해 감각적 체험을 한다는 점이다. 따라서 영월의 관광객에게 쾌락적 감정과 유희적 기쁨을 느낄 만한 계기를 제공해야 한다. 영월 박물관에서는 관람객에게 오감 체험으로 쾌락적 감정과 유희적 기쁨을 느낄 콘텐츠를 제공해야 한다. 영월 박물관에서는 허용할 수 있는 경우에 한정해 관람객들이 박물관의 소장품을 만지고, 보고, 듣고, 느끼도록 오감 체험의 욕구를 자극해야 한다.

2) 교육적 체험

교육적 체험은 능동적으로 흡수되는 과정이다. 체험 콘텐츠를 단순히 흡수하지만 적극적인 참여가 필요한 교육적 체험에는 강의나

학습이 대표적이다. 교육적 체험은 오락적 체험에 비해 능동적인 참여가 이루어지지만, 박물관 관람객 같은 교육 수용자는 체험 콘텐츠의 밖에 존재하며 몰입하기보다 흡수한다(Pine & Gilmore, 1998, 1999). 강의를 들을 때 필기하는 행위는 직접 책을 읽으며 공부하는 몰입에 비하면 흡수에 가깝다. 앞으로 영월 박물관에서는 교육적 체험 프로그램을 두루 개발해야 한다. 학생 대상의 교육 프로그램을 비롯해 가이드 투어 프로그램도 운영해야 한다.

나아가 영월 박물관 내부의 학예연구사와 전문가뿐만 아니라 다양한 외부 인사의 초청 강연을 진행할 필요가 있다. 교육적 체험의 특징은 해설자의 안내를 통해 유익한 내용과 정보를 얻고 사회적 가치를 습득할 수 있다는 점이다. 영월 박물관에서는 관람객에게 참된 정보를 알려 주고 지식을 전하는 교육 공간이 박물관이라는 사실을 강조해야 한다. 교육과 놀이가 결합된 에듀테인먼트는 교육 체험의 효과를 극대화한다. 영월 박물관에서도 재미있는 놀이를 교육 프로그램에 적용함으로써 관람객에게 학습동기를 부여하고 관람객이 교육 내용을 쉽게 이해하도록 배려해야 한다.

3) 일탈적 체험

일탈적 체험은 체험자가 적극적으로 참여해 몰입하는 상태를 뜻한다. 일탈적 체험은 교육적 체험처럼 무엇을 가르치기도 하고, 오락적 체험처럼 참가자를 즐겁게 하는 속성도 있고 초현실적인 속성도 있다. 그러나 일탈적 체험은 앞에서 살펴본 두 유형보다 훨씬 더 몰입시킨다는 특성이 있다. 예컨대, 영월 동강에서 래프팅할 때 방문객들은 단순히 경치를 보는 데 그치지 않고, 영월 지역의 동굴 탐사를 한다고 할 때 신비로운 비경을 즐기는 데 그치지 않는다. 방문객들이 체험 활동에 적극적으로 참여해 몰입감을 느끼는 것이 일탈적 체험이다.

앞으로 영월 박물관에서는 한시적 또는 상시적으로 이러한 일탈적 체험 프로그램을 운영해야 한다. 예를 들어, 영월동굴생태관에서는 동굴 탐험에 필요한 장비들을 소개하고 동굴의 형성 과정을 소개하는 데서 나아가 동굴 속의 이곳저곳을 두루 돌아볼 수 있는 새로운 체험 프로그램을 개발해야 한다. 일탈적 체험의 특징은 관람객이 완전히 몰입한 상태에서 적극적으로 참여하므로 몰입에 의한 일탈과 기분 전환 같은 환상을 체험한다는 점이다. 영월 박물관에서는 관람객이 일탈적 체험을 할 수 있는 구체적인 프로그램을 개발해야 한다. 관람객의 행동 유발 자체에 가치를 두는 일탈적 체험은 관람객의 신체적 체험을 강화하고 사회적 상호작용을 풍부하게 체험하도록 한다.

4) 심미적 체험

일탈적 체험에서 방문객의 참여도를 최소화하면 심미적 체험이 되며, 사람들은 체험 콘텐츠에 몰입할 수 있다. 예컨대, 영월 지역의 동굴을 직접 탐사하는 것이 일탈적 체험이라면, 영월동굴생태관에서 동굴의 아름다운 경관을 감상만 한다면 심미적 체험에 해당된다. 영월 박물관은 심미적 체험을 강화할 가능성이 높기 때문에, 가상현실(VR), 증강현실(AR), 혼합현실(MR), 확장현실(XR) 기술을 활용한 각종 미디어 아트 프로젝트를 운영하면 된다. 미디어 아트 프로젝트를 기획해 몇 달 주기로 여러 분야의 예술작품을 전시하면 도움이 될 것이다. 심미적 체험 과정에서 방문자는 미적 대상이 존재하는 공간에서 어떤 영향도 미치지 못하지만, 미적 대상에 가까워지는 몰입을 통해 심미적 체험을 할 수 있다. 물리적 환경이 제공하는 시각적, 청각적, 미학적 요인에 따라 여러 감정을 유발할 수 있다는 점이 심미적 체험의 특성이다.

영월 박물관에서는 관람객 스스로가 박물관을 미적 체험 공간으로 인식하도록 박물관 소장품의 심미성을 극대화시켜야 한다. 박물관의 체험 활동은 4가지 체험 유형 중에서 한두 가지 요인에 집중돼 왔다. 하지만 디지털 시대에 접어들어 4가지 체험 유형의 경계가 허물어지면서 모든 체험 영역을 아우르는 체험 활동을 지향하기도 한다. 앞으로 영월 박물관은 다양한 소장품을 바탕으로 방문객의 체험 활동을 극대화할 다양한 기획을 시도해야 한다. 영월 박물관에서 방문객 모두에게 의미 있는 체험의 기회를 두루 제공했을 때 박물관의 가치도 올라갈 것이다.

영월 박물관에서는 [그림 6-10]에 제시한 체험의 4가지 차원을 방문객들에게 모두 제공하는 총체적 체험(holistic experience)을 제공할 수 있는 관광 프로그램을 개발해야 한다. 총체적 체험이란 평범한 전시나 한 가지 체험을 넘어 오락적 체험, 교육적 체험, 일탈적 체험, 심미적 체험 요인들을 모두 묶어 방문객들의 오감을 자극하는 감동적인 체험을 제공하는 심리타점(sweet spot)을 겨냥해야 한다. 총체적 체험 공간은 관람객들에게 방문과 재방문을 유도할 수 있는 아이디어를 바탕으로 체계적으로 기획하고 설계해야 한다. 공간은 용도에 적합한 설비와 소품들로만 채워야 하며 기능에 적합하지 않는 요인은 제거할 필요가 있다.

4. 체험경제 이론에 의한 박물관 활성화

체험 마케팅은 기존의 기업 마케팅과 접근방법이 다르다. 체험 마케팅 연구에 의하면 소비자들은 보통 제품의 혜택이나 가격에 따라 의사 결정을 하지 않고, 자신의 직접 체험을 통해 마음을 움직인다는 것이다.[28] 각 지자체마다 방문객을 유치하기 위해 치열하게 경쟁하는 상황에서 영월 박물관의 차별화 포인트는 방문객의 체험이다. 영월 박물관의 가치를 방문객의 마음에 남기기 위해, 앞에서 살펴본 4가지 체험 요인을 고려해야 하며, 보다 구체적인 실천 방안으로 체험경제 이론을 바탕으로 박물관 체험 프로그램을 기획해야 한다.

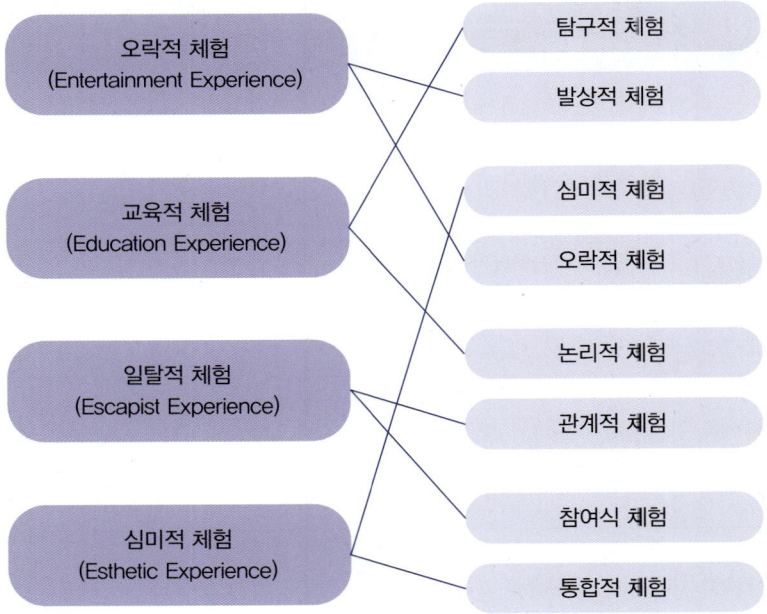

[그림 6-11] **체험 요인과 체험 공간의 기능 관계**

---

28) Schmitt, B. (1999). "Experiential Marketing." *Journal of Marketing Management*, 15(1-3), pp. 53-67.

체험경제 이론을 주창했던 파인과 길모어는 일반 기업에서 자사 제품이 경쟁사와의 가격 전쟁에 휩쓸려 범용화되는 것을 막으려면 제품이나 서비스에 체험의 가치를 더해야 하고, 소비 주체도 기억에 남는 체험을 제공받기를 기대한다고 진단했다.[29] 마찬가지로 영월 박물관에서도 관람객의 감동적인 체험을 창출하는 시공간 환경을 새롭게 기획해야 하며, 다른 지역의 박물관들과 차별화되는 '체험 요인'을 발굴해야 한다. 체험 요인(4Es)과 체험 공간의 기능 관계는 [그림 6-11]에 제시했다.

〈표 6-6〉 영월 박물관에 적용 가능한 체험 요인(4Es)

체험	체험의 유형		영월 박물관의 세부 체험 요인
	특징	영월 박물관의 개선방안	
오락적 체험 (Entertainment)	가장 오래된 체험 형태. 수동적 참여. 다양한 감각기관 활용	박물관의 전시품과 공연 기획 시 오락적 체험 요인 강화. 기념품에도 오락 요인 추가	• 색상과 명암 • 물성의 형태 • 디지털 매체 • 오감 체험
교육적 체험 (Education)	새로운 것을 습득하기 위한 적극적 몰입. 새로운 사회관계	박물관교육자료 강화. 22개 박물관의 특성을 살린 워크숍과 세미나의 주기적 개최	• 박물관별 체험 • 특화 교육 22가지 • 게임 활용 교육 • 오감 느낌 교육
일탈적 체험 (Escapist)	일상에서 벗어나 새로운 세계에 몰입	AR, VR, MR, XR을 통한 박물관 체험. 영월 박물관의 휴식 공간에서 역사문화 체험	• 몰입 체험 • 직접 시행 체험 • 휴게 공간 체험 • 이벤트 체험
심미적 체험 (Esthetic)	물리적 환경에 대한 수동적 해석. 주위 조건, 공간 배치, 기능성, 사인, 인공물	영월 박물관의 미적 요인 발견. 물리적 환경 체험. 역사적 장소 방문해 미적 요인 감상	• 박물관 브랜드 • 박물관 기념품 • 박물관 책자 • 각종 상징 요인

---

29) Pine II, B. J., & Gilmore, J. H. (1998). "Welcome to the Experience Economy." *Harvard Business Review*, 76(4), pp. 97-105.

영월 박물관에서는 앞으로 〈표 6-6〉에 제시한 4가지 체험 요인(4Es)과 전시 공간의 8가지 기능을 연결하는 체험 프로그램을 마련해 사람들이 많이 찾는 박물관으로 자리매김할 수 있도록 과감한 변화를 모색해야 한다. 체험을 공간에 적용할 때는 체험 전시공간의 기능을 탐구적, 발상적, 심미적, 오락적, 논리적, 관계적, 참여적, 통합적 체험이라는 총 8가지의 기능으로 분류할 수 있다.[30]

체험 요인과 연결되는 8가지 기능은 다음과 같다. ① 전시 공간을 직접 체험과 간접 체험을 통해 관찰하고 의식하는 탐구적 체험, ② 판단 능력과 미적 감각을 기르고 관객 스스로 창작 활동을 하며 상상력을 발휘하는 발상적 체험, ③ 전시품에 대해 심미적 접근방법으로 감상하는 심미적 체험, ④ 박물관이 즐거움을 유발하는 체험학습의 공간이 되는 오락적 체험이다. 그리고 ⑤ 현대의 문화예술 문제에 대해 비판적 관점에서 절충안을 찾는 논리적 체험, ⑥ 자료의 이용에 필요한 조언과 설명을 비롯해 관계 기관과의 협력 활동이 필요한 관계적 체험, ⑦ 체험 전시에서는 전시 기획자부터 관람객까지 모두가 각자의 역할을 충실히 해야 한다는 참여식 체험, ⑧ 관람객에게 각종 편의시설을 제공하며 일관된 이미지를 형성한다는 통합적 체험이 필요하다. 이상의 8가지 체험 요인은 영월 박물관에 대한 관람객들의 만족도를 높이는 데 크게 기여할 것이다.

---

[30] 박지윤(2019). "체험 요소(4Es)를 적용시킨 된장박물관 공간기획에 관한 연구." 건국대학교 예술디자인대학원 석사논문. pp. 16-19.

5. 영월 박물관 마케팅을 위한 시사점

박물관 마케팅의 개념을 정의하려면 문화예술 마케팅을 문화예술의 제반 요인을 상품화해서 관람객의 선택을 촉진하고 효과를 극대화하려는 경영 전략의 일환으로 간주하고, 포괄적인 맥락에서 박물관 마케팅에 접근해야 한다. 박물관을 비롯한 문화예술을 표방하는 모든 영역을 고려하면 마케팅의 개념이 오히려 혼란스러워지기 때문에, 박물관의 마케팅 활동에만 국한할 필요도 있다. 결국 박물관의 문화예술 마케팅은 다음과 같이 정의할 수 있다. "문화예술 마케팅이란 문화예술기관이나 단체에서 문화예술 작품의 가치를 제고함으로써 기존 관람객의 구매를 유지하는 동시에 새로운 문화예술의 소비를 창출하고 활성화시키는 일련의 마케팅 활동이다."[31]

영월 박물관 운영의 문제점을 분석한 선행 연구에서는 기존의 문화 정책과 박물관 개념의 재정립, 공감대 형성, 공간의 열악함 개선, 전문 인력과 조직구조의 확충, 인지도와 접근성의 증진, 유인력 높은 전시물의 확충, 서비스 향상, 효과적인 마케팅 시스템의 구축 같은 방안을 마련하기를 권고했다.[32] 지금 시점에서 영월의 22개 박물관을 둘러보면 이전에 권고한 사항들이 적극 반영돼 자랑할 만한 박물관으로 성장했다. 영월 박물관과 관련하여 가장 흥미로운 대목은 '박물관 창조도시로 가는 길' 부분이다. 박물관 창조도시라는 영월의 비전을 담은 마스터플랜을 마련하고, 핵심적인 파일럿 프로젝트를 발견해야 하며, 가장 좋은 실천 사례를 찾아 벤치마킹을 시도하

---

31) 김병희(2020). 『문화예술 마케팅 커뮤니케이션 전략』. 서울: 학지사.
32) 임상오, 이보아, 전영철(2007). 『박물관 창조도시 영월』. 서울: 해남.

고, 자발적인 위기의식을 유발해야 하며, 자체적으로 창조도시라고 주장하지 말라는 뜻이었다.[33] 영월군과 영월 박물관 관계자들은 이런 권고를 가볍게 여기지 않고 그동안 영월 박물관을 발전시키기 위해 노력해 왔다.

영월 박물관은 "어두운 석탄광산(鑛山)에서 빛나는 문화광산(光山)"으로 영월을 바꾸는 데 결정적인 영향을 미칠 수 있다. 영월 박물관을 활성화시킬 마케팅 전략을 시급히 수립해야 하는 이유도 그 때문이다. 박물관 고을 특구 영월을 '문화광산'으로 바꾸려면 박물관다운 박물관이 무엇인지, 영월다운 박물관이 무엇인지, 영월의 구성원 모두가 깊이 숙고해야 한다. 주어진 예산으로 어떻게 효율을 극대화할 것인지, 예산이 많지 않은 상황에서 어떻게 마케팅 활동을 전개해야 기대 이상의 성과를 얻을 것인지, 마케팅 믹스(marketing mix) 전략을 어떻게 구사할 것인지, 이런 문제를 풀어 가는 것이 시급한 당면 과제다. 마케팅 믹스란 마케팅 목표를 극대화하기 위해 마케팅 기획자가 통제 가능한 마케팅 요인을 합리적으로 배합해 주어진 예산의 범위 안에서 최적의 결합을 결정하는 마케팅 수단이나 도구들의 집합이다. 쉽게 말해서, 믹스라는 문자 그대로 마케팅 요인을 어떻게 섞어야 효과를 극대화할 수 있느냐의 문제다.

박물관의 문화예술 마케팅 믹스란 목표하는 문화예술 시장에서 주어진 마케팅 목표를 달성하기 위해 작품(Product), 가격(Price), 장소(Place), 판촉(Promotion), 사람(People), 물적 증거(Physical evidence), 과정(Process), 생산성과 품질(Productivity & quality)이라는 8가지 요인을 전략적으로 운용하는 방법을 결정하는 전략적 과정이

---

33) 임상오, 이보아, 전영철(2007). 『박물관 창조도시 영월』. 서울: 해남.

다. 이때 주어진 예산으로 목표하는 문화예술 시장에서 관람객(관객 또는 관람객)의 욕구와 특성을 파악하여 그에 알맞게 마케팅 믹스 전략을 수립해 마케팅 프로그램을 적극적으로 가동하는 실천 행동이 가장 중요하다. 박물관 마케팅을 위한 문화예술 마케팅 믹스의 8P 요인은 [그림 6-12]에 제시했다. 8P 요인을 주어진 예산의 범위 안에서 선택적으로 활용했을 때, 더 높은 마케팅 효과를 기대할 수 있다. 문화예술 마케팅 믹스의 8P 요인을 보다 구체적으로 살펴보면 다음과 같다.[34]

[그림 6-12] 박물관 마케팅 믹스의 8P 요인

---

34) 김병희(2020). "문화예술 마케팅 믹스의 요인."(pp.63-72.) 『문화예술 마케팅 커뮤니케이션 전략』. 서울: 학지사.

① 유물과 전시품

유물과 전시품(Product)에는 인간의 간절한 바람과 동경이 깃들어 있다. 인류가 무엇을 바라며 살아왔는지 엿볼 수 있는 박물관의 유물은 '인류의 기억'이 집적된 결과물이다. 이때 문화예술 세계의 핵심이 유물과 전시품이며, 유물이 없다면 박물관의 마케팅 활동도 불필요하다. 유물은 관람객들이 기대하는 욕구를 충족시키기 위해 영월 박물관에서 제공하는 유무형의 결과물이다. 마케팅의 맥락에서 유물은 핵심 유물과 전시품, 기대 상품, 확장 상품으로 분류할 수 있으며,[35] 이는 일반적인 기업 마케팅에서 말하는 상품의 개념과는 차이가 있다. 박물관의 유물과 전시품은 관람객의 '관람 경험'을 통해서만 품질을 평가할 수 있기 때문이다. 어느 박물관의 어떤 여건에서 감상하느냐에 따라서도 유물과 전시품에 대한 관람객의 평가가 달라질 수 있다. 따라서 영월 박물관에서는 유물과 전시품의 유무형적 배경을 확인하고 잠재 고객의 기대치를 고려해서 전시품을 선정해야 한다. 관람객들은 유물과 전시품을 감상하며 시간을 소비하는 동시에 유물과 전시품의 가치도 느끼고 경험할 수 있다.

② 가격

가격(Price)이란 박물관의 유물과 전시품에 대한 서비스의 효용 가치를 돈으로 환산한 것이다. 가격은 박물관의 관람 활동에 결정적인 영향을 미친다. 막대한 비용이 투자된 박물관의 유물과 전시품은 예비 관람객이 입장권을 구매해야 운영비의 일부를 보전할 수 있겠

---

[35] Bernstein, J. S. (2014). *Standing Room Only: Marketing Insights for Engaging Performing Arts Audiences*. New York, NY: Palgrave Macmillan.

지만, 공립박물관의 경우에는 세금으로 운영되는 사례가 거의 대부분이기 때문에 입장권 값이 비싼 편은 아니다. 그래도 예비 관람객들은 가격의 수준에 따라 박물관의 방문 여부를 결정할 가능성이 높다. 박물관의 유물과 전시품의 티켓 가격은 전시의 종류는 물론 서비스 품질에 따라 다를 수밖에 없다. 기금, 투자자, 후원사, 협찬사의 확보 여부에 따라서도 가격이 결정된다. 따라서 박물관의 학예연구사와 마케팅 기획자는 예비 관람객들이 지출할 수 있는 가격의 적정선을 결정하는 지혜를 발휘해야 한다.

③ 장소

관람객들이 박물관의 유물과 전시품과 만나는 모든 접촉점을 장소(Place; 유통 경로)라고 한다. 장소가 얼마나 편리한지에 따라 어떤 박물관의 유물과 전시품의 공연이나 전시에 대한 소비자의 반응도 달라지고 수익의 규모도 달라진다. 일반 마케팅에서의 유통과 박물관 마케팅에서의 유통은 본질적으로 차이가 있다. 박물관의 전시 공간은 관람객에게 박물관의 유물과 전시품에 접근하도록 하는 공간적 장소지만, 유물과 전시품의 공급자인 영월 박물관의 입장에서는 관람객에게 유물과 전시품을 선보이는 유통 경로이다. 박물관의 유물과 전시품은 관객이나 관람객의 접촉 경험을 통해 유물과 전시품의 감상이라는 정서적 교류(유통)가 이루어진다.

④ 촉진

촉진(Promotion)이란 관람객들에게 박물관의 유물과 전시품을 관람하도록 유도하는 마케팅 커뮤니케이션 활동 전반을 의미한다. 대표적인 촉진 수단은 인적 판매, 광고, PR(홍보), 판매 촉진, 입소문의 5가지이다. 이 5가지 촉진 수단을 간략히 살펴보자. 인적 판매(personal selling)란 박물관 관계자가 예비 관람객과 직접 접촉해서 박물관의 유물과 전시품을 감상하도록 권유하는 설득 커뮤니케이션 활동이다. 광고는 영월 박물관에서 미디어를 활용해 유물과 전시품의 내용을 전달하는 유료의 커뮤니케이션 활동이다. 광고가 유료라면 PR(홍보)은 무료 커뮤니케이션 활동이다. 판매 촉진(sales promotion)은 쿠폰과 프리미엄 할인 같은 인센티브를 제공해 박물관을 찾아오라고 권고하는 수단이다. 입소문은 모든 판매 촉진 활동을 합했을 때보다 더 큰 영향을 미치는 경우도 있다. 영월 박물관의 촉진 활동에는 직접우편(DM), 이메일(e-mail), 소셜미디어(SNS), 스폰서십(sponsorship), 콜라보레이션(collaboration) 같은 다양한 수단을 활용할 수 있다.

⑤ 사람

영월 박물관의 유물과 전시품은 전시와 소비가 동시에 이루어지므로, 소비 과정에서 만나는 박물관 직원(People)의 태도나 직원과 관람객의 상호작용 여부에 따라 유물과 전시품에 대한 관람객의 만족도가 크게 달라진다. 따라서 영월 박물관의 마케팅 커뮤니케이션 활동에 있어서 박물관의 유물과 전시품을 선택하는 안목도 중요하지만 내부 직원들의 서비스 태도도 유물과 전시품의 선택 못지않게 중요할 수밖에 없다. 훌륭한 교육 프로그램은 직원들의 능력을 극대화시킨다. 좋은 교육 훈련을 받은 직원들은 관람객에게 감동적인 서비스를 제공할 가능성이 높다. 합리적인 인사 관리와 훌륭한 교육 프로그램으로 서비스 품질을 높이면 관람객에 대한 서비스도 저절로 좋아지게 마련이다. 방문객이 영월 박물관에서 직원들의 서비스를 어떻게 느끼느냐에 따라 재방문 여부도 달라진다. 따라서 영월 박물관에서는 유물과 전시품을 관리하는 학예연구사, 내부의 인적 자원(직원과 경영진), 자원 봉사자, 관람객들과 접촉하는 직원들에게 더 많은 관심을 기울여야 한다.

⑥ 물적 증거

물적 증거(Physical evidence)란 박물관의 유물과 전시품과 서비스가 전달되어 박물관과 관람객이 상호작용할 수 있는 물리적 업무 환경을 의미한다. 영월 박물관의 관점에서 보면 유물과 전시품의 생산 및 판매가 이루어지는 환경이자 서비스를 전달하는 기관의 유형적 요인이다. 물적 증거에는 물리적 환경과 기타 유형적 요인이 있다. 물리적 환경은 박물관의 외관, 간판, 안내 표지판, 주차 시설, 주변 여건 같은 외부 환경을 비롯해 실내 장식, 실내 표지판, 인테리어,

[그림 6-13] 영월아프리카미술박물관의 안내 표지판 ⓒ김병희

조명, 색상, 가구, 시설물, 환기 시설, 온도조절 설비 같은 내부 환경이 있다. 기타 유형적 요인에는 박물관 직원의 용모, 유니폼, 프로그램 리플릿, 메모지, 티켓, 영수증 따위가 있다.

⑦ 과정

영월 박물관의 마케팅에 있어서 과정(Process)이란 유물과 전시품을 관리하고 전시하는 동안에 관람객의 만족도를 높이기 위해 서비스를 제공하는 일련의 흐름이다. 관람객이 어떤 기획전을 보려고 하면 정보 탐색, 입장권 예매, 박물관 방문, 입장권 구입, 팸플릿 검토, 기획전 관람, 관람 후의 귀가 같은 과정을 거치게 된다. 이 과정을 어떻게 관리하느냐에 따라 관람객의 만족도가 달라지기 때문에, 영월 박물관의 서비스 품질에 감동을 느낄 수 있도록 박물관 서비스의 전체 과정을 관리해야 한다.[36] 관람객들 사이에서 서비스 품질에 대해 더 좋은 평판을 얻으려면 영월 박물관의 특성이나 여건에 알맞은 서비스 시스템을 개발해서 전시회나 기획전에 활용해야 한다.

⑧ 생산성과 품질

생산성과 품질(Productivity & quality)은 서로 뗄 수 없는 불가분의 관계를 가지며 항상 연계되기 마련이다.[37] 제조업이나 기업에서는 '생산성'이라는 말을 쓰지만 박물관을 비롯한 문화예술 분야에서는 생산성과 성과성이라는 용어를 동시에 사용해도 무방하다. 생산

---

[36] Booms, B. H., & Bitner, M. J. (1981). Marketing Strategies and Organizational Structures for Service Firms. Donnelly, J. H., & George, W. R. (Eds.). *Marketing of Services*. American Marketing Association, pp. 47-51.

[37] Zeithaml, V. A., Bitner, M. J., & Gremler, D. D. (2012). *Services Marketing: Integrating Customer Focus Across the Firm* (6th ed.). New York, NY: McGraw-Hill · Irwin.

성이란 영월 박물관의 운영 성과를 높이기 위한 마케팅 믹스 요인이며, 영월 박물관의 서비스 품질과 연계되기 마련이다. 영월 박물관의 학예연구사를 비롯한 기획자는 어떤 유물에 대한 기획전이나 전시회를 기획할 때 입장권 구매 전, 구매 도중, 입장권 구매 후의 모든 과정에서 관람객의 기대치를 정밀하게 고려해 기획의 성과를 높여야 한다. 그렇지만 지나치게 성과를 높이는 데만 치중하다 보면 중요한 요인인 서비스 품질(service quality)을 놓칠 수도 있다는 사실을 잊어서는 안 된다.

제7장

인구소멸 시대를 넘어서는 생활인구

1. 인구소멸 시대에 문화관광의 기능

　2023년 3월, 한국고용정보원은 대한민국 인구소멸(population extinction) 위험 지역 118곳을 고시하였다.[1] 우리나라 전체 228개 시군구의 52%를 차지하는 이 수치는 앞으로 지역 소멸 문제가 얼마나 심각한지를 체감하기에 충분한 발표였다. 인구소멸 위험지역에 대한 정의는 "대한민국 행정구역 중 원주민 및 거주자가 감소하여 인구가 소멸되어 사실상 지역 자체가 사라질 수 있는 지역"을 말한다. 결국 시간이 흐를수록 인구가 유입되기보다 유출되기 때문에 지역의 경제와 사회적 시스템이 붕괴되고, 지역 자체가 사라지기 때문에 인구소멸 문제는 심각한 사회 현상으로 떠올랐다.

　현재 우리나라의 지방자치단체에서는 인구 유입을 의한 다양한 정책으로 출산과 지역 창업 및 교육을 비롯한 여러 지원책을 시행하고 있지만, 근본 원인인 출생률의 저하 때문에 정책의 성과를 가시적으로 보여 주지 못했다. 정주인구를 늘리기가 현실적으로 불가능한 일이기 때문에, 지방자치단체에서는 결국 지역 경제의 활성화에 기여할 수 있는 '관계인구(關係人口)'의 개념에 주목했으며, 인구를 유입할 수 있는 방법과 경로를 다각도로 모색했다. 2014년 5월, 보고서 하나가 일본 열도를 충격에 빠뜨렸다. 마스다 히로야(增田寬也) 전 총무상이 이끄는 일본창성회의(日本創成會議)[2]가 발표한 『마스

---

1) 이상호, 이나경(2023). "지방소멸위험 지역의 최근 현황과 특징." 지역산업과고용, 7, pp. 112-119.
2) 일본창성회의(日本創成會議, Japan Policy Council)는 일본생산성본부가 2011년 5월에 발족한 민간 회의체다. 동일본 대지진으로부터의 부흥과 동북 지방의 창생을 일본 창생의 계기로 삼자는 취지에서 발족했다.

다 보고서』(2014)에서는 2014년 시점에서 일본의 인구 감소 추세를 반영한다면 2040년까지 일본의 절반인 896개의 지방자치단체가 사라진다는 '마스다 리스트'를 발표함으로써 일본 사회에 암울한 경고 메시지를 던졌다. 이 보고서에서는 도쿄로 집중되는 극점 사회는 결국 인구의 블랙홀이 되어 인구 급감으로 이어질 것이라는 과감한 도식을 제시하며 인구문제에 대한 사회적인 관심을 촉구했다. 이때 일본 정부의 인구 정책 용어의 하나였던 관계인구라는 개념이 집중 조명을 받았다.

일본에서 제시된 관계인구의 개념은 이주해서 정착한 정주인구(定住人口)에 비해 관계가 약하고, 관광을 위해 방문한 교류인구(交流人口)에 비해서는 관계가 강한, 특정 지역과 다양하게 관계를 맺고 있는 사람들을 일컫는 용어다.[3] 특정 지역을 응원하고 싶은 사람에게 해당 지역과의 관계를 심화시키고, 고향(ふるさと)에 마음을 쓰는 외지인과 지역이 관계를 계속 유지하게 함으로써, 외지인이 해당 지역으로 이주하도록 유도할 목적으로 만든 개념이 관계인구라는 용어다. 관계인구의 개념에는 새로운 인구가 지방으로 유입되도록 촉진하려는 목적이 담겨 있다. 일본 정부는 2018년에 관계인구를 정식 과제로 선정하고 관계인구의 확산에 집중하는 지방자치단체를 2020년부터 1,000여 곳으로 확대했다. 일본 정부가 제2기 지방창생 전략(2020~2024)의 일환으로, 관계인구의 창조와 확대를 추진한다는 인구 정책을 2019년에 도입한 이후 지자체마다 관계인구의 창출 사업에 적극적으로 나섰다.[4] 일본 총무성은 관계인구를 확대하기

---

3) 일본 총무성(2024). "関係人口." https://www.soumu.go.jp/kankeijinkou/about/index.html
4) 서영아(2021. 12. 5.). "지역과 유대 맺는 관계인구 창출: 고향 납세로 재정파탄 예방." 동아일보.

위해 2018년부터 연간 약 15억 엔 규모의 특별교부세로 지방자치단체의 관계인구 창출 사업을 지원해 왔다. 특별교부세는 해당 지역으로 이주를 희망하는 사람에 대한 정보 제공과 상담, 사전 이주 체험, 이주자의 정주와 정착을 위한 지원 등에 사용돼 왔다.[5]

우리나라에서도 지역의 인구 소멸을 방지하기 위한 대응 전략의 하나로 일본 정부에서 제시한 '관계인구'의 개념이 폭넓은 지지를 받고 있다. 우리나라에서도 관계인구는 "살고 있는 사람이나 잠깐 들르는 사람 사이의 모든 인구층"을 포함한 정주인구와 교류인구의 중간 개념으로 인식되고 있으며,[6] 특정 지역에 완전히 이주하거나 정착하지는 않았지만 정기적 또는 비정기적으로 지역을 방문하면서 관계를 지속적으로 유지하는 사람을 의미한다. 지역에 체류하지 않는 사람까지도 범주에 포함되는 관계인구는 특정 지역에 관심을 갖고 관계를 유지하는 외지인에 해당되며, 지역에 거주하는 사람과 체류하는 사람까지를 인구로 보는 생활인구보다 넓은 개념이다. 2023년의 조사에서는 좁은 의미의 관계인구가 도시민의 19.3%, 넓은 의미의 관계인구가 도시민의 35.3%를 차지하는 것으로 추정됐다. 다수의 응답자가 농촌을 계속 방문하거나 활동을 유지하고 확대할 의향을 가지고 있어 관계인구의 저변은 앞으로 계속 확대될 것으로 전망할 수 있다.[7]

이런 상황에서 지역 관광이 활성화되면 인구소멸 시대에 관계인구의 증가에 도움이 될 것이라는 주장이 폭넓은 지지를 얻었다.

---

5) 하혜영, 류영아(2022. 11. 17.). "새로운 인구개념인 생활인구의 의미와 향후 과제." 이슈와 논점. 2013, 국회입법조사처. pp. 1-4.
6) 박승현(2017). "지방소멸과 지방창생: 재후(災後)의 관점에서 본 마스다 코고서." 일본비평, 16, pp. 158-183.
7) 송미령(2023. 6. 13.). "관계인구가 온다." 농수축산신문.

1990년대에 개념이 처음 제시된 지역기반 관광(Community-Based Tourism: CBT)은 인구 소멸 현상을 극복하자는 취지에서 제기된 관광학적 개념이다. 지역기반 관광(CBT)은 지역의 빈곤을 제거하고 지역 경제를 활성화하자는 취지에서 제시된 개념인데, 대중 관광(mass tourism)으로 인해 유발되는 지역 내의 부정적인 영향(고유문화 파괴, 범죄 증가, 자연환경 파괴 등)을 최소화하고 긍정적인 영향(소득 증가, 지역 시설 인프라 발전, 일자리 창출 등)을 극대화할 수 있다는 기대 효과가 있었다. 결국 지역기반 관광은 인구소멸 시대에 지역 경제를 활성화할 수 있는데 정주인구를 늘리고 관광을 통해 관계인구를 유인하는 현실적인 방안의 하나이자,[8] 생활인구를 늘리는 데도 기여할 것이다.

최근에는 지역기반 관광의 개념이 지역 주민의 소득 증대와 일자리 창출은 물론 지역의 세수 확보 문제라는 경제적 목적을 넘어서, 환경 보존을 통한 지역 발전이나 주민이 참여하는 거버넌스를 통해 지역의 지속가능한 발전을 모색해야 한다는 방향으로 확장되었다.[9] 한 마디로 정의하기 어렵겠지만 여러 논의를 종합하면, 지역기반 관광이란 "지속적인 지역 발전을 목적으로 지역 주민이 주도적으로 참여하고, 지역 주민이 의사결정에 통제력을 가지며, 관광 개발의 혜택이 지역 주민에게 돌아가는 것을 원칙으로 삼는 관광"이라고 정의할 수 있다. 처음에는 농촌, 어촌, 도서 지역을 발전을 위해 제시된 지역기반 관광이 이제는 그 개념을 확장시켜 인구소멸에 따른 지방

---

8) 서헌(2023). "인구소멸과 지역기반 관광(CBT)에 관한 고찰." 호텔리조트연구, 22(5), pp. 95-109.

9) Mtapuri, O., & Giampiccoli, A. (2019). "Tourism, community-based tourism and ecotourism: A definitional problematic." *South African Geographical Journal, 101*(1), pp. 22-35.

소멸 문제에 대응하는 현실적인 방법으로 떠올랐다.

　최근에 주목받고 있는 워케이션(workation)도 지역기반 관광의 대표적 사례이다. 워케이션은 업무와 휴가를 결합한 근무 형태로 재택근무의 효과를 인정한 기업에서 직원들이 일과 휴가를 동시에 즐길 수 있는 장소에서 장기 체류하게 하는 직원 복지 제도의 일종이다.[10] 만약 어떤 기업에서 영월 지역에서 워케이션을 하는 직원들을 상시적으로 파견하고 워케이션 사례가 여러 기업으로 확산된다면, 영월의 관계인구를 늘리는 결과를 기대할 수 있다. 결국 워케이션은 지방소멸을 막는 중요한 수단으로 활용될 수 있기 때문에 영월에서도 더 적극적으로 관심을 가져야 한다. 그러나 지역기반 관광을 추진하면서 자본과 역량이 부족하거나 해당 지역만이 가질 수 있는 독특한 지역 아이템이나 역사문화 유산이 없다면 성공하기 어려운 '깨지기 쉬운 유리잔'이 될 수 있다고 우려하는 목소리가 있는 것도 사실이다.

　영월에서 지역기반 관광을 추진하면서 협력적 거버넌스를 구축하는 것은 무엇보다 중요하다. 협력적 거버넌스란 협력의 가치를 지향하면서 여러 구성원들과 함께 참여하는 지배구조의 유형이다. 궁극적으로 주민들의 참여 의지를 높이고, 재무적 이해 충돌 문제를 상당 부분 해결하는 문제가 중요하다. 협력적 거버넌스를 확고히 구축하려면 참여 주체 간의 신뢰 관계를 지속적으로 형성하고 유지하고 발전시키려는 노력이 필요하다. 결국 지역기반 관광을 성공적으로 운영하려면 참여 주체(주민, 지자체, 사업체 등)의 원활한 의사소통과 협력이 무엇보다 중요하며, 이는 영월의 지역기반 관광(CBT)에

---

10) 조한나, 김영미(2022). "워케이션을 통한 지방소멸 대응방안 연구: 전라남도를 중심으로."
　　Journal of Convergence Tourism Contents, 8(3), pp. 75-90.

서도 마찬가지다.

　인구소멸 시대에 일본 세토내예술제의 사례 연구를 바탕으로 문화 관광을 통해 섬의 재생 방안을 규명한 연구는 흥미롭다. 일본은 물론 한국에서도 섬과 지역에서 인구가 급감하고 있는 상황에서, 일본 세토내의 시각예술 축제 사례를 한국의 도서 지역에 도입할 수 있는지 그 가능성을 탐색한 연구 결과는 영월은 물론 한국의 지역 관광에도 많은 시사점을 환기했다.[11] 유휴 공간을 활용한 지역 재생에 문화예술을 활용하고, 시대와 장소는 물론 장르와 세대를 초월해 교류를 확대하고, 창의적인 젊은이들을 지역으로 유인할 방안을 마련하고, 지역 주민과의 협력을 통해 지역 활성화를 유도하고, 농수산물과 숙박을 비롯한 인적 서비스와 물적 서비스를 제공함으로써 지역 주민의 소득을 증대해야 한다는 것이 연구자가 제시한 현실적인 지역 재생 방안이었다.

　영월군은 예로부터 백두대간 태백산과 소백산, 치악산에 가로막혀 산간벽지 중의 벽지로 알려져 왔다. 우리나라의 대표적 예언서인 『정감록』에서는 영월에 대해 사람들이 생명을 길하게 보존할 비밀스러운 장소로 기술했다. 영월 10경은 인구소멸 시대에 영월 관광을 활성화시키는 결정적 기반이다. 1경 장릉(유네스코 세계유산 등재, 사적 제196호), 2경 청령포(국가지정 명승 제50호), 3경 별마로천문대와 천문과학교육관, 4경 김삿갓유적지, 5경 고씨굴(천연기념물 제219호), 6경 선돌(국가지정 명승 제76호), 7경 동강 어라연(국가지정 명승 제14호), 8경 한반도지형(국가지정 명승 제75호), 9경 법흥사, 10경 요선암과 요선정을 돌아보면 역사와 문화가 어우러진 영월의 아름다

---

11) 전영철(2022). "인구소멸 시대 문화관광을 통한 섬 재생방안에 관한 연구: 일본 세토내예술제를 중심으로." 한국도서연구, 34(2), pp. 57-76.

움을 한껏 느낄 수 있다.

　문화예술 축제는 영월군민과 관광객이 융합하는 지역밀착형 관광 영역을 확장할 수 있다. 창조적인 아이디어가 많은 젊은 예술가들을 영월에 유입시키면 영월군의 문화 자산을 확산하는 동시에 활력을 가져올 수 있으니, 일본 세토내예술제의 사례는 영월 관광에서도 벤치마킹할 만한 사례다. 세토내예술제의 사례를 참고해 인구소멸 시대에 영월 관광이 나아갈 방향도 모색해 볼 수 있다. 즉, 영월의 문화예술 콘텐츠를 바탕으로 영월의 주민들이 주도적으로 참여하는 문화예술 프로그램을 개발해 영월의 구성원들 간의 유대감과 연대 의식을 높이고, 영월군의 역사문화 자원을 자연환경 자원과 연계하는 관광 상품을 적극적으로 개발하고, 자원 봉사자를 육성해 서비스를 강화할 구체적인 실행 방안을 마련해야 한다. 그리고 누구나 쉽게 참여할 수 있는 생활 관광 프로그램을 가동해야 하며, 지역적 관점을 넘어 세계적 관점에서 영월 관광의 미래를 준비하는 글로벌 시각을 해를 거듭할수록 강화시켜 나가야 한다.

2. 생활인구를 확대하는 영월의 문화관광

　생활인구는 주민등록인구 및 외국인등록인구 외에 지역에 체류하는 인구까지 포함하는 개념이다. 생활인구는 인구의 이동성까지 반영한 것으로, 향후 실제 행정수요를 반영한 공공서비스 공급 등의 효과가 있을 것으로 기대된다. 지금까지는 주민등록상의 등록인구를 기준으로 인구의 양적 확대에 초점을 맞추어 왔지만, 앞으로는 인구의 이동성을 반영할 수 있는 인구관리 정책이 필요하다는 지적이 있었다. 인구의 개념을 보다 구체적으로 설명하면 등록인구(登錄人口)는 주민등록을 한 인구이고, 상주인구(常住人口)는 한 지역에 주소를 두고 늘 거주하는 인구이다. 그리고 체류인구(滯留人口)는 객지에 가서 머무르는 인구이며, 유동인구(流動人口)는 일정 기간 동안에 한 지역을 오가는 사람이다.

인구의 이동성을 반영하여 2022년 6월 10일에 제정되어 2023년 1월 1일부터 시행된 「인구감소지역 지원 특별법」에 따라 '생활인구'라는 새로운 인구 개념이 도입되었다. 생활인구란 특정 지역에 거주하거나 체류하면서 생활을 영위하는 사람이다. 보다 구체적으로, ①「주민등록법」제6조 제1항[12]에 따라 주민으로 등록한 사람, ② 통근·통학·관광·휴양·업무·정기적 교류 등의 목적으로 특정 지역을 방문하여 체류하는 사람으로서 대통령령으로 정하는 요건에 해당하는 사람, ③ 외국인 중 대통령령으로 정하는 요건에 해당하는 사람을 말한다(동법 제2조 제2호).

여기에서 생활인구에 포함되는 '체류하는 자'와 '외국인'에 대한 기준은 대통령령으로 정하기로 했는데, 정부는 「인구감소지역 지원 특별법 시행령」을 마련했다. 이 시행령에 따르면, 생활인구에 포함되는 외국인은 「출입국관리법」에 따라 외국인 등록을 한 사람을 의미했다. 체류하는 자는 주민등록지가 아닌 지역에 소재한 직장에 근무하는 경우, 학교에 다니는 경우, 관광·휴양지를 방문하여 체류하는 경우 등 행정안전부장관이 정하는 경우를 말한다(시행령 제2조 제1항, 제2항).[13]

---

12) 제6조(대상자) ① 시장·군수 또는 구청장은 30일 이상 거주할 목적으로 그 관할 구역에 주소나 거소(이하 "거주지"라 한다)를 가진 다음 각 호의 사람(이하 "주민"이라 한다)을 이 법의 규정에 따라 등록하여야 한다. 다만, 외국인은 예외로 한다.

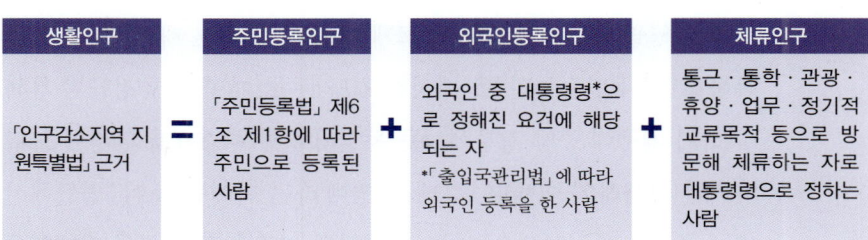

[그림 7-1] 생활인구의 구성

생활인구와 관련되는 해외 주요국의 유사 사례는 일본의 관계인구(關係人口), 거주지로 등록된 지역과 실제 생활공간이 다른 인구를 관리할 목적으로 주 거주지와 부 거주지를 동시에 생활의 기준점으로 판단하는 정책을 시행하고 있는 독일의 복수 주소제가 대표적이다. 일본의 관계인구와 우리나라의 생활인구는 개념적으로 상당한 차이가 있지만 영월군에서는 일본의 관계인구 사례를 참고하여, 생활인구를 기존의 고향사랑기부금 제도를 활성화하는 방안으로 활용할 수 있을 것이다. 즉, 영월의 생활인구에게 직장, 학교, 관광, 휴양지 체류 같은 목적으로 생활하는 지역에 해당하는 영월에 고향사랑기부금을 납부하도록 유도하는 것이다.

또한 독일의 복수 주소제는 우리나라의 생활인구와 직접 관련되는 접점이 많지 않지만, 단수(單數) 주소제를 채택하고 있는 우리나라에서 장기적으로 검토해 볼 만한 이슈이다.[14] 특히 영월군에서는 등록 주소와 실제 생활공간이 상이한 인구를 관리할 목적으로 가칭 '영월 명예 주소제'라는 이름으로, 이른바 명예시민 같은 정책을 시

---

13) 하혜영, 류영아(2022. 11. 17.). "새로운 인구개념인 생활인구의 의미와 향후 과제." 이슈와 논점, 2013, 국회입법조사처. pp. 1-4.
14) 하혜영, 류영아(2022. 11. 17.). "새로운 인구개념인 생활인구의 의미와 향후 과제." 이슈와 논점, 2013, 국회입법조사처. pp. 1-4.

행하면 영월 관광의 활성화에 크게 기여할 것이다. 제2의 주소를 등록하려면 「주민등록법」을 개정해 제2의 주소에 관한 규정을 추가해야 하기 때문에 중앙 정부에서는 독일의 복수 주소제를 당장에 도입하거나 시행하기 어렵다. 그래서 '명예'라는 단어를 붙여 "영월에서 명예 주소를 마련하세요" 같은 영월 관광 진흥을 위한 공공 캠페인을 전재하면서 '영월형 복수 주소제'를 시도해 보자는 취지다.

문화도시영월은 인구소멸 문제를 '생활(관계)인구'와 '고향사랑기부제'라는 정책과 연결해 문화적 방법으로 '관계의 확장'을 제시했다. 영월군은 인구가 3만 8천 명 선까지 떨어진 지역소멸 대응형 문화도시 모델로 정주인구의 확대보다 생활인구(관계·교류·체류인구) 유입을 통해 인구문제를 해결하고, 고향사랑기부제를 적극적으로 활용해 지역 경제 활성화를 모색하고 있다. 또한 생활(관계)인구의 확대를 위해 방문객을 대상으로 '영월여행시민'이라는 개념을 도입해 환대의 문화도시를 조성하고 있다.

2024년 3월에는 문화체육관광부와 한국관광공사가 추진하는 지역 주민주도형 관광조직 DMO 사업으로 달달영월DMO가 선정되었는데 가장 주안점을 두는 사업도 영월여행시민이다. 영월의 관계인구 캠페인 '영월여행시민행동'은 영월과 영월 문화를 사랑하는 생활(관계) 인구 확장을 위한 운동이다. 생활(관계)인구를 활용한 영월 문화도시 중장기 발전계획 연구, 생활(관계)인구 극대화를 위한 사업 및 프로그램 운영, 생활인구 확대를 위한 프로그램 활성화 및 홍보·마케팅을 진행하는 것이다. 2023년의 결과를 바탕으로 2024년 1월 12일에는 '영월여행시민 실천수칙'을 선포했다. 영월여행시민 실천수칙은 다음과 같다.

- 영월에서는 수상활동 중에 수질관리와 물 절약에 참여한다.
- 영월의 사람과 자연을 존중하고, 진정으로 학습하는 자세로 여행한다.
- 여행하는 영월에서 공정한 가격을 지불하고 현지 소비를 추구한다.
- 탄소를 배출하지 않는 자전거, 걷기 여행을 추구하고 대중교통 이용을 추구한다.
- 자원을 절약하기 위해 각종 인쇄된 예약확인서, 입장권 인쇄 등을 줄인다.
- 사진도시 영월에서 사진을 찍고 찍히는 관계에서 좋은 공동 작업으로 인식하고 사진 에티켓을 추구한다.

3. 문화관광 생태계를 구축하기 위하여

생활인구가 지방소멸의 대응 방안으로 제대로 기능할 수 있게 하려면 영월에 방문하는 체류인구가 영월과 지속해서 관계를 맺고, 이주해 정착할 수 있는 다양한 방안을 모색하는 노력이 계속되어야 한다. 앞으로 영월에서는 단기 체류, 자원봉사 활동, 정기 방문 같은 형태의 관계인구는 물론 생활인구를 늘릴 수 있는 정책 아이디어를 적극적으로 발굴해야 한다. 생활인구를 늘리는 방안과 관련하여 영월군에서 준비해야 할 앞으로의 과제는 크게 3가지로 정리할 수 있다.

첫째, 영월군에서는 생활인구의 명확한 선정 기준과 측정 방식을 마련해야 한다. 인구감소 지역을 지원하기 위해 도입된 생활인구의 개념을 제대로 적용하려면 객관적이고 명확한 선정 기준과 측정방식을 마련하는 것이 선결 과제이다. 2023년 1월부터 도입된 생활인구의 범주에는 주민등록인구와 외국인등록인구 외에도 직장, 학교, 관광, 휴양지 같은 체류인구도 포함된다. 따라서 영월군에서는 앞으로 영월형 생활인구 정책을 시행하려면 먼저 영월형 생활인구에 대한 개념을 구체적으로 정의해야 하고 객관적인 측정 대상과 과학적인 측정 방식을 마련해야 한다.

둘째, 영월군에서는 생활인구의 합리적인 활용 방안을 기획해야 한다. 앞으로 생활인구 정책이 인구 감소 문제를 해소하고 지방소멸의 위기를 극복하는 데 기여하는 인구 정책으로 작동하려면, 영월군에서는 생활인구를 활용할 분야와 실질적인 활용 방안에 대한 체계적인 계획을 수립한 다음에 정책을 실행해야 한다. 영월군에서 정립한 영월형 생활인구의 개념이 중앙정부의 재정 지원을 받는 근거로 활용할 실무적 아이디어도 준비해야 한다. 나아가 생활인구 정책을 관광객 유치 정책과 연계해 시너지 효과를 창출할 방안도 준비해야 한다.

셋째, 영월군에서는 외국인 인구를 확대하고 정착시킬 인구 정책과 구체적인 제도를 마련해야 한다. 생활인구에는 외국인 등록인구도 포함된다. 영월군에서는 외국인 인구를 확대하고 정착시킬 수 있는 매력적인 정책 개발에 박차를 가해야 한다. 그 방법의 하나로 '영월 특화형 비자' 사업을 실시하는 방안을 검토하기를 권고한다. 영월을 비롯한 전국의 여러 지자체에서 적용할 수 있도록 중앙 정부에서 기획한 '지역특화형 비자'는 지역의 특성과 기대를 반영하는 외국인을 위한 비자이다. 지역 인재를 확보하고 국가의 균형 발전을 모색하기 위해 도입된 제도이기 때문에, 앞으로 영월의 문화관광 생태계를 활성화하려면 외국인 유학생, 근로자, 다문화 가족, 외국인 장기 관광객을 위한 외국인 맞춤형의 생활인구 정책을 마련해야 한다.

영월의 문화관광 생태계의 구축과 관련하여 가장 중요한 문제는 영월 10경을 잘 지키고 보전하는 데 있다. 영월의 동강을 개발 논리로부터 지켜 낸 사례를 통해 영월의 문화관광 생태계를 보전하려는 노력이 얼마나 중요한지 살펴보자.

동강의 두 선물인 동강할미꽃과 노루궁뎅이버섯이 영영 사라질 뻔한 일이 있었다. 노태우 정부 시절이던 1990년 9월에 한강 유역에서 400~500mm의 폭우가 쏟아져 126명이 사망했고 18만 명의 이재민이 발생했다. 그러자 정부는 충주댐 상류의 70km 지점인 강원도 영월읍 거운리에 높이 98m, 길이 325m, 저수용량 7억 톤 규모의 댐을 동강을 가로질러 건설하겠다고 발표했다.

김영삼 정부 4년 차이던 1996년 2월에 건설교통부가 댐 건설의 기본 계획을 발표하자 찬반 논쟁이 치열하게 전개됐다. 환경 진영에서는 댐을 건설하면 동강의 생태계가 파괴되고 지하 동굴이 많은 석회암 지대에 댐을 만들면 암반이 무너진다며 반대했지만, 정부는 환경 진영의 논리를 반박하며 댐 건설을 고집했다. 10년 동안이나 논란과 갈등을 반복하다가, 김대중 대통령이 2000년 6월 5일 세계 환경의 날에 '새천년 국가환경 비전'을 발표하며 동강댐 백지화를 선언함으로써 동강댐 건설 논란에 마침표를 찍었다.

정치 지도자의 단호한 결심이 동강댐 건설 논의를 백지화시켰지만, 반대 여론을 결정적으로 결집시킨 데는 소설가 정찬을 비롯한 문인 8명의 공동 작품집인 『동강의 노루궁뎅이』

[그림 7-2] 베틀북의 『동강의 노루궁뎅이』(1999) 표지

(베틀북, 1999)도 상당한 영향을 미쳤다. 동강 유역에 서식하는 버섯 이름인 노루궁뎅이에서 제목을 따온 이 책에는 시인 6명(신경림, 이하석, 정호승, 최승호, 신현림, 김하돈)과 소설가 2명(정찬, 최성각)이 동강을 주제로 쓴 시와 소설 및 기행문을 합쳐 13편의 작품이 수록돼 있다. 시는 신경림의 「흘러라 동강, 이 땅의 힘이 되어서」, 이하석의 「동강」 「동강2」 「동강3」 「동강댐 막으면」 「동강 아리랑」 「강」, 정호승의 「비오리의 편지」, 신현림의 「동강을 그냥 놔두세요」, 최승호의 「이것은 죽음의 목록이 아니다」의 10편이 담겨 있다. 소설은 정찬의 「깊은 강」과 최성각의 「동강은 황새여울을 안고 흐른다」의 2편이, 산문은 김하돈의 「동강대란(東江大亂), 1999년, 봄」이 수록돼 있다. 소설가 정찬은 동강댐 건설 문제가 불거지기 이전인 1996년에 「깊은 강」을 발표했기에 동강 문학의 물꼬를 텄다고 할 수 있다. 개별 작품 속으로 들어가 보자.

"저 아름다운 비술나무와 돌단풍산이/ 팔과 다리를 움츠리고 죽어가게 해서는 안 된다/ 산마루에 우뚝 솟은 소나무와 굴참나무들이/ 독한 냄새에 콜록콜록 기침을 하게 해서는 안 된다/ 천년 우리의 땀과 눈물이 밴 우물가와 방앗간 터가/ 돌이킬 길 없는 죽음과 어둠에 묻히면 다시는/ 황조롱이도 비오리도 찾아와 날지 않으리라/ 고여 썩는 물속에서 숨을 헐떡거리며/ 우리에게 보낼 어름치와 묵납자루의/ 원망스런 눈길이 보이지 않느냐 (…후략…)" -신경림의 시 「흘러라 동강, 이 땅의 힘이 되어서」 부분-

"이 모든 것이 왜 없어져야 하나./ 엄청난 힘에 눌려 물 아래 저 용궁 아래,/ 곧 검어져서 밑이 안 보일 용궁도 아닌 저 아래/ 파묻혀 입 닫아야 하나./ 다목적의 댐 아래/ 너무 많은 목적들 수장되고/ 마침내 모든 이 죽일/ 재앙의 물만 그득하리라./ (…중략…) 섭새마을부터 정선까지/ 길이 없으리라. 도리(道理) 없으리라./ 우선, 만지동이 잠기면/ 만지동 사람 목이 잠겨/ 아리랑 가락 나오지 않으리라." -이하석의 시 「동강댐 막으면」 일부-

"도둑놈풀의 마음 속에는/ 도둑의 마음이 없습니다/ 비오리의 마음 속에도/ 사람을 훔칠 마음이 없습니다/ 우리가 진정 가난하다는 건/ 함께 사랑하고/ 위로하지 못한다는 것/ 오늘의 동강의 달 하나/ 아리랑을 부르며 떠있습니다/ 하늘에서 새들이 사라지도록/ 아리랑을 부르며/ 천 개의 강물 위로 흘러갑니다" -정호승의 시 「비오리의 편지」 전문-

"물이 흐를 때는 자정되지만 고이면 썩는다는 것을 그들은 왜 묵살할까. 그리고 우리나라의 홍수는 댐이 부족해서가 아니라 배수시설 관리 문제, 부실시공, 불성실 등에 기인하는 인재라는 것을 왜 인정하지 않을까. (…중략…) 나라 돈을 마구 쓰며 자료를 챙길 막강함 힘을 가진 그들이 1997년 미국 아이다호 석회암지대에 건설된 티턴댐의 경우, 석회암 동굴에 물이 차면서 동굴이 무너져 이 바람에 4000여 가구가 물에 잠긴 피해에 대한 정보는 왜 챙기지 못할까." -최성각의 중편소설 「동강은 황새여울을 안고 흐른다」 부분-

문명 비판적 시를 써 온 최승호 시인은 동강 문학의 정수(精髓)라 할 만한 「이것은 죽음의 목록이 아니다」라는 시를 발표했다. 시인은 콩중이, 털좀나도나물, 강활, 도꼬마리, 관박쥐, 아무르장지뱀, 용수염풀, 괴불나무, 더위지기 같은 『동강 유역 산림생태계 즈사보고서』

(1998. 12. 삼림청 임업연구원)에 기록된 이름조차 낯선 650여 종의 동식물 목록을 다섯 쪽에 걸쳐 빼곡히 나열했다. 시의 마지막 부분에서 "내가 아무르장지뱀이나/ 용수염풀/ 아니면 바보여뀌나 큰도둑놈의 갈고리나 괴불나무로/ 혹은 더위지기로 태어났을 수도 있었겠다는 생각을 했다./ 그랬더라면 내 이름이 어떻든/ 이름의 감옥에서 멀리 벗어나/ 삶을 사랑하는 일에 삶이 바쳐졌을 것이다/ 무덤에 핀 할미꽃이거나/ 내가 동굴에서 날개를 펴는/ 관박쥐라 해도……"라고 하며, 사라질 위기에 처한 동강과 동강의 식솔들을 안타까워했다. 최승호 시인은 각자가 풀이나 벌레로 태어났을 수도 있었겠다고 생각하며 삶을 사랑하는 일에 온 힘을 바쳐 보라며 인생의 패러다임 전환을 권유했다.

　소설가 정찬은 단편소설 「깊은 강」에서 해마다 동강을 찾아가 곰처럼 겨울잠을 자는 동면 인간 하진우라는 상상적 존재를 주인공으로 내세웠다. "겨울잠은 나에게 삶과 죽음의 틈이었소. 그 융화의 세계는 나에게 길을 열어주었소. 유년의 집에 이르는 길을." 사내는 동강의 어라연을 무대 삼아 소설 속에서 이렇게 말한다. "제가 만약 작가라면 사람들에게 그들이 잊어버린 황금빛 길을 보여줄 것입니다." 소설에서 말한 '황금빛 길'이란 잃어버린 고향이자 훼손되기 이전의 자연 그대로를 의미한다. 소설에서는 우리에게 '황금빛 길'의 소중함을 환기하며 자연과 문학의 관계를 되돌아보게 하는 동시에 환경인문학의 과제를 숙고하라는 메시지를 작가들에게 던졌다.

　동강을 지키기 위해 출간한 『동강의 노루궁뎅이』는 단순한 상상력의 소산이 아니라 동강을 현장 답사한 발품의 결실이었다. 김하돈의 산문 「동강대란(東江大亂), 1999년, 봄」에서는 1999년 당시에 제 모습을 잃어 가던 동강의 슬픔과 위기를 현장감 있게 묘사했다. 책의 앞 쪽에는 동강 살리기 운동에 서명한 소설가 69명과 시인 159명 등 문인 228명의 명단도 수록했다. 8명의 저자들은 저작권료의 10%를 환경운동기금으로 내놓았고, 출판사도 판매 수익금의 5%를 환경운동연합에 기부하며 공유 가치를 창출했다. 동강댐 건설을 반대한다는 목소리로 한국 사회에 영향을 미친 이 책은 결국 동강댐의 백지화를 이끌어 내는 정신적 동력으로 작용했다. 따라서 이 책은 공동 작품집이라는 성격을 넘어 우리에게 생태주의적 각성을 촉구하면서, 우리나라 환경인문학의 실천 정신을 보여 준 기념비적 작품집이라 평가할 수 있다.

세계 문학계에서 생태주의적 각성을 촉구하기 시작한 때는 20세기 후반이었다. 생태주의 문학의 백미로 꼽히는 리처드 브라우티건(Richard G. Brautigan, 1935~1984)의 연작단편집 『미국의 송어낚시(Trout Fishing in America)』(1967)에서는 인류에게 '녹색의 꿈'을 다시 심어 주자는 희망의 메시지를 전했다. 미국 포스트모더니즘 문학의 정수로 손꼽히는 이 소설에서는 주인공이 어린 시절의 녹색 송어를 끝내 발견하지 못하지만 결코 비관하지 않는다. 작가는 자신의 황금 펜촉에서 흘러나오는 잉크와 글자가 녹색 송어처럼 파닥거리지 않느냐는 문학적 상상력으로 사람들에게 '녹색의 꿈'을 소환했다. 같은 맥락에서 『동강의 노루궁뎅이』에서도 생태주의적 가치를 소환하며 동강에서 녹색의 꿈을 꾸자는 희망의 메시지를 전했다.

[그림 7-3] 『미국의 송어낚시』
(1967) 초판 표지

만약 동강댐이 건설됐다면 우리는 지금 회

갈색 석회암의 절벽 틈새에 뿌리박고 하늘을 향해 피어나는 동강할미꽃을 더 이상 볼 수 없으리라. 댐이 건설돼 동강이 거대한 물탱크로 변해 버렸다면 나무 그루터기에서 계란 모양으로 하얗게 스펀지처럼 피어나는 노루궁뎅이버섯을 더 이상 볼 수도 맛볼 수도 없을 것이다. 만약 어라연(魚羅淵) 지역이 수몰됐다면 물고기들이 비단결처럼 노닌다는 어라연을 못 볼 수도 있었다니, 아찔할 뿐이다.

수몰 위기에서 극적으로 되살아난 어라연은 2004년 12월 7일에 명승구역 제14호로 지정됐다. 어라연의 물길은 문산리와 거운리 사이를 유유히 흐르며 사람들의 발길을 멈추게 한다. 우리 앞에는 동강이 오래오래 아름답게 흐를 수 있도록 지켜 가는 일만 남았다. 이제, 영월의 동강은 우리나라 녹색 문학의 진원지라는 상징성을 갖게 됐다. 환경인문학 차원에서도 동강은 우리에게 생태주의적 각성을 일깨운 곳이다. 개발과 보전 사이에서 환경 문제가 쟁점으로 떠오를 때마다, 동강은 "이 나라에 넘치는 땅의 향기가 갑자기 악취로 바뀌어서는 안 된다."(신경림의 시 「흘러라 동강, 이 땅의 힘이 되어서」 일부)는 메시지를 흐르는 물소리로 전해 줄 것이다.

또한 영월의 새로운 관광 자원을 지속적으로 개발해야 한다. 산악관광은 전 국민이 사랑하는 대중적인 여가 활동으로 발전했다. 따라서 영월의 문화 관광 차원에서 산림자원을 활용하고 지역 생태문화 자원의 가치를 발굴하는 노력도 중요하다. 영월에서 정선에 이르는 운탄고도의 산악관광 환경조성 사례를 분석한 연구에서는 관광 콘텐츠 개발을 통한 산악관광 활성화 전략 부문을 '산악관광 소프트웨어 개발' '산악관광 하드웨어 개발' '산악관광협력 운영' '산악관광환경 조성' '산악관광 공공지원' 같은 5개 부문을 제시했다.[15] 영월군에서도 정선군과의 협업을 통해 5개 항목을 토대로 영월형 산악관광 콘텐츠를 개발하고 활성화할 방안을 모색해야 한다.

그리고 로컬 커뮤니티를 기반으로 관광마을을 조성하기 위해 한국형 와이너리인 영월군 예밀촌 마을의 사례 연구도 흥미롭다. 연구 결과, 예밀촌 마을은 기존 거주민을 중심으로 마을과 연계한 관광 콘텐츠를 개발하고, 운영 방식을 현대화했으며, 와인 생산과 관광객 유입을 위한 전 과정에 주민들이 함께 참여하는 주민 자치적 속성을 지닌 것으로 나타났다.[16] 영월군은 앞으로 문화관광 마을 사업 과정에 주민들의 참여를 더욱 유도할 필요가 있으며, 영월 관광산업의 지속가능한 발전을 위한 실천 전략을 모색해야 한다.

4. 영월의 문화관광 브랜드 전략과 혁신

1) 영월 관광 브랜드의 도입 배경

우리나라에서 도시 관광 브랜드는 지방자치 시대의 개막과 함께 본격적으로 관심을 끌기 시작했다. 1995년에 「지방자치법」이 개정되자 여러 지방자치단체에서는 도시 관광 브랜드에 관심을 갖기 시작했고, 도시를 알리는 도시 마케팅의 수단으로 도시 관광 브랜드를 활용하기 시작했다. 초기의 도시 관광 브랜드는 상표나 시각 디자인의 차원에 그친 사례가 많았는데, 민선 지방자치단체장의 홍보용

---

15) 최범순, 지윤호(2022). "강원형 산악관광 콘텐츠 개발 연구: 정선·영월 운탄고도를 중심으로." 관광연구저널, 36(3), pp. 5-18.
16) 김예진, 김영국(2022). "로컬 커뮤니티 기반 관광마을 조성 사례 연구: 영월 예밀촌 마을 사례를 중심으로." 관광연구논총, 한양대학교 관광연구소, 34(4), pp. 177-196.

으로 활용됐기 때문이다. 도시 관광 브랜드는 도시의 역사와 미래의 가치가 담겨 있는 유형적 자산과 무형적 자산의 통합체라는 성격을 갖는다. 나아가 도시 관광 브랜드는 다양한 이해 관계자들에게 도시의 가치를 알려 '관계인구'를 확산하는 데 결정적으로 기여하기 때문에, 도시 마케팅의 수단을 넘어 도시의 비전을 제시하는 미래 가치의 결정체라는 성격도 갖는다.

1990년대 이후 미국의 데이비드 아커(David Aaker)나 케빈 켈러(Kevin Keller) 같은 학자들이 브랜드 개념을 강조하기 시작하면서, 기업 관계자들은 치열한 마케팅 커뮤니케이션 현장에서 브랜드를 차별화시킬 전략 요인으로 브랜드 자산에 주목했다. 그 후 기업과 공공 영역에서도 브랜드에 관심을 갖기 시작했다. 우리나라의 지방자치단체에서도 도시 관광 브랜드가 지역의 정체성을 정립하는 데 기여하고 내부 구성원과 외부 구성원과의 우호적 관계를 구축하는 데 도움이 된다는 이점에 주목해, 도시 관광 브랜드 개념을 경쟁적으로 도입했다.

더욱이 공공 브랜드 영역에서도 브랜드 유니버스를 고려하는 마케팅 활동이 갈수록 중요해지고 있다. 지금까지는 브랜딩을 위해 소비자나 공중의 머릿속에 브랜드 개념에 대한 구조물을 세우는 데 집중해 왔다면, 앞으로는 디지털 플랫폼에서 외부 플랫폼과 연계해 더 큰 생태계로 진화해 가는 영월 관광 브랜드의 마케팅 커뮤니케이션 활동이 필요하다. 브랜드 유니버스(Brand Universe)란 디지털 생태계에서 강력한 존재감을 발휘할 수 있도록 소비자와 공중의 독자적인 경험을 설계하고 작동시켜 나가는 브랜드 중심의 라이프스타일 플랫폼을 구축하고 운영하는 디지털 생태계 전략이다. 브랜드 유니버스 생태계의 설계도는 [그림 7-4]와 같다.[17]

인력이 더 강한 행성이 약한 행성을 끌어당기듯, 매력적인 브랜드는 생태계 중심에 더 강하게 자리 잡는다. 이처럼 디지털에서는 '자기'를 중심으로 스스로 작동하는 생태계를 만들어야 하는데, 브랜드 유니버스는 디지털 플랫폼에 구축하는 브랜드 전략이다. 브랜드 유니버스를 만들고 운영하고 성장시키는 과정은 4단계의 창조 과정을 거친다. 먼저 시장을 만들기 위한 '고객가치 창조'가 필요하고, 이어서 거래의 장을 만들어 플랫폼 구조를 만드는 '플랫폼 창조' 과정이 필요하다. 나아가 소비자와 공중에게 유용한 '콘텐츠 창조'를 시도해 거래의 장으로 이끌어야 하며, 마지막으로 소비자나 공중이 장기적으로 거래를 지속하고 관계를 유지하는 '커뮤니티 창조'가 필요하다. 브랜드 유니버스는 브랜드를 구심점으로 소비자나 공중이 함께 즐기는 독자적인 놀이터를 만드는 설계도이기 때문에, 마케팅 커뮤니케이션의 경계를 허물고 확장하는 데 필요한 중요한 세계관이다. 브랜드 유니버스의 개념은 기업의 브랜드 영역에서 적용되기 시작

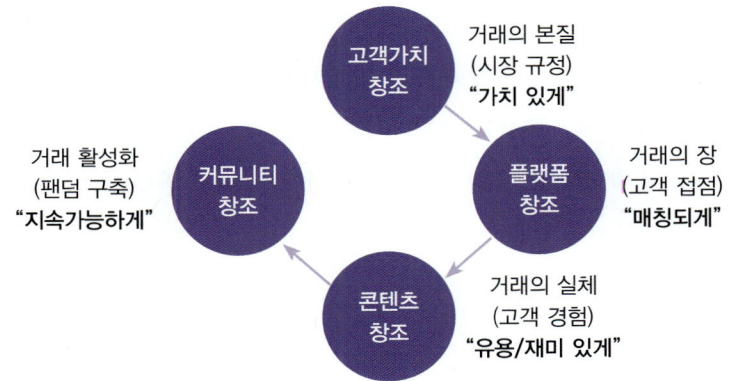

[그림 7-4] 브랜드 유니버스 생태계의 설계도

---

17) 김유나(2021). 『브랜드 유니버스 플랫폼 전략』. 서울: 학지사. p. 147.

했지만, 앞으로는 영월의 문화관광 브랜딩 전략의 전개 과정에서도 두루 활용될 것으로 예상된다.

영월의 문화관광 브랜딩은 영월에 대한 관광객의 충성도에 영향을 미친다. 영월 관광 브랜드를 활성화시켜 영월에 대한 충성도가 높아진다면 영월의 가치도 높아지게 마련이다. 예컨대, 김동경(2023)의 연구에서는 서울과 부산의 도시 관광 브랜드 이미지가 외국인에게 어떻게 인식되고 있으며, 도시 관광 브랜드 이미지가 도시 충성도(도시거주 의사, 도시방문 의사, 도시추천 의사, 도시투자 의사)에 미치는 영향을 실증적으로 분석했다. 중국, 필리핀, 일본, 미국에 거주하는 외국인 492명으로부터 수집한 자료를 분석한 결과, 서울과 부산의 도시 관광 브랜드에 대한 이미지가 국가별로 다르게 나타났다. 서울과 부산의 도시 관광 브랜드 이미지 중에서 미래지향적 이미지와 재난 대응 이미지는 도시 충성도에 영향을 미쳤는데, 미래지향적 이미지와 재난 대응 이미지는 도시거주 의사, 도시추천 의사, 도시투자 의사에 영향을 미쳤고, 재난 대응 이미지는 도시방문 의사에 영향을 미치는 것으로 나타났다.[18] 이런 결과는 어떤 도시의 해외 마케팅과 브랜딩 활동을 전개할 때 국가나 권역별로 마케팅 방법을 다르게 전개해야 한다는 것을 의미한다. 또한 영월 마케팅 활동의 목표에서 전략적 강조점을 다르게 설정해야 한다는 시사점을 얻을 수 있는데, 영월의 문화관광 브랜딩에서도 브랜드 전략을 실행할 때 현실적으로 유용한 가이드라인이다.

---

18) 김동경(2023). "글로벌 관문도시 서울·부산의 브랜드 이미지가 도시 충성도에 미치는 영향: 체험경제이론에 기반한 K콘텐츠 체험의 효과를 중심으로." 세종대학교 신문방송학과 박사논문.

2) 영월 관광 브랜드의 개념과 사례

영월의 문화관광 브랜드는 영월의 정체성을 나타낸다. 사람들이 생각하는 여러 이미지의 조합에 따라 영월 관광 브랜드의 가치가 결정된다고 할 수 있는데, 영월 관광 브랜드가 어떤 특성을 갖느냐에 따라 영월에 대한 인상이나 태도가 달라지기 때문이다. 따라서 영월 관광 브랜드는 공공이 주인 의식을 갖는 주체성을 바탕으로 만들어가야 하며, 영월 관광 브랜드를 관리하는 과정에서도 시민의 자부심과 책임감을 바탕으로 자율적으로 관리해 나가는 노력이 중요하다.

그렇다면 영월 관광 브랜드 혹은 영월 브랜딩의 개념은 무엇일까? 영월 관광 브랜딩이란 영월의 환경, 기능, 시설, 서비스 등에 의해 다른 영월과 구별되도록 하는 활동이다. 영월 관광 브랜딩은 영월의 이미지를 전략적으로 관리하는 과정이므로 영월 이미지와 영월 정체성을 개선해 영월의 경쟁력을 강화하려는 노력이 중요하다. 영월 내부적으로는 주민의 자긍심을 극대화하고, 영월 외부적으로는 영월을 찾는 관광객이나 투자자에게 매력적인 목적지로 자리매김해야 한다.

영월의 문화관광 브랜딩을 시도하면 3가지 이점이 있다. 첫째, 영월군 전체의 이점이다. 공공 조직, 민간 기업, 비영리 조직 같은 영월의 모든 주체들에게 영월의 이미지와 매력을 느끼게 함으로써 영월에 대한 매력도를 높이게 된다. 둘째, 영월을 방문하는 고객의 이점이다. 신뢰와 확신을 바탕으로 영월을 방문지로 선택했다는 데에 대한 만족감을 환기함으로써 영월이 제공하는 부가적 가치와 혜택을 제공했다. 셋째, 영월의 문화관광 브랜딩 마케터의 이점이다. 영월의 차별성을 마케터에게 인지시켜 영월에 대한 전략적 접근을 촉진할 수 있다. 영월의 문화관광 브랜딩을 시도하면 결국 이해 관계자들에게 지속가능한 영월의 차별성을 각인시킬 수 있다. 따라서 장기적 관점에서 영월의 문화관광 브랜드의 정체성을 구축하려면 영월의 브랜드 창조 과정에 반드시 주민들이 참여해야 한다.[19]

영월의 문화관광 브랜드를 나타내는 브랜드 요소(brand element)에는 관광 브랜드 슬로건, 자치단체 캐릭터, 지역 축제라는 3가지 요소가 있다. 영월의 문화관광 브랜딩에서는 어느 한 가지에만 치중하지 않고 브랜드 슬로건과 자치단체 캐릭터를 동시에 개발해서 지역 축제에 활용하는 동시 연계 전략을 구사해 왔다. 3가지 요소를 보다 구체적으로 설명하면 다음과 같다.

먼저, 브랜드 슬로건은 어떤 브랜드의 철학과 혜택은 물론 브랜드의 특장점을 설명하는 언어적 요소인데, 특히 영월 관광 브랜드 슬로건은 영월에 대한 연상력을 강화하는 데 결정적인 영향을 미치게 된다. 진정성, 독창성, 활력성, 참신성, 리더십은 영월의 문화관광 브랜딩 슬로건의 개성을 구성하는 5가지 구성 요인이다.[20]

다음으로, 영월의 문화관광 캐릭터는 영월에 대한 친근감을 만들고 지역에 대한 호감도를 높이는 동시에 영월의 문화와 전통을 알리는 구체적인 상징물이다. 다른 지역과 차별화되는 영월의 캐릭터는 지역 경제를 활성화하는 데 도움이 된다. 예컨대, 일본 구마모토의 '쿠마몬', 고양시의 '고양고양이', 통영시의 '동백이' 등은 지역 주민들과 끈끈한 유대감을 만들며 지역을 대표하는 캐릭터로 인정받고

---

19) 김유경, 김유신(2015). "도시 관광 브랜드." 『공공 브랜드의 이해』. 서울: 커뮤니케이션북스. pp. 49-57.
20) 이희복, 최지윤(2021). "우리나라 도시 브랜드 슬로건의 개성 비교: 광역시와 도를 중심으로." 광고연구, 128, pp. 69-96.

있다.

마지막으로, 영월의 여러 축제는 관광객을 유치해 경제 효과를 창출하고 주민의 소속감을 고취한다는 점에서 영월의 문화관광 브랜딩의 활성화에 크게 기여한다. 흥미로운 소재를 두루 활용하는 영월 축제는 관광객이나 관계인구에게 특정 지역을 알리는 데 기여한다. 예컨대, 전남 신안군 퍼플섬에서 전개되는 보라색 축제, 임자도의 백만 송이 튤립 축제, 선도의 수선화 축제는 관광객 유치에 크게 기여했다.[21]

영월의 문화관광 브랜딩 이미지의 차별화를 시도하려면 문화관광 브랜드 슬로건, 자치단체 캐릭터, 지역 축제라는 3가지 요소를 긴밀하게 연결시켜야 한다. 지역 주민은 물론 관광객과 관계인구가 연결되는 미디어 경로를 통합적으로 관리하고, 영월 브랜딩 전략을 체계적으로 추진할 수 있는 시스템도 구축해야 한다. 네덜란드 암스테르담의 "I Amsterdam", 독일 베를린의 "Be Berlin", 영국 런던의 "London Eye", 싱가포르의 "Merlion" 등은 영월의 문화관광 브랜딩에서도 참고할 만한 사례이다.

3) 영월 관광 브랜딩의 구성 요인

일찍이 학자들은 브랜드 인지, 지각된 품질, 브랜드 연상, 브랜드 충성도, 기타 독점적 자산이 브랜드 자산을 구성하는 요인이라고 주장했다.[22] 브랜드에 대한 일반적인 개념은 영월 관광 브랜드를 폭넓

---

21) 김병희, 김신동, 홍경수(2022). 『보랏빛 섬이 온다: 인구소멸 시대의 문화예술행정 이야기』. 서울: 학지사.
22) Aaker, D. A. (1995). *Building Strong Brands*. The Free Press.

게 이해할 수 있는 기반을 제공했다. 영월 관광 브랜드 자산을 중장기적 차원에서 구축하고 관리하려면, 영월 관광 브랜드의 개성, 영월 관광 브랜드의 충성도, 영월 관광 브랜드 이미지에 대해 심층적이고 종합적으로 분석해야 한다는 주장도 도시 관광 브랜드를 이해하는 기반을 제공했다.[23]

세계의 주요 도시들은 매력적인 도시 콘텐츠를 바탕으로 도시 관광 브랜드의 마케팅 활동을 전개해 왔다. 권지혜와 박승훈은 여러 선행 연구에서 제시된 도시 관광 브랜드의 구성 요인을 종합하고, [그림 7-5]와 같은 도시 관광 브랜드의 구성 요인에 대한 개념적 기틀을 제시했는데 영월의 문화관광 브랜딩에도 참고할 만한 대목이다.[24] 즉, 영월의 문화관광 브랜딩을 경관 요인, 행정 요인, 역사문화 요인, 인지 요인, 경험적 요인이라는 5가지 요인이 필요하다는 것이다. 5가지 요인을 체계적으로 고려하면 독창적인 영월 관광 브랜드를 만들 수 있고 영월 경쟁력을 높일 수 있다. 이때 영월 관광 브랜드는 일관성, 타당성, 유효성, 신뢰성, 유용성, 혁신성, 차별성이라는 7가지 특성을 갖추는 것이 중요하다.

종합해 보면 영월의 문화관광 브랜드를 탁월하게 만들려면 크게 의도적 요인, 복합적 요인, 경험적 요인이라는 3가지 요인이 필요하다는 것이다. 첫째, 의도적 요인은 영월 관광 브랜드를 관리하는 주체가 의도성을 가져야 하는 요인인데, 여기에는 경관 요인과 행정 요인이 있다. 둘째, 물리성과 의도성이 혼재된 복합적 요인에는 역

---

23) Anholt, S. (2006). "The Anholt-GMI City Brands Index: How the World Sees the World's Cities." *Place Branding*, 2(1), pp. 18-31.
24) 권지혜, 박승훈(2018). "도시 브랜드 형성요인에 관한 개념연구: 도시 브랜드 관련의 연구 동향을 중심으로." 한국콘텐츠학회논문지, 18(4), pp. 202-213.

사문화 요인과 인지 요인이 있다. 셋째, 경험적 요인은 의도적 요인과 복합적 요인이 방문자와 거주자에게 영향을 미쳐 나타나는 실질적인 결과이다. 이때 일관성, 타당성, 유효성, 신뢰성, 유용성, 혁신성, 차별성 같은 영월 관광 브랜드의 특성을 갖추려는 브랜드 관리 전략이 필요하다. 3가지 요인을 종합적으로 고려하는 영월 관광 브랜드 활동을 전개했을 때 영월 관광 브랜드가 활성화되고 그에 따라 영월 경쟁력을 높일 수 있다.[25]

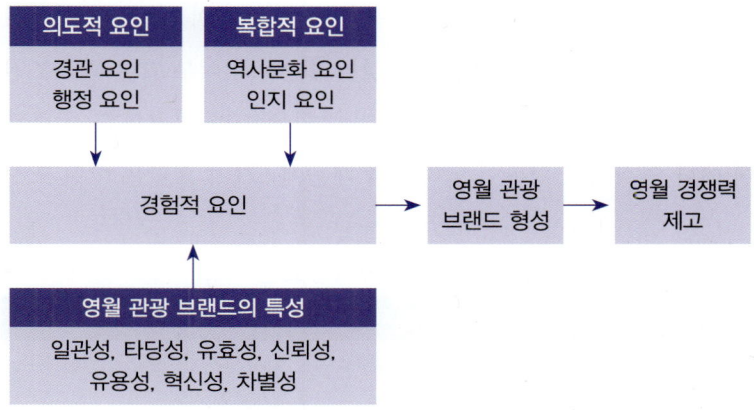

[그림 7-5] 도시 관광 브랜드 구성 요인의 개념적 기틀

일찍이 안홀트(Anholt)는 세계적인 도시 30곳의 도시 관광 브랜드를 분석하고 도시 브랜드 개념을 지수로 도출할 수 있는 측정 요인을 제시했다. 〈표 7-1〉에 제시한 분류 기준을 바탕으로 안홀트는 30개 도시에 대한 도시 브랜드 지수를 측정했다.[26] 사람들이 어떤

---

25) 권지혜, 박승훈(2018). "도시 브랜드 형성요인에 관한 개념연구: 도시 브랜드 관련의 연구 동향을 중심으로." 한국콘텐츠학회논문지, 18(4), pp. 202-213.
26) Anholt, S. (2006). "The Anholt-GMI City Brands Index: How the World Sees the World's Cities." *Place Branding*, 2(1), pp. 18-31.

도시에 얼마나 친숙하며 방문 빈도가 몇 번이나 되는지 같은 도시에 대한 인지도와 국제적 위상을 나타내는 현존감(現存感; Presence), 어떤 도시를 상상할 때 느끼는 아름다움이나 즐거움 같은 도시의 물리적 속성을 뜻하는 장소성(Place), 방문객과 거주민이 얻을 수 있는 일자리나 사업 여건 또는 교육 환경 같은 경제적 교육적 기회를 뜻하는 잠재력(Potential)이 있다. 또한 도시 거주민과 방문객이 그 도시에서의 생활을 얼마나 매력적이고 활기차게 느끼는지를 나타내는 역동성(Pulse), 도시 거주민이 방문객을 따뜻하고 친근하게 대하는지 아니면 차갑게 대하는지 같은 거주민(People)의 태도, 도시 인프라 같은 생활기반 시설이 충분히 갖춰졌는지의 여부 같은 필요조건(Prerequisites)이 있다. 이상의 6가지 요인에 따라 영월의 도시 관광에 대한 인식이나 평판이 달라지기 때문에 6가지 요인은 어떤 도시

〈표 7-1〉 안홀트가 제시한 도시 브랜드의 측정 요인

항목	도시 브랜드의 측정 요인	
현존감 (Presence)	도시의 국제적 지위나 위상에 대한 인식	30개 도시 중 친숙도, 방문 횟수, 세계문화 기여도
장소성 (Place)	각 도시의 물리적 측면에 대한 사람들의 지각	그 도시를 상상하는 즐거움, 아름다움, 기후
잠재력 (Potential)	방문자, 사업자, 이주자에게 제공하는 경제적 교육적 기회	일자리 여부, 사업 여건, 교육의 품질과 기회
역동성 (Pulse)	도시 생활의 활기하고 역동적인 정도	단기 방문자와 장기 거주자가 그 도시에 재미를 느끼는 정도
거주민 (People)	도시에 거주하는 사람들에 대한 태도	따뜻함, 친근함, 차가움 같은 거주민에 대한 인식, 언어
필요조건 (Prerequisites)	도시 인프라 같은 기반 시설이 갖춰진 정도	거주 의향, 만족도, 숙소, 공공 편의시설, 생활 기반시설

출처: Anholt (2006).

를 이해하는 단서가 되며, 브랜드 관점에서 각 요인을 어떻게 해석하고 소통하느냐가 영월 도시 관광 브랜드를 전략적으로 관리하는 출발점이다.

입소스는 안홀트가 제시한 도시 브랜드 측정의 6가지 요인을 적용해 해마다 도시 브랜드 지수(Anholt-Ipsos City Brands Index)를 발표하고 있다.[27] 국내에서도 지역 주민의 관점에서 도시 관광 브랜드의 구성 요인(진정성, 동일시, 신뢰, 애착, 사랑) 간의 영향 관계를 살펴본 연구는 흥미롭다. 연구 결과, 브랜드 진정성 중에서 독창성과 전통성은 브랜드 신뢰에 긍정적인 영향을 미치고, 브랜드 진정성 중에서 독창성과 브랜드 신뢰는 브랜드 동일시에 긍정적인 영향을 미친다는 사실이 발견됐다. 그리고 브랜드 신뢰와 브랜드 동일시는 브랜드 애착에 영향을 미치고, 브랜드 신뢰와 브랜드 동일시 및 브랜드 애착은 브랜드 사랑에 긍정적인 영향을 미치는 것으로 나타났다.[28]

도시 관광 브랜드의 구성 요인은 그 도시를 매력적인 도시로 느끼게 함으로써, 관광, 투자, 사업의 가치를 높여 준다. 마찬가지로 영월의 문화관광 브랜드 가치도 영월에 대한 거주 의도, 관광 의도, 투자 의도를 강화한다. 도시 관광 브랜드 마케팅의 핵심 목표는 도시 이미지를 정립하고 제고하는 데 있기 때문에 타 도시와의 차별화를 위해 도시 관광 브랜드의 가치를 전략적으로 활용해야 한다. 영월에서도 그렇게 했을 때 영월의 지속가능한 경쟁력을 확보할 수 있고, 영월이 다른 지역과의 치열한 경쟁 속에서 우위를 선점할 수 있다.

---

27) Ipsos(2022. 4. 25.). "Anholt-Ipsos City Brands Index: London Maintains Top City Brand Ranking from 2020 to 2022. Paris Rises to Second and Sydney Lands in Third." https://www.ipsos.com/en/anholt-ipsos-city-brands-index-2022

28) 윤설민, 김홍렬(2022). "도시 브랜드의 구성개념 간 영향관계에 관한 연구: 대전광역시 지역 주민의 관점을 중심으로." 관광연구저널, 36(2), pp. 109-124.

5. 영월 문화관광 브랜드의 활성화

영월 관광 브랜딩의 활성화 전략에서 영월 관광 브랜드를 관리하기 위해 기본적으로 검토해야 할 사항은 여러 가지가 있다. 영월 문화관광재단에서 가장 보편적으로 검토해야 할 사항은 다음과 같다. 먼저, 거시적인 맥락에서 영월의 정책 관계자들이 수행하려는 사명을 정립하고, 영월의 자산을 평가한 다음, 영월의 정체성을 정립하는 작업을 추진해야 한다. 다음으로, 영월 관광 브랜드 전략의 목표를 정하고, 시장 세분화(Segmentation)와 고객 표적화(Targeting) 및 포지셔닝(Positioning) 같은 STP 전략을 수립한 다음, 브랜드 체계를 만드는 데 필요한 세부 전술을 마련해야 한다. 마지막으로, 영월 관광 브랜드 전략을 가동하는 프로그램을 실행하고, 전략 프로그램을 실행한 다음에는 그에 대한 성과를 측정하고 피드백하는 과정을 거쳐 미흡하게 추진된 대목을 수정하고 보완해야 한다.

선행 연구에서 제시된 논의를 바탕으로 자치단체의 영월 관광 브랜드 전략을 수립하는 과정을 종합적으로 정리하면 [그림 7-6]과 같다. 영월 관광 브랜드 전략은 크게 브랜드 정체성 전략, 브랜드 마케팅 전략, 브랜드 모니터링 전략이라는 3단계의 과정을 거치게 된다.

먼저, 브랜드 정체성 전략 단계이다. 보다 구체적으로, ① 미래의 영월 경쟁력을 높이기 위해 영월 관광 브랜드의 장기적인 목적을 제시하는 장소의 사명 정립(place mission), ② 브랜드 자원, 잠재력, 경쟁 진단, 이해 당사자, 트렌드 분석을 통해 브랜드 자산을 평가하는 브랜드 현황 진단(brand auditing), ③ 영월의 브랜드 자산을 평가해 브랜드 정체성과 브랜드 에센스를 도출하는 브랜드의 핵심 아이디어 정립(brand core idea), ④ 장기적인 관점에서 영월 관광 브랜드의 여정과 로드맵을 제시하는 브랜드 비전 제시(brand vision), ⑤ 브랜드 스토리, 브랜드 개성, 브랜드 가치, 브랜드 구성물을 결정하는 브랜드 모델 정립(brand model)이 있다.[29]

다음으로, 브랜드 마케팅 전략 단계이다. 보다 구체적으로, ⑥ 구체적인 목표가 되는 브랜드 수용자와 브랜드 포지셔닝을 정립하는 브랜드 표적시장(brand targeting) 설정이 있고, ⑦ 영월 브랜딩 사업을 실제로 수행하는 과정에서 다양한 마케팅 수단들을 조합하는 브랜드 믹스 전략(brand mix)이 있다. 브랜드 믹스 전략의 대표적인 방안에 '브랜드 O-IPTCR 전략'이 있다. 즉, 조직화(Organization) 전략, 이미지(Image) 전략, 상품 접점(Point) 전략, 타깃(Target) 전략, 마케팅 커뮤니케이션의 채널(Channel) 전략, 지역(Region) 전략을 서로 섞고 연계시키는 브랜드 믹스 전략이다.[30]

영어를 조합해 만든 '브랜드 O-IPTCR 전략'에 대해 구체적으로 설명하면 다음과 같다. 조직화(O) 전략에서는 영월 관광 브랜드 전략을 추진하는 핵심 주체와 파트너십의 유형을 설정하고, 영월 이미지를 구축하는 이미지(I) 전략에서는 영월 관광 브랜드의 핵심 아이디어에 적합한 하위 이미지, 슬로건, 로고, 캐릭터를 개발한다. 개발한 상품을 마케팅하는 브랜드 접점(P) 전략에서는 핵심 상품과 실체 상품 및 확장 상품을 바탕으로 브랜드 이미지, 문화관광 브랜드, 서비스 브랜드를 개발하고, 타깃(T) 전략에서는 마케팅 수단을 조합하

---

[29] 최미경, 이무용(2022). "소도시의 도시 브랜딩 전략 수립 프로세스 연구: '옐로우시티 장성' 도시 브랜딩을 사례로." 문화경제연구, 25(1), pp. 213-258.
[30] 최미경, 이무용(2022). "소도시의 도시 브랜딩 전략 수립 프로세스 연구: '옐로우시티 장성' 도시 브랜딩을 사례로." 문화경제연구, 25(1), pp. 213-258.

브랜드 정체성 전략	① 장소의 사명 정립 (place mission)	문제의 설정, 사명과 목적의 정립					
	② 브랜드 현황 진단 (brand auditing)	브랜드 자원, 잠재력, 경쟁 진단, 이해 당사자, 트렌드 분석					
	③ 브랜드의 핵심 아이디어 정립 (brand core idea)	브랜드 정체성 정립, 브랜드 에센스 도출					
	④ 브랜드 비전 제시 (brand vision)	브랜드 여정, 브랜드 로드맵 제시					
	⑤ 브랜드 모델 정립 (brand model)	브랜드 스토리, 브랜드 개성, 브랜드 가치, 브랜드 구성물					
브랜드 마케팅 전략	⑥ 브랜드 표적시장 설정 (brand targeting)	브랜드 청중, 브랜드 포지셔닝					
	⑦ 브랜드 믹스 전략 (brand mix)	브랜드 O-IPTCR, 브랜드 미디어 믹스					
		브랜드 O-IPTCR						
			조직화(O)	이미지(I)	접점(P)	타깃(T)	채널(C)	지역(R)
		개념	마케팅 추진 주체와 파트너십 유형의 조직화 전략	마케팅 목표인 영월의 브랜드 이미지 구축 전략	개발한 상품을 마케팅하는 브랜드 접점 전략	목표 대상 집단을 세분화하는 구체화 전략	브랜드 메시지를 소통하는 미디어 운영 전략	공동으로 마케팅 활동을 하는 지역 믹스 전략
		방법	• 핵심 주체 • 내부 파트너십 • 공급자 파트너십 • 수요자 파트너십 • 측면 파트너십	• 대표(하위) 이미지 • 슬로건, 로고, 캐릭터 • 이미지 강화 전략 • 이미지 대체 전략 • 이미지 창출 전략	• 핵심상품 • 실체상품 • 확장상품 • 브랜드 이미지 • 문화관광 브랜드 • 서비스 브랜드	• 지역별 • 세대별 • 계층별 • 방문 목적별	• 광고 • 축제 이벤트 • 공간 매체 • 미디어 PPL • 소셜미디어 • 관광 인프라	• 공동 PR 광고 • 공동 이벤트 • 광역 공간매체 • 사이버 링크 • 공동 인프라
브랜드 모니터링 전략	⑧ 브랜드 피드백 (brand feedback)	브랜드 모니터링, 평가, 피드백, 6P, SAUNE 요인					

[그림 7-6] **도시 관광 브랜딩 전략의 수립 과정**

는 브랜드 믹스 전략과 상품을 개발해 브랜드로 발전시키는 접점 전략에 알맞게 표적 집단을 지역별, 세대별, 계층별, 방문 목적별로 세분화하고 구체화시켜야 한다. 브랜드 메시지를 소통하는 미디어 운영 전략인 채널(C) 전략에서는 광고, PR, 축제, 이벤트 같은 다양한 마케팅 활동에 필요한 소통 채널 전략을 수립해야 한다. 다른 지역과 영월 간에 연계해 공동으로 장소 마케팅 활동을 추진하는 지역(R) 전략에서는 공동 광고, PR, 공동 이벤트, 광역 공간 매체, 사이버 링크, 공동 인프라 같은 지역 간의 혼합 전략을 구사해야 한다.

마지막으로, 브랜드 모니터링 전략 단계이다. 보다 구체적으로, 브랜드 정체성과 마케팅 전략을 실행하고, 시장의 반응을 조사해 그 결과에 따라 다시 브랜딩 전략을 수정하거나 강화할 필요가 있다. 영월 관광 브랜드 전략에 대한 종합적인 평가는 어떤 세부 전략이 효과적이었는지에 대해서도 진단하지만, 영월 관광 브랜드의 정체성을 정립하는 데 얼마나 기여했는지, 영월 브랜딩의 목표가 구체적으로 달성됐는지에 대해서도 객관적으로 평가하고 수시로 그 결과를 피드백해야 한다. 보다 구체적으로, 브랜드 모니터링, 평가, 피드백, 안홀트가 제시한 도시 관광 브랜드 측정의 6P 요인을 고려해서 브랜드 모니터링 평가를 수행해야 한다(Anholt, 2006). 6P 요인은 현존감(Presence), 장소성(Place), 잠재력(Potential), 역동성(Pulse), 거주민(People), 필요조건(Prerequisites)이다.

이 밖에도 지속가능성(Sustainability), 진정한 정체성(Authentic identity), 통합성(Unitiveness), 연계성(Network), 경제성(Economic effect) 같은 문화정치적 구성 요인 5가지(SAUNE 요인)에 따라, 브랜드 모니터링과 평가 작업을 실행할 수도 있다(최미경, 이무용, 2022). 이상에서 소개했듯이 학술적 차원에서 제시된 도시 관광 브랜드의 활성화 전략은 중요하다. 그렇지만 실무적 차원에서 제시된 도시 관광 브랜드의 활성화 전략은 더 중요할 수 있다.

도시 관광 브랜드를 활성화시킬 실무적 전략과 관련하여 김유경(2018)은 도시 브랜드가 시민의 삶 속에서 구현되고 정착되게 하려면 5가지 활동에 특히 집중해야 한다고 권고한 바 있었다. 실무적으로 유용한 이런 권고는 서울특별시 이외의 여러 자치단체의 문화관광 브랜드를 활성화하는 데도 두루 적용할 수 있는 보편적인 지침이다.

첫째, 브랜드는 자원이라는 관점에서 자원의 브랜드화와 브랜드의 자원화를 모색하려고 노력하라는 권고였다. 각 도시의 자원들이 브랜디드 콘텐츠(branded contents)의 기능을 종합적으로 수행하기 때문에, 공허한 브랜딩 활동을 전개하기보다 시민의 삶의 질을 높이는 데 기여하는 구체적인 혜택과 실체를 자원화하는 현실적인 노력이 필요하다는 뜻이었다.

둘째, 도시 관광 브랜드의 핵심 가치를 시민 생활과 정부의 접점에서 구체화하려고 노력하라는 권고였다. 정책 브랜드는 이해 관계자들과의 개방적 소통과 활발한 동반 관계가 전제되지 않은 상태에서 시민에게 노출되면 곤란하기 때문에, 도시 관광 브랜드를 관리하려면 미디어 접점에서 시민 행동을 평가하고 그 결과를 관련 위원회와 내부의 여러 관계자가 공유해야 한다는 취지였다.

셋째, 도시 관광 브랜드가 세계화(globalization)를 모색하고 세계성(globality)에 적응할 수 있도록 노력하라는 권고였다. 글로벌 시민성(global citizenship)을 현대 도시의 중장기적 비전으로 설정해 세계 시민의 품격에 적합한 도시 관광 브랜드의 선진성을 찾아내야 하며, 브랜드 포럼 같은 공론장의 세계화를 모색함으로써 도시 관광 브랜드의 가치를 널리 확장시키자는 맥락이었다.

넷째, 도시브랜드위원회가 자문만 하는 위원회의 성격을 넘어서 국제적 수준의 두뇌조직(global think tank)으로 위상을 정립하려고 노력하라는 권고였다. 도시 관광 브랜드의 글로벌화를 위해서는 기존의 해외 마케팅 활동을 넘어서 세계무대에서 경쟁하는 도시 관광 브랜드의 정체성을 확보할 수 있도록 관계자 모두가 차별적이고 실체적인 노력을 병행해야 한다는 전망이었다.

다섯째, 도시 관광 브랜드의 정신인 개방성, 파트너십. 권한 위임을 보장함으로써 시민 주권주의를 실현하도록 노력하라는 권고였다. 시민이 참여하는 도시 관광 브랜드를 여전히 구호로단 주장하는 사례가 많은 도시 마케팅 환경에서, 앞으로 자치단체에서는 평가관리에 집중하고 전략과 실행은 민산학이 담당하게 함으로써, 도시 관광 브랜드를 시민들이 관리하라는 의미였다.

도시의 문화 콘텐츠를 활용하면 도시의 문화관광 브랜드를 활성화하는 데 영향을 미친다. 세계적으로 주목받은 문화의 흐름은 '항류(港流)→일류(日流)→한류(韓流)→대류(臺流)→화류(華流)→아류(亞流)→신한류(新韓流)'의 과정을 거쳐 발전해 왔다. 예컨대, 체험경제 이론을 바탕으로 K-팝, K-드라마, K-무비, K-웹툰, K-뷰티, K-푸드, K-패션 같은 K콘텐츠의 유형별 체험 요인(오락적 체험과 도피적 체험)이 도시 관광 브랜드의 충성도에 영향을 미쳤다고 규명한 연구 결과는 흥미롭다. 서울과 부산에서 K콘텐츠의 유형별 오락적 체험은 도시방문 의사와 도시추천 의사에 영향을 미쳤고, 도피적 체험은 도시거주 의사와 도시투자 의사에 영향을 미치는 것으로 나타났다. 결국 도시 마케팅이나 도시 브랜딩 전략을 수립할 때 K콘텐츠의 유형과 체험요인까지 고려한다면 더욱 효과적인 성과를 기대할 수 있을 것이다.[31]

따라서 영월 관광 브랜드의 마케팅 활동을 전개하기 전에 영월 마케팅 활동의 목표가 관광인지 아닌지, 만약 관광이라면 그 목표가 방문자의 확대에 있는지 아니면 재방문의 활성화에 있는지에 따라 구체적인 전략이 달라질 것이다. 그리고 마케팅 목표가 영월에 대한 직접적인 투자나 간접적인 투자를 촉진하려는 의도에 있는지의 여부에 따라, 그에 적합한 K콘텐츠의 유형별 체험 요인을 고려한다면 보다 효과적인 성과를 기대할 수 있을 것이다. 영월 관광 브랜드를 활성화하기 위한 전략에서 마케팅 목표가 구체적일수록 '머물고 싶고, 살고 싶고, 투자하고 싶은' 영월 브랜딩을 정립하는 데 실질적으로 도움이 된다고 할 수 있다.

영월 브랜딩은 영월의 도시 경쟁력을 확보하는 데 크게 기여한다. 정부에서도 영월을 법정문화도시로 선정했다. 문화도시를 제대로 활성화시키면 영월의 침체된 공동체 기능을 회복하고 지역 주민의 문화적 삶을 증진하고, 예술과 역사 전통 같은 지역 특성이 반영된 문화 자산을 세계적인 브랜드로 키워 관광산업과 문화 창업을 견인하는 데 기여한다. 문화도시의 도시 브랜딩에 있어서 그 도시만의 브랜드 정체성이 차별화되고 명확할수록 효과적이다. 그렇게 하려면 문화도시만의 일관된 경험을 제공하는 문화 콘텐츠를 개발해야 하며, 핵심 타깃을 설정하고 차별적인 디지털 스토리텔링을 지속적으로 전개해야 한다.[32]

나아가 자치단체에서는 도시 관광 브랜드의 가치 제고를 위해 다

---

31) 김동경(2023). "글로벌 관문도시 서울·부산의 브랜드 이미지가 도시 충성도에 미치는 영향: 체험경제이론에 기반한 K콘텐츠 체험의 효과를 중심으로." 세종대학교 신문방송학과 박사논문.
32) 지원배, 유현중, 정해원(2021). "문화도시 활성화를 위한 도시 브랜드 전략의 탐색적 연구: 1차 법정문화도시를 중심으로." 아시아태평양융합연구교류논문지, 7(8), pp. 343-356.

양한 매체를 활용하여 PR 활동을 전개할 필요가 있다. 그렇지만 자치단체의 미디어 PR 활동이 수용자에게 얼마나 유효하며, 어떤 매체가 영월 관광 브랜드 가치를 제고하는 데 실제로 효과적인지 검토한 다음에 영월 관광 브랜드의 PR 활동을 전개해야 한다(최지윤, 정윤재, 2021). 자치단체에서는 전달하고자 하는 메시지를 수용자의 기대에 알맞게 효과적으로 전달해야 하며, 특히 최적의 매체를 선정하는 미디어 전문성을 발휘해야 한다.

결국 영월 관광 브랜드 전략을 수립할 때 무엇보다 중요한 점은 공동선(common good)의 실행력을 창출해 낼 수 있는 전략을 수립해야 한다는 사실이다. 공공기관의 가치를 높이고 시민의 결속력을 강화하려면 공공기관을 비롯한 다양한 조직의 운영에서 영월만의 특성을 반영해 구성해야 한다. 도시는 장소성을 지향하는 공공재이다. 공공성과 시민성이 결합된 도시 관광 브랜드 3.0 시대에는 '세계 시민에 의한, 세계 시민을 위한, 세계 시민의'라는 가치를 지향해야 한다.[33]

마케팅이란 "제품력의 싸움이 아닌 인식의 싸움"이라는 명언도 있듯이, 영월에 대한 세계 시민의 인식은 그만큼 중요하다. 어떤 지역의 시민이 만드는 영월 관광 브랜드에서 세계 시민이 키워 가는 영월 관광 브랜드가 되려면 무엇보다 먼저 포지셔닝(Positioning) 전략을 수립해야 한다. 포지셔닝이란 실제의 시장 점유율에 관계없이 소비자들이 어떤 브랜드에 대해 머릿속으로 느끼는 인식의 싸움이다. 포지셔닝의 핵심은 영월 관광 브랜드의 차별화를 통해 글로벌 소비자

---

33) 김병희(2019. 10. 30.). "기조연설: 서류(Seoul Wave)는 한류를 밀어줄 새 물결이다." 『Seoul Wave 세계가 사랑한 도시 서울』(제4회 서울브랜드 포럼 결과집), 서울특별시, pp. 3-7.

의 머릿속에 특별한 영월 관광 브랜드 이미지를 정립하는 데 있다.

영월 관광 브랜드가 다른 도시 관광 브랜드와 차별화를 시도하는 데 있어서 컬덕(Cultduct: Culture+Product)이나 컬비스(Cultvice: Culture+Service)를 개발해도 차별화의 시도에 도움이 된다. 세계 시민들은 어떤 영월 관광 브랜드의 문화적 가치, 감성 체험, 감성 기술에 주목할 것이다. 영월 관광 브랜드를 개발하는 것도 중요하지만 개발한 다음에 브랜드를 잘 관리하는 것은 더 중요하다. 예컨대, 코카콜라도 처음에는 신제품이었지만 오랫동안 브랜드에 물을 주고 길러 온 결과 오늘의 코카콜라가 됐다. "I♥NY"에 반대하던 뉴욕 시민들도 차츰 자신이 사랑하는 뉴욕을 만들기 위해 쓰레기도 함부로 버리지 않았다고 한다. 이런 노력들이 쌓여 지금과 같은 뉴욕이라는 도시 관광 브랜드로 성장했다. 영월 관광 브랜드는 세계 시민들이 여유롭게 소통하는 오픈 플랫폼의 성격을 갖춰야 한다. 세계 시민들과 함께 물을 주고 공유하며 확산해 나가는 영월의 도시 관광 브랜드 관리 활동이 더 중요한 이유도 그 때문이다.

영월 관광 브랜드의 핵심 가치는 누구나 살고 싶고 머무르고 싶은 영월 경쟁력을 확보하는 데 있다. 영월 관광 브랜드 전략을 수립하는 과정에서 국내는 물론 세계 시민이 정을 나누고(÷) 어울림을 곱하고(×), 국내는 물론 세계 시민의 잠재력과 가능성을 더하고(+) 국내의 여러 지역과 해외의 세계 시민이 찾아와 일상의 짐을 덜어내는(−) 영월 관광 브랜드의 접촉점을 360도의 모든 방향에서 포착해야 한다. 이런 맥락을 고려해 영월 관광 브랜드 전략을 실행한다면 어떤 영월 관광 브랜드가 세계적인 도시 관광 브랜드라는 큰 나무로 성장할 수 있다. 360도의 모든 방향에서 영월 관광 브랜드 활동을 전개했을 때 영월 도시 관광 브랜드의 글로벌 경쟁력이 향상될 것이다.

지난 19세기 말 세계 박람회를 위해 파리에 에펠탑을 건축할 무렵, 파리 시민들은 철골 구조의 흉물이 도시 미관을 해친다며 격렬히 반대했다. 하지만 건축가 에펠과 파리 시장은 미래를 내다보고 적극적으로 공사를 추진했다. 에펠탑이 완공되자 시민들은 아침저녁으로 탑을 자주 보게 됐고 점점 그 탑이 친근해지기 시작했다. 파리를 망가뜨린다는 비난은 탑이 완성되자 '파리 서정의 극치'라는 찬사로 바뀌어 오늘에 이르렀다. "보고 또 보면 없던 정도 생긴다."라는 우리 속담처럼 자주 만나는 과정에서 쌓인 매력을 에펠탑 효과라고 한다. 처음에는 생경한 도시 관광 브랜드도 점점 친근해지기 시작하면 에펠탑처럼 도시의 상징으로 자리 잡게 된다. 도시 관광 브랜드는 와인처럼 숙성시켜야 가치가 증가한다(City brand, like wine, improves by keeping). 그리고 영월의 숙성된 도시 관광 브랜드는 영월의 가치를 높여 주는 동시에 와인처럼 깊고 향기로운 맛을 풍기게 될 것이다.

제8장
문화도시영월의 지속가능성을 찾아서

1. 미래로 나아가는 문화도시영월의 지향점

　영월군은 문화도시영월을 만들기 위해 그동안 많은 노력을 기울여 왔다. 2022년 12월 6일, 영월군은 문화체육관광부로부터 법정 문화도시로 공식 지정되면서 문화도시 사업은 급물살을 탔다. 영월군은 기존 관광지 중심에서 지역 주민이 참여하는 문화도시로 전환하고 지속가능한 문화자원을 개발해 지역 경제의 활성화를 모색했다. 이 과정에서 '문화충전도시'라는 도시 브랜드의 방향을 정하고, 지역의 문화적 자산을 재해석해 주민 중심의 문화 생태계를 구축한다는 정책을 설계했다. 2023년 3월, 영월문화관광재단(www.ywcf.or.kr)은 '문화도시센터'를 설치하고, 문화도시 사업을 안정적으로 추진하기 위해 문화광산으로 도약하겠다는 비전을 선포했다. 문화도시 사업의 성과를 관리하고 확산할 수 있는 전문가 네트워크도 구축했다.

　나아가 문화도시의 거점 공간을 확대하고 문화 접근성을 개선하는 동시에 문화충전도시 영월의 이미지를 제고하기 위해 '문화도시영월 플랫폼'과 '#문화충전샵'을 가동했다. 영월의 9개 읍면에 '우리동네 문화충전소'라는 문화 거점을 만들어 주민과 방문객들에게 문화 향유의 기회를 제공했다. 문화 공간과 기반 시설의 거리, 시간, 입지, 지역별 분포를 개선해 지역별로 문화 접근성을 강화한 것이다. 과거에 여관과 장의사가 있던 공간을 바꾼 '#문화충전샵 진달래장', 영월역을 이용하는 관광객에게 길잡이 역할을 하는 '#문화충전샵 영월역', 주민들에게 15분 이내의 문화 생활권을 제공하기 위해 9개 읍면의 마을회관 등의 공간에 문화 거점을 조성하는 '우리동네 문화충전소'가 대표적이다.

영월군은 문화도시로 발전하기 위해 문화공간 조성, 창작 지원, 문화예술 인프라 확충 같은 기반을 준비했다. 공간이 뒷받침될 때 문화도시의 지속가능성이 높아지기 때문에, 영월군은 기존의 공간을 문화공간으로 전환하거나 새로운 문화시설을 조성해 문화거점을 조성했다. 영월문화관광재단은 영월의 문화정책을 기획하고 예술 창작을 지원하며 문화도시 사업을 총괄하는 핵심 역할을 했다. 공연, 전시, 강연을 할 수 있는 문화예술 활동 공간인 영월문화예술회관은 지역 주민과 예술가들이 교류하는 허브 기능을 했다. 복합 문화공간인 별마로천문대를 비롯해 청년창작소와 생활문화센터에서는 청년 예술가에게 창작 공간을 제공하고 지역 주민이 참여하는 생활문화 프로그램을 운영했다.

영월군은 문화도시를 추진하면서 단순한 관광 명소를 개발하는 데 치중하지 않고 창작 활동을 지속할 수 있는 문화도시를 만들겠다는 목표를 지향했다. 주요 지원 사업에는 문화예술 창작 지원 사업, 지역 예술인과 청년 작가에게 창작 공간과 제작비 지원, 폐광촌을 활용한 '문화광산' 프로젝트 가동, 레지던시 프로그램의 운영, 외부 예술가들이 일정 기간 머무르며 작품을 창작하도록 공간 지원, 영월의 자연과 문화 주제의 창작 프로젝트 활성화, 문화 스타트업과 창업 지원, 문화 콘텐츠 기반의 창업 지원과 공간 제공, 지역 특화 문화 상품의 개발과 유통 지원 등이 있다.

문화예술작품을 창작하는 것도 중요하지만, 주민들이 문화를 배우고 향유하는 과정도 그에 못지않게 중요하다. 문화도시영월은 군민을 위한 문화교육과 주민의 역량 강화에 중점을 두었다. 문화교육과 주민의 역량 강화 프로그램에는 지역의 문화 해설사를 양성하는 프로그램, 주민들이 직접 영월의 문화유산을 해설하는 스토리텔러와 관광 해설사의 양성, 생활문화 동아리의 지원, 지역 주민이 운영하는 문화예술 동아리의 지원, 음악·연극·미술·문학 같은 다양한 예술 장르의 활성화, 청소년과 어린이 대상의 문화예술 교육, 영월 학교와 기관이 협력하는 문화예술 교육의 확대, 청소년 대상의 문화기획 프로그램 등이 있다.

2. 사이사이 사람 충전으로 빛나는 영월

문화도시영월에서 '사이사이-사람 충전'이란 단절된 이웃을 단단한 관계로 만들어 간다는 핵심 가치를 뜻한다. 문화예술을 소비하는 차원을 넘어 주민들이 직접 참여해 문화 창출의 주체가 되는 문화도시 모델을 지향한다. 사이사이란 시간과 공간의 틈을 뜻하며, 영월의 다양한 장소와 일상 속에서 사람과 사람이 문화로 연결되는 과정을 강조한다. 영월군은 '사이사이-사람 충전'을 통해 주민들과 방문객 모두가 일상에서 문화예술을 경험하게 함으로써 영월을 문화예술의 재생산 공간으로 발전시키기를 기대했다. 문화도시영월에는 다양한 주체가 참여해 서로 협력하면서 문화예술의 가치를 높이고 지역의 당면 과제를 해결하는 사람들이 많다.

영월군민은 문화도시영월을 움직이는 실질적 주체이며, 문화도시시민추진단과 문화영월반상회는 문화도시영월의 거버넌스가 시작되는 출발점이다. 문화도시시민추진단은 민관 전문가의 역할을 조율하고 사안을 협의하면서 문화도시영월의 성공을 위해 여러 분과를 운영했다. 문화도시시민추진단에서 현실적인 의제를 발굴하고 구체적으로 실행하는 단위별 주체가 문화영월반상회이다. 문화

제8장 문화도시영월의 지속가능성을 찾아서

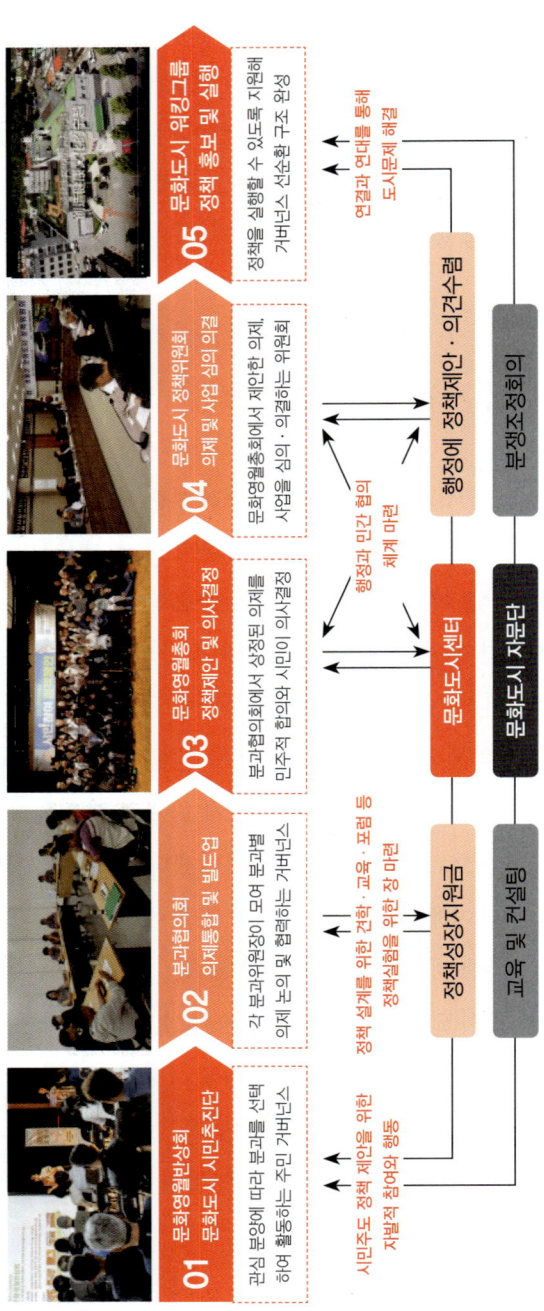

[그림 8-1] 문화도시영월의 거버넌스 협력 체계

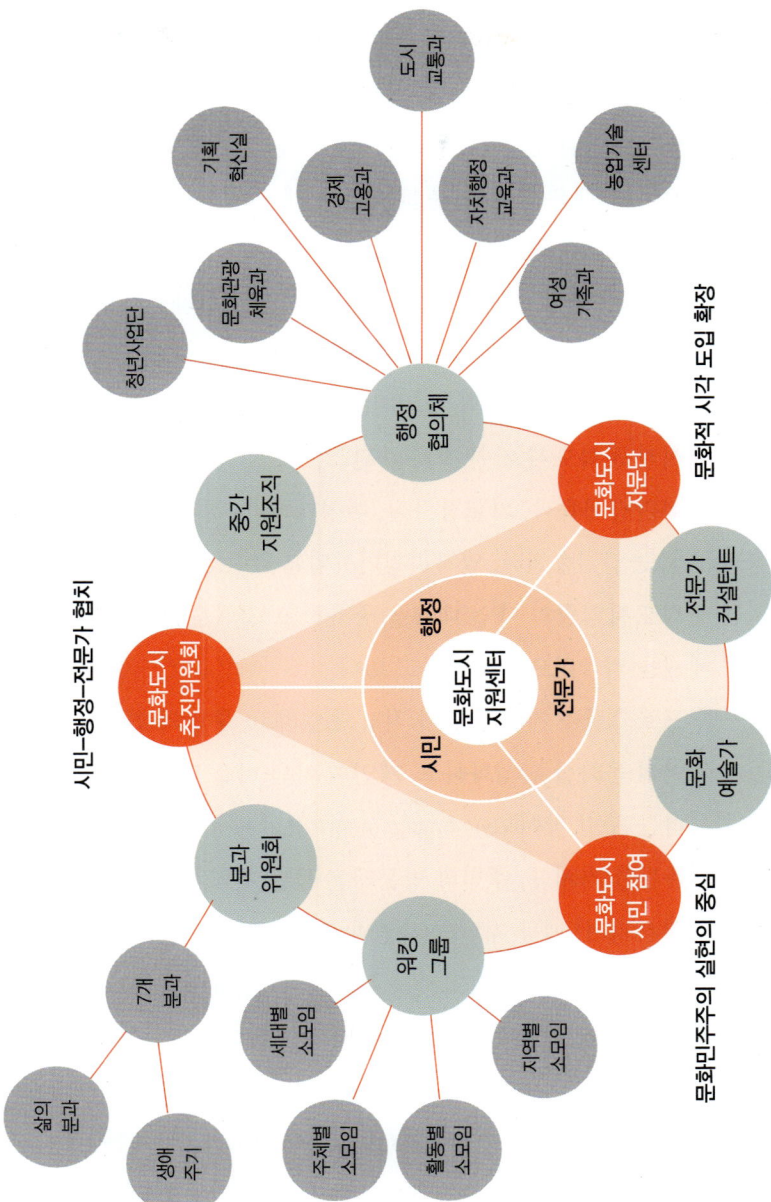

[그림 8-2] 문화도시영월을 만드는 사람들

광부학교에서는 지역 곳곳에서 문화자원을 채굴하는 창의적인 문화 광부를 양성하고 있다. 문화기획자 과정, 축제기획자 과정, 시민기록자 과정, 관광인력 과정, 문화예술교육(어린이) 과정 같은 5개의 교육과정이 개설된 문화광부학교에서는 이론 교육을 비롯해 멘토링과 견학 프로그램은 물론 실무 교육을 통해 영월의 문화 광부를 양성하는 역할을 톡톡히 해내고 있다.

주민 참여, 문화적 연결, 지속가능한 지역 발전이라는 3가지 목표를 달성하기 위해 설정된 핵심 가치가 '사이사이-사람 충전'이다. 영월군은 지원조직협의회와 행정지원협의체를 영월군청 관련 부서와 연계시켜 문화도시 지원 정책을 원스톱으로 처리하고 있다. 영월군의 문화관광체육과, 기획감사실, 여성가족과, 경제과, 도시과, 행정교육과, 농업기술센터, 일자리청년사업단 같은 8개의 실과센터에서는 문화도시영월의 사업 내용을 공유하고 정책을 지원하기 위한 협력 체계를 적극적으로 가동하고 있다.

문화 프로그램을 지역 주민이 직접 운영하고, 주민의 협력으로 공동체 기반의 문화를 활성화하고, 개인이 아닌 마을 단위로 문화자원을 활용하는 주민 참여(civic engagement) 정신은 문화도시영월을 지탱하는 든든한 가치다. 주민과 방문객은 물론 지역과 외부를 문화적으로 연결시키며, 폐광 지역의 자연과 역사문화가 결합된 콘텐츠를 개발해 지역의 정체성을 강화하는 문화적 연결(cultural connectivity)은 문화예술 콘텐츠를 확산하는 결정적 요체이다. 문화예술 활동으로 경제적 파급 효과를 창출하기 위해 주민이 주도해서 문화경제 모델을 구축하는 지속가능한 성장(sustainable growth) 문제는 미래를 위한 방향성이다. 영월군은 '사이사이 사람 충전'을 실현하기 위해 주민 참여형 프로그램을 다양하게 운영해 왔다.

첫째, 공간 기반의 문화 활성화 프로젝트이다. 공간은 문화를 담아내는 중요한 요소이다. 영월군은 유휴 공간을 문화적 장소로 바꿔 주민과 방문객이 문화 활동에 쉽게 참여할 수 있는 공간을 제공했다. 동강 유역의 유휴 공간에 소규모 공연과 전시를 할 수 있는 문화 공간을 조성하는 동강마루 프로젝트, 골목길과 마을 담장을 캔버스로 활용해 주민들이 직접 그림을 그리고 작품을 전시하는 골목 갤러리, 마을의 작은 서점에서 독서모임과 문화강좌를 운영하는 책방마을 프로젝트가 있다.

둘째, 주민 참여형의 문화예술 프로그램이다. 지역 주민이 직접 기획자로 참여해 문화행사를 주도하고 마을 단위로 주민 참여 예술제와 축제를 운영하는 '내가 만드는 문화도시', 주민이 자발적으로 참여해 영월의 문화자산을 소개하고 마을 해설사를 양성해 문화도시를 알리는 '우리동네 문화 큐레이터', 지역 주민들이 취미로 시작한 예술 활동을 문화 콘텐츠로 발전시켜 소규모 연극과 음악회나 공예작품을 전시하며 주민이 행사를 주도하는 '생활예술 활성화 프로그램'이 있다.

셋째, 관광과 연계한 문화체험 콘텐츠이다. 영월의 문화충전 프로젝트는 관광 활성화와 긴밀히 연결된다. 단순한 여행지가 아닌 방문객이 지역 주민과 함께 문화도시를 만들어 가야 한다는 목표를 가지고 여러 프로그램을 진행했다. 주민 해설사와 함께하는 마을 탐방 프로그램, 영월의 장인과 함께하는 공방 체험 프로그램, 영월의 음식 문화를 배우고 함께 나누는 마을 공유 부엌 같은 주민 주도형의 체험 관광 프로그램('함께하는 영월')이 대표적이다. 소셜미디어를 활용한 참여형 문화 이벤트나 지역 주민과 방문객이 문화 콘텐츠를 함께 만드는 '영월 문화 챌린지'도 주목할 만하다.

넷째, 주민 참여를 통한 관계인구의 창출이다. '사이사이-사람 충전' 프로젝트는 영월의 문화 활동을 단순히 거주민에게만 한정하지 않고, 방문객과 외부 참여자까지 연결하는 관계인구 창출 전략으로 확장시켰다. 관계인구를 창출하는 주요 전략은 영월을 찾는 예술가, 연구자, 도시 거주자 같은 문화 창작자와 협력해 영월에서 창작 활동을 하도록 예술가를 지원하고, 폐광촌을 창작 레지던시 공간으로 조성하며, 청년과 외부 인재를 유입하는 프로그램을 가동해야 한다. 그리고 대학과 연구기관과 협업해 지역의 문화연구 프로젝트를 추진하고, 영월의 자연과 역사를 연구하는 프로그램을 운영하고, 온라인 커뮤니티를 활성화시켜 지속적인 교류를 유도해야 한다.

다섯째, 지속가능한 문화도시의 정립이다. 문화도시영월의 '사이사이-사람 충전' 프로젝트는 단순한 문화 활동이 아닌 도시 전체를 하나의 문화공간으로 확장하는 과정이다. 영월군은 다음과 같은 변화상을 기대하고 있다. 주민이 직접 참여하는 문화 모델을 구축해 방문객과의 문화 교류를 확대하고 문화도시의 브랜드 자산을 정립하는 동시에, 관광객을 단순 방문자가 아닌 문화 창출의 주체로 변화시켜 체류형 관광을 활성화시킨다. 또한 주민 간의 교류 기회를 늘려 지역 공동체를 활성화하고 세대 간의 문화 전승과 협업 문화를 정착시켜 영월 공동체의 사회적 연결을 강화하는 것이다.

문화도시 사업의 최종 목표는 영월의 역사문화가 경제적 가치를 창출해 지속가능한 지역 발전을 모색하는 데 있다. 영월군은 문화도시와 관광을 결합한 새로운 경제 모델을 정립하고 다양한 정책을 추진해 왔다. 문화관광 활성화를 위한 주요 전략은 역사문화 자원과 관광을 결합해 체류형 관광을 활성화하고, 역사문화 유적과 체험형 프로그램을 접목해 관광 상품을 개발하는 것이다. 또한 지역 축제와 관광을 연계하고, 폐광 지역을 재생시켜 문화광산을 실현하고, 예술가와 창작자를 유입시켜 지역 경제를 활성화하며, 나아가 관계인구를 창출해 지속가능한 문화 경제를 실현하는 것이다.

영월군이 문화도시 추진을 위해 구축한 기반은 단순한 인프라 조성을 넘어, 지속가능한 문화 생태계를 조성하는 과정으로 평가받고 있다. 문화도시 기반 조성의 주요 성과로는 법정 문화도시로 지정된 이후에 주민 참여형의 문화 프로그램이 확산됐고, 폐광 지역을 문화 공간으로 재활용해 문화예술과 관광이 결합된 지속가능한 발전 모델을 구축했고, 청년 창작자와 예술가의 유입을 통해 지역 경제를 활성화하고 문화산업의 생태계를 구축했으며, 문화 교육과 주민 참여를 확대해 지역 주민의 문화 향유 기회를 높였다는 사실이다.

영월군이 문화도시로 계속 발전하려면 현재의 기반을 더욱 강화하고, 남겨진 과제를 해결해야 한다. 남겨진 과제 몇 가지를 제시하면 다음과 같다. 문화도시영월의 문화 정책에 있어서 지속가능성을 확보하고, 중앙정부의 지원을 넘어서 자립형 문화도시 모델을 구축해야 한다. 또한 청년과 외부 인재의 유입을 확대하고, 창작자와 문화 기획자들이 장기적으로 정착할 수 있는 지원 정책을 더 늘려야 한다. 그리고 대학과 연구기관의 협력을 보다 확대하고 디지털 기술을 활용한 문화 콘텐츠 창작을 더 확대해야 한다. 나아가 온라인 플랫폼을 활용해 영월의 문화예술을 더 널리 확산하고, 인공지능(AI) 기술을 접목한 문화관광 콘텐츠를 다수 개발해야 한다.

'사이사이-사람 충전'은 단순한 문화예술 프로그램이 아니라, 지역의 정체성을 기반으로 지속가능한 문화도시를 구축하는 핵심 가치다. 앞으로 영월군은 핵심 가치를 보다 구체적인 정책으로 실현해 주민이 참여할 기회를 더 늘리고 관계인구를 창출하며, 문화와 관광을 융합한 지속가능한 도시 모델을 완성해 나갈 것이다. 미래의 영월은 사람과 사람이 문화예술을 통해 연결되고, 연결하는 과정에서 도시 전체가 온통 문화로 충전되는 문화도시영월로 계속 뻗어 나갈 것이다. 앞으로도 영월은 주민 참여형의 문화 정책을 추진하고, 창의적인 문화공간을 조성하고, 문화와 관광을 연계하는 경제 활성화 방안을 지속적으로 모색해야 한다. 그렇게 되면 역사문화가 오래오래 살아 숨 쉬는 문화도시영월로 발전해 나갈 것이다.

3. 굽이굽이 활력 충전으로 신나는 영월

영월군은 천혜의 자연경관과 풍부한 문화유산이 공존하는 대표적인 관광지로, 강원특별자치도 내에서도 복합 관광의 가능성이 높은 지역이다. 동강, 한반도지형, 선돌 같은 자연경관은 생태관광과 치유관광의 배경이 되며, 영월은 단종의 유배지라는 역사적 배경과 함께 복합적인 관광지로 발전하고 있다. 영월 관광의 주요 특성은 크게 3가지로 정리할 수 있다. 즉, 자연경관 중심의 생태관광과 레저관광(동강 래프팅, 한반도지형 트레킹, 별마로천문대 관측), 역사문화가 결합된 관광 콘텐츠(단종 유배지, 장릉, 조선시대 문화유산을 활용한 역사 체험), 문화예술 공간과 연계된 감성관광(폐광촌 문화재생, 미디어 아트 전시, 갤러리형 골목 방문)이라는 3가지 유형의 관광이다. 영월은 자연 관광지를 넘어서 이미 역사문화와 스토리가 결합된 복합형 관광지가 되었으며, 방문객에게 풍성한 체험의 기회를 제공하고 있다.

자연과 문화가 어우러진 영월은 방문객의 유치에 그치지 않고, 영월 경제의 활성화, 문화 정체성의 강화, 지속가능한 관광 모델의 정립을 지향한다. 자연과 역사문화가 조화를 이룬 영월 관광 정책의 기대 효과는 이렇다. 영월 방문객을 늘려 영월의 경제를 활성화시키고, 영월 주민이 주도하는 체험형 관광 콘텐츠를 확대하고, 지속가능한 관광 모델을 정착시키고, 친환경 관광 정책에 따라 장기적인 발전 가능성을 높인다는 것이다. 영월군은 앞으로도 친환경 관광 정책을 지속적으로 추진하고 체험형 관광 상품의 개발을 확대해, 주민과 방문객이 함께 만드는 문화관광 콘텐츠를 강화할 계획이다.

영월 관광 정책의 방향성은 한마디로 창의적 관광으로 요약할 수 있다. 영월군은 기존의 역사문화 유산을 현대적인 맥락에서 재해석한 다음, 전통문화에 최신의 기술을 접목시켜 스마트 관광 콘텐츠를 개발하는 데 치중해 왔다. 영월 주민이 주체가 되는 체험형 관광 상품을 개발하는 데 역량을 집중하며, 역사와 자연과 문화예술이 결합된 융합형 문화관광 모델을 구축하는 데 모든 노력을 경주한 것이다. 영월의 관광 전략이 순조롭게 구현된다면 방문객들은 영월의 문화유산을 깊이 체험하는 동시에 창의적인 문화 콘텐츠를 폭넓게 향유할 것이다.

먼저, 영월의 대표적인 역사문화 자원과 연계한 창의적 관광 콘텐츠를 살펴보자. 조선시대의 복식을 입고 단종의 길을 따라가는 유배길 재현 프로그램, 단종과 관련된 주요 사적지(청령포, 장릉, 자규루)를 둘러보는 테마 관광의 운영, 스토리텔링 기반의 역사극 공연, '단종의 꿈'이라는 주제로 영월 주민과 예술가들이 함께 만드는 연극과 퍼포먼스 개최, 미디어 아트와 결합된 역사문화 공연, 장릉과 청령포에서 가상현실(VR)과 증강현실(AR)을 활용한 역사 체험의 기회 제공, 스마트폰 애플리케이션을 통해 단종의 삶을 가상으로 체험하는

'단종의 하루' 콘텐츠 개발 등이다. 창의적 관광 콘텐츠가 늘어날수록 관광객에게 다양한 체험의 기회를 제공하면서 몰입도 높은 역사 체험의 기회를 제공할 것이다.

문화광산으로 전환하는 폐광촌의 문화재생 콘텐츠에는 탄광 체험과 광부마을 관광, 광부들의 삶을 생생하게 경험할 가상현실(VR) 탄광체험관 운영, 광부 복장을 입고 석탄을 채굴하는 과정을 체험하기가 있다. 나아가 폐광 시설을 영월 예술가의 작품을 전시하는 전시 공간으로 활용하고, 레지던시 프로그램을 운영하고, 광산문화를 기록하는 아카이브 작업도 진행했다. 광산문화를 기록하는 아카이브 작업은 후세를 위한 교육 자료로 쓸 수 있어서 특별한 가치가 있다.

예컨대, 『상동 광업소의 기억, 우리의 기록』(2024)은 1916년부터 1994년까지 진행된 상동 광업소의 역사를 고스란히 담아낸 아카이브 기록의 놀라운 성과였다. 이 아카이브 작업에서는 문헌조사와 구술사(口述史) 방법론[1]을 바탕으로 영월 곳곳의 마을과 골짜기의 지명, 지명에 얽힌 설화, 마을 사람들의 풍습, 고개와 길을 넘나들던 사람들의 교류 양상을 역사문화의 차원에서 생생하게 복원했다. 또한 후속 작업으로『영월광업소와 마차리』(2025)도 발간했다. 이 책은 1935년 영월화력발전소의 발전용 탄을 공급하기 위해 개광된 영월광업소의 역사와 북면 마차리 마을의 유무형 유산을 집대성한 것으로, 『상동 광업소의 기억, 우리의 기록』 발간에 이어 영월 시민기록단의 두 번째 결과물이다. 제1권은 문헌 위주로 석탄산업과 마차리 사

---

[1] 구술사는 생애사(life history), 자기보고서(self-report), 개인적 서술(personal narration), 생애담(life story), 구술전기(oral biology), 회상기(memoir) 그리고 심층면접(in-depth interview)을 포괄한다. 한국 학계에서는 구술사를 구술(口述)에 기반을 둔 역사서술뿐 아니라 구술채록 모두를 포괄하는 것으로 정의하고 있다(윤택림, 함한희, 2006).

람들의 삶, 문화, 교육, 종교에 관한 내용을 구성했고, 제2권은 269장의 사진과 수록 문헌을 시각적으로 분류해 흥미롭게 수록했다.

 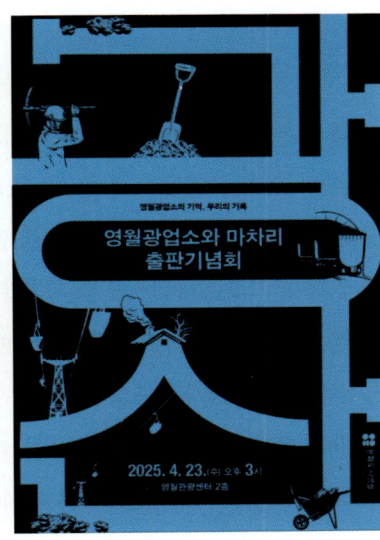

[그림 8-3] 광산문화 아카이브 작업의 출판기념회 포스터(2024)

다음으로, 예술과 감성을 결합한 창의적 관광 콘텐츠를 방문객에게 제공함으로써 주민과 함께하는 특별한 감성 체험의 기회를 제공할 수 있다. 영월의 오래된 골목을 캔버스로 활용해 주민과 예술가들이 벽화를 그리고 설치미술 공간을 조성하는 것이다. 영월의 전통과 이야기를 담은 '스토리텔링 벽화길'을 운영하고, 문학과 여행이 만나는 북토크 프로그램을 실시하고, 문학 작품과 연계한 문학기행 프로그램을 운영해도 좋다. 그리고 작가와 함께 문학작품의 배경을 탐방하는 여행 상품을 개발하고, 미디어 아트와 빛 조명 축제를 기획하고, 자연환경과 미디어 아트를 접목한 야외 전시를 실시하고, 조명 예술을 활용한 '빛의 거리' 프로젝트를 운영해도 좋다. 예술과 감성이 결합된 관광은 여행객에게 보통의 관광을 넘어 개인적인 영감과 감동을 제공하기 때문에, 영월의 도시 브랜드 자산을 형성하는 데 기여할 것이다.

마지막으로, 영월 특산물과 연계한 음식 체험을 비롯한 체험형 관광 콘텐츠가 있다. 영월에는 다양한 특산물이 있고 음식 체험 프로그램과 전통음식 관광도 활성화되고 있다. 음식 체험을 비롯한 체험형 관광 프로그램에는 전통 한식 체험인 '영월 밥상'과 영월 농산물을 활용한 한식 요리 체험이나 강원도식 전통 음식 만들기 체험(곤드레밥, 감자떡, 메밀전)도 있다. 막걸리 양조장 방문과 시음 체험을 비롯해 전통 막걸리의 제조 과정을 배우고 시음하는 체험형 관광과 영월 특산주와 연계한 농촌문화 체험도 가능하다. 또한 영월 농가의 친환경 음식 체험은 물론 농장에서 직접 수확하고 요리하는 슬로푸드 체험과 팜투테이블(farm to table) 체험도 가능하다. 영월 방문객은 음식과 관광의 융합 효과를 직접 느끼는 미식 여행을 통해 영월의 체험형 관광 콘텐츠에 깊이 빠지게 될 것이다.

창의적인 관광 콘텐츠는 방문객의 체류 시간을 늘리고 관광 수익을 증가시키는 동시에 소상공인과 숙박업소 및 음식점과의 연계를 통해 영월의 경제적 파급 효과를 높이는 데도 기여할 것이다. 영월 주민과 예술가 및 창작자들이 주도하는 관광 생태계를 제대로 형성했을 때 관광객은 단순한 방문자가 아닌 영월에 우호적인 태도를 유지하는 관계인구로 발전할 것이다. 영월을 지속적으로 방문하는 관계인구는 장기적인 우호 집단의 기능을 하며 영월을 문화와 관광이 결합한 매력적인 문화도시로 자리 잡게 하는 데 영향을 미칠 것이다.

4. 구석구석 공간 충전으로 넘치는 영월

문화도시영월에서 '사이사이-사람 충전' '굽이굽이-활력 충전' '구석구석-공간 충전'이란 3가지 핵심 비전에서 마지막인 '구석구석-공간 충전'이란 개별적 공간을 개방적 공유 공간으로 전환한다는 핵심 가치를 뜻한다. 구석구석 공간 충전은 물리적 장소나 활용되지 않던 공간을 개방적이고 공유할 수 있는 문화공간으로 전환하겠다는 전략적 비전이다. 이는 단순한 공간 재배치가 아니라, 장소성(place identity)을 회복하고 공간에 새로운 사회문화적 의미를 부여하는 작업이다. 영월군에서 시도한 '구석구석-공간 충전'의 정책 사례를 살펴보자.

영월군은 지역 곳곳에 '우리동네 문화충전소'를 설립해, 주민들이 일상 속에서 문화예술을 접하고 참여할 수 있는 공간을 두루 마련했다. 활용되지 않던 공간을 비롯해 개인 소유의 공방과 미술관 및 카페 같은 기존의 장소들은 문화예술작품을 전시하거나 공연할 수 있는 복합 문화공간으로 탈바꿈했다. 우리동네 문화충전소를 이용하는 주민들은 이전에는 잘 방문하지 않던 장소에서 문화예술 활동을 새롭게 경험하며, 지역 문화의 활성화에도 기여하는 긍정적 효과를 낳았다.[2]

영월군 영월읍에 있는 '진달래장'은 유휴 공간을 문화예술 공간으로 탈바꿈시킨 대표적인 사례이다. 이곳에서는 다양한 전시와 공연

---

2) 최덕철(2024. 1. 16.). "개별 공간을 공유 공간으로 우리 동네 문화충전소: 문화도시영월4." https://m.monthly.chosun.com/client/mdaily/daily_view.asp?Newsnumb=20240119036&idx=19036&utm_source=chatgpt.com

이 개최되고 있다. 영월군은 지역 예술가들의 창작 활동을 적극 지원하고 있다. 영월문화관광재단 문화도시센터는 영월역 앞의 '#문화충전샵'에서 주민 주도의 벼룩시장과 버스킹 공연을 개최하기도 했다. 이런 행사는 지역 주민들이 직접 참여해 문화예술 활동을 주도하고, 방문객과의 교류를 촉진하는 소통의 장이 되었으며, 지역 경제의 활성화와 문화적 활력 증진에도 기여했다.

2021년에 개관한 영월관광센터 '와이스퀘어(Y-square)'는 영월군을 포함한 강원도 남부의 폐광 지역 4개 시군의 통합 관광을 위한 거점이자 지원센터의 기능을 수행하고 있다. 지하 1층, 지상 3층, 연면

[그림 8-4] 영월관광센터 와이스퀘어 ⓒ영월군

적 6494.26m² 규모의 와이스퀘어는 청령포의 굽어 휘어지는 강을 모태로 디자인됐다. 1층에는 음식점, 이벤트홀, 지역특산물 직매장이, 2층에는 미디어 전시관과 체험존, 상설전시관, 문화상품 판매점이, 3층에는 옥상정원과 카페가 있다. 미디어 전시관에서는 민화를 소재로 한 〈꿈의 정원〉 같은 디지털 영상물이 특별 상영되므로, 방문객들은 전통과 현대가 어우러진 곳에서 독특한 체험을 할 수 있다.

나아가 석탄산업의 유산인 폐광 지역의 터널이나 갱도도 지금은 예술 전시, 공연, 창작 활동이 이루어지는 문화예술 플랫폼으로 변화했다. 이처럼 영월의 구석구석에 숨어 있는 장소들을 재해석해, 지역 주민과 방문객이 함께 호흡할 수 있는 문화공간으로 충전한다는 것이 구석구석 공간 충전의 개념이다. '구석구석-공간 충전'의 진정한 가치는, 소외되고 방치된 공간을 다시 지역사회의 중심으로 편입시켜 공간의 생명력을 회복하고 장소를 재활성화하는 데에서 찾을 수 있다. 구석구석 공간을 충전하면 결국 영월의 중심지는 물론 외딴곳의 구석구석까지 문화 인프라가 확장돼 누구나 쉽게 문화예술을 향유할 수 있게 돼 문화의 분산화와 접근성이 강화될 것이다.

또한 영월 주민이 주도해서 공간을 운영하고 활용하기 때문에 공유경제의 가치를 제고하고 공동체의 문화를 형성하는 공유와 참여의 문화가 정착될 것이다. 기존의 공간을 철거하거나 신축하지 않고 재생함으로써 친환경적이고 비용 효율적인 방식으로 공간을 활용하기 때문에 지속가능한 자원 활용이 가능하여, '구석구석-공간 충전' 프로그램의 기대 효과는 크다. 영월 문화관광의 발전 측면에서 '구석구석-공간 충전'의 기대효과를 다음과 같이 전망할 수 있다.

먼저, 문화관광 자원이 다양화되고 다변화될 것이다. 전통적인 명소 중심의 관광에서 벗어나, 영월에 숨겨진 공간을 활용해 스토리텔링 기반의 문화관광 콘텐츠를 확산할 수 있다. 폐광, 옛길, 방치된 건물은 역사와 문화예술 그리고 참여 프로그램이 융합된 체험형 콘텐츠로 발전할 수 있다. 기존의 자연경관 중심의 관광에서 벗어나, 문화예술 공간을 활용한 새로운 문화관광 콘텐츠를 개발함으로써 방문객들의 관심을 유인할 수 있을 것이다.

다음으로, 지속가능한 지역 경제 모델을 구축할 것이다. 주민이 공간의 운영 주체가 될 경우에 수익이 영월 내에서 순환되고, 역사문화 기반의 사회적 경제가 활성화된다. 공간 기반의 문화산업이 발전하면 영월에서 활동하는 창작자가 늘기 때문에, 창작 활동이 활성화되고 영월 브랜드 자산의 가치도 상승하게 된다. 문화공간에서 이루어지는 다양한 행사와 프로그램은 지역 주민들의 참여를 유도하고 영월의 경제에 활력을 불어넣을 것이다.

마지막으로, 영월의 정체성을 강화하고 관광객의 만족도를 향상시킬 것이다. 공간마다 스며 있는 이야기를 문화 콘텐츠로 제작하면, 방문객들은 영월에서만 느끼는 경험을 하게 될 것이다. 결국 재방문율이 늘고 체류 기간이 증가하면 영월의 문화적 정체성이 방문객에게 명확히 전달돼 관광지로서의 브랜드 가치도 더욱 높아질 것이다. 나아가 유휴 공간을 재활용함으로써 친환경적이고 지속가능한 관광 모델을 확산한다면 영월의 역사문화를 보존하고 계승하는 데도 영향을 미칠 것이다.

영월 곳곳의 유휴 공간을 문화예술 활동의 거점으로 재탄생시켜, 주민과 방문객이 함께하는 문화 교류의 장으로 활용하게 한다는 '구석구석-공간 충전' 정책은 단순하게 접근하는 장소 리뉴얼의 범위를 넘어선다. 공간을 통해 사람을 연결하고, 기억을 확장시키며, 영월의 문화적 자립 기반을 형성하는 창의적 전략인 셈이다. '어두운 석탄광산에서 빛나는 문화광산으로' 도약하려는 문화도시영월의 비전을 보여 주는 이 전략은 앞으로 영월이 지속가능한 문화관광 도시로 나아갈 수 있는 핵심 동력으로 작용할 것이다.

5. 문화도시영월의 성과와 미래 발전 방향

1) 문화도시영월이 지역 사회에 미친 영향

영월군은 영월 주민과 방문객이 함께 문화를 창출하고 향유하는 지속가능한 문화도시 모델을 구축해 왔다. 주민이 주도하는 문화예술 프로그램이나 폐광촌의 문화 재생 프로그램이 대표적이다. 이 프로그램은 관계인구를 창출해 영월 고유의 문화적 가치를 재발견하고 영월의 인지도를 한국 사회 전반에 확산하는 데도 영향을 미쳤다. 문화도시영월의 핵심 성과는 주민이 직접 기획하고 실행하는 '사이사이-사람 충전' 프로젝트를 비롯해, 생활문화 동아리의 활성화, 마을 단위의 문화기획자 양성, 폐광촌을 활용한 문화예술 거점의 조성, 탄광촌을 문화광산으로 전환해 창작과 전시 공간으로 활용한 사례가 대표적이다.

나아가 폐광 지역을 예술가 레지던시로 만든 것을 비롯해 공연장과 미디어 아트 갤러리의 운영, 영월에서 한 달 살기 프로그램과 체류형 관광 콘텐츠의 개발, 주민과 함께하는 문화축제의 활성화, 역사문화 기반의 창업, 영월 특산물·공예품·예술품과 연계한 관광 상품의 개발, 영월 경제와 문화예술의 상생 모델 구축도 주목할 만하다. 이런 성과들은 관광지 개발이라는 보통의 개념을 넘어, 문화가 지속적으로 창출되고 소비되는 문화 생태계를 조성하는 데 기여했다. 영월군의 문화도시 사업은 지역 사회 전반에 걸쳐 긍정적인 영향을 미쳤다. 여러 분야의 상호작용 효과가 파급되자 영월의 구석구석 곳곳이 변화된 양상을 살펴보면 다음과 같다.

첫째, 주민의 문화적 자립과 공동체를 활성화한 사회적 변화다. 영월 주민들은 기존의 문화 소비자에서 문화 생산자로 역할을 바꾸고, 마을 공동체가 중심이 되어 문화기획과 행사를 주도하는 사례가 늘어났다. 어르신들은 역사문화 교육을 진행하면서 세대 간에 문화를 전승하고, 이주민과 영월 주민은 서로 유대감을 형성함으로써 지역 공동체를 강화시켰다. 문화 콘텐츠에 대한 접근성이 낮은 지역에는 다양한 문화예술 프로그램을 제공하고 다양한 계층이 참여할 맞춤형 문화 교육을 확대함으로써, 영월의 구석구석 곳곳이 문화예술을 향유할 기회도 확장됐다.

둘째, 문화관광과 영월 경제의 선순환 구조를 만든 경제적 변화다. 영월군은 기존의 관광산업과 차별화된 문화체험형 관광 콘텐츠를 개발했다. 이에 따라 방문객의 체류 기간이 늘었고 소비도 증가해 영월의 경제 발전에 도움이 됐다. 영월 예술가와 청년 창업자들은 물론 문화 도슨트와 관광 해설사 같은 인력을 양성함으로써, 문화 창업과 일자리 창출에도 기여했다. 영월 특산물과 결합한 문화 상품(한지 공예품, 지역 예술품)도 개발돼 지속적으로 경제적 파급 효과를 유발했다. 영월 예술가들이 운영하는 공방체험 프로그램에는 연간 1만 명 이상의 방문객이 찾았으며, '영월 문화장터'에서 팔리는 특산물과 예술품도 지속적으로 증가했다.

셋째, 영월 고유의 정체성이 반영된 문화 생태계를 조성한 문화적 변화다. 영월군은 전통 문화와 현대 예술을 융합한 창의적 콘텐츠를 지속적으로 생산했다. 미디어 아트나 가상현실(VR)과 증강현실(AR) 기술을 활용한 문화 콘텐츠도 다변화했다. 예술가 레지던시 프로그램을 확대해 영월의 창작 거점 기능을 강화했고, 폐광촌을 창의적인 공간으로 재생하는 프로젝트를 지속적으로 추진함으로써 창작 환경을 조성했다. 또한 '문화충전도시영월'이라는 브랜드를 널리 알리며 지속가능한 문화도시 브랜드를 정립했다. 문화적 변화의 대표적인 사례로 전국적인 관심을 받으며 여러 지역에서 벤치마킹 대상으로 인정하는 '폐광촌 문화광산 프로젝트' 사례를 들 수 있다.

영월군이 앞으로도 문화도시로 계속 성장하려면 현재의 성과를 바탕으로 변화하는 문화관광 트렌드에 적합한 전략을 구사해야 한다. 지속가능한 문화도시 발전을 위한 핵심 전략은 다음과 같다. 디지털 기술을 활용한 스마트 문화관광의 활성화, 온라인 기반의 문화관광 플랫폼에서 관광객과 영월 주민의 연결 강화, 관계인구 확대를 위한 장기 체류형 프로그램의 강화, 청년 예술가 유입 프로젝트와 디지털 노마드 마을의 운영, 영월 연구와 창작 활동을 지원하는 문화연구 허브의 구축, 영월 기반의 지속가능한 문화창업 지원, 문화관광 스타트업 육성과 창업 지원 정책의 확대, 영월 특산물과 결합한 문화 브랜드의 마케팅 강화, 문화와 환경이 결합된 친환경 문화도시 조성, 자연환경을 고려한 친환경 문화공간의 개발, '제로 웨이스트' 문화축제 및 지속가능한 관광 정책 추진 등이 가능할 것이다.

영월군은 문화도시를 조성해 영월 주민과 방문객이 함께 문화를 창출하고 공유하는 지속가능한 생태계를 구축하는 데 성공했다. 앞으로도 영월은 단순한 관광지를 넘어서 문화와 예술 그리고 사람끼리 연결하는 '살아 숨 쉬는' 문화도시로 발전할 것이다.

2) 진화하는 문화도시와 지속가능한 성장

영월군은 법정 문화도시로 지정된 이후, 주민과 방문객이 함께 문화를 창조하는 지속가능한 문화도시를 만들어 왔다. 영월은 현재 사회적, 경제적, 환경적 지속가능성을 고려한 '진화하는' 문화도시로 나아가고 있다. 영월군은 미래 문화도시의 방향성을 관광 중심에서 참여형 문화도시로 전환해 주민과 방문객이 공동으로 문화를 창조하고 향유하는 도시를 만들어 왔다. 관광객은 관찰자가 아닌 참여자로 변화시키고, 문화예술과 관광이 영월 경제의 활성화와 주민의 삶의 질 향상과 연계되도록 설계했다.

나아가 문화도시영월은 단기적 사업이 아닌 지속가능한 도시 발전을 지향하며, 독립적인 문화산업 생태계를 조성해 영월 주민이 자립하는 구조를 마련하고자 했다. 지속가능한 문화관광 정책의 핵심은 디지털 기술과 친환경 정책을 결합한 스마트한 문화도시영월을 만드는 데 있었다. 영월군은 문화도시영월의 사업 목표를 구체적으로 설정해 성과를 체계적으로 관리해 왔다. 문화도시영월을 지속적으로 발전시키고 진화시키는 데 필요한 정책적 해결 과제를 다음과 같은 몇 가지로 정리할 수 있다.

첫째, 지속가능한 문화도시로 발전시키기 위한 독립적인 재정 확보 방안을 마련해야 한다. 중앙정부가 지원하는 문화도시 지원 사업은 일정 기간이 지나면 종료된다는 한계가 있다. 영월군의 문화도시 정책을 지속적으로 전개할 수 있도록 중앙정부의 지원 체계를 구축하거나, 영월군에서 문화기금을 조성하거나 민관 협력을 확대하며 문화도시의 발전에 필요한 재원 확보 방안을 독자적으로 마련해야 하는 이유다. 영월 문화기금을 조성하면 문화도시 사업을 장기적으로 운영할 수 있는 예산을 독립적으로 확보하게 되고, 기업과 민간의 투자를 유치해 영월에 특화된 문화 콘텐츠를 추가적으로 개발할 수 있다.

둘째, 관계인구의 숫자를 더욱 확대할 수 있도록 지속가능한 문화교류 모델을 구축해야 한다. 앞으로 영월의 문화관광 관계자들은 방문객이 영월에 단기간 체류하고 만족하는 데서 나아가 장기적 측면에서 관계인구를 유지하고 확대할 수 있는 프로그램을 다각도로 마련해야 한다. 방문객이 영월과 지속적인 관계를 유지하는 장기 체류형 프로그램을 확대하고, 외부 예술가와 창작자와 연구자들과 협력할 네트워크를 구축하는 문제도 중요하다. 영월에서 1년 살아 보기 프로젝트를 통해 많은 사람들이 일정 기간 영월에 거주하는 동시에 영월 주민과 방문객들이 디지털 커뮤니티에서 만날 수 있도록 지원해야 한다.

셋째, 디지털 기술을 활용해 스마트 문화도시를 한 단계 업그레이드시켜야 한다. 기존의 문화 콘텐츠에서도 디지털화에 상당한 진전이 있었다. 앞으로도 영월군은 인공지능(AI) 기반의 관광 큐레이션 시스템을 도입해 방문객 맞춤형의 체험 기회를 제공하고, 스마트 관광 앱의 성능을 개선해 데이터 기반의 관광 체계를 완성해야 한다. 영월 관광의 디지털 플랫폼에서 영월에 관한 각종 문화 콘텐츠를 체험하도록 하고, 인공지능(AI) 관광 가이드 시스템을 도입해 방문객 맞춤형의 역사문화 여행 코스를 추천하고 실시간으로 안내하는 똑똑한 서비스를 제공해야 한다.

넷째, 앞으로도 지속가능한 친환경 문화도시를 더욱 발전시켜 나가야 한다. 관광객이 증가하면 환경 부담도 증가하고, 문화 행사를 운영하면 탄소 배출량이 늘고 자원도 낭비될 수밖에 없다. 앞으로도 영월군은 친환경 문화축제를 비롯한 생태관광을 확대하고, 영월만의 특성을 고려한 문화관광의 기반을 보다 포괄적으로 구축해 나가야 한다. 문화도시영월의 미래 비전은 지속가능한 문화 네트워크 허브를 구축하는 것이다. 영월군은 지금까지의 문화도시를 넘어 지속가능한 친환경 문화도시로 한 단계 도약시켜야 한다.

앞으로 영월의 문화도시 사업에서 주민과 방문객이 함께 만들어가는 지속가능한 문화도시와 주민이 주도하고 방문객이 참여하는 공동체 기반의 문화관광 콘텐츠를 창출하는 문제는 특히 중요하다. 그동안 영월군은 문화도시를 조성해 주민과 방문객이 함께 문화를 창출하는 지속가능한 생태계를 구축하는 데 성공했다. 이런 성과를 더욱 발전시키려면 장기적인 정책 설계를 바탕으로 친환경 문화관광 전략을 거시적 안목에서 정립해야 한다. 영월군이 환경과 조화를 이루는 친환경 문화관광 전략을 체계적으로 전개한다면, 영월은 보통의 문화도시를 넘어 문화와 기술과 환경이 공존하는 지속가능한 미래형 문화도시로 도약할 것이다.

참고문헌

가정혜, 김진옥, 이충기(2018). "축제 참가자의 동기, 지각된 가치, 만족도 및 행동의도 간의 구조적 관계분석: 서울 등축제를 대상으로." 관광연구저널, 32(7), pp. 157-169.

강원관광재단(2025). "강원 워케이션: 영월." https://worcation.co.kr/gw/program/yeongwol

국제박물관협의회(ICOM, 2022). "국제박물관협의회 홈페이지." https://icom.museum/en/

권기성(2017). "19세기 후반-20세기초 필사본 야담집 연구: 금계필담, 차산필담, 양은천미를 대상으로." 경희대학교 박사학위논문.

권지혜, 박승훈(2018). "도시 브랜드 형성요인에 관한 개념연구: 도시 브랜드 관련의 연구동향을 중심으로." 한국콘텐츠학회논문지, 18(4), pp. 202-213.

김동경(2023). "글로벌 관문도시 서울·부산의 브랜드 이미지가 도시 충성도에 미치는 영향: 체험경제이론에 기반한 K콘텐츠 체험의 효과를 중심으로." 세종대학교 대학원 신문방송학과 박사논문.

김별아(2005). 『영영이별 영이별』. 서울: 창해.

김별아(2014). 『영영이별 영이별』. 서울: 해냄.

김병희(2019. 10. 30.). "기조연설: 서류(Seoul Wave)는 한류를 밀어줄 새

물결이다." 『Seoul Wave 세계가 사랑한 도시 서울』(제4회 서울브랜드 포럼 결과집). 서울: 서울특별시. pp. 3-7.

김병희(2020). 『문화예술 마케팅 커뮤니케이션 전략』. 서울: 학지사.

김병희(2023. 8. 24.). "단종문화제의 글로벌화를 위한 홍보 마케팅 전략." 단종문화제 60주년 글로벌화를 위한 심포지엄 발표문. 강원: 영월군.

김병희(2024). 『12사도와 떠나는 섬티아고 순례길』. 서울: 학지사비즈. pp. 1-253.

김병희(2024. 1. 22.). "문협(文俠) 김삿갓이 알려주는 정신적 방랑의 가치: 고려원의 소설 김삿갓." 교수신문, 1195, p. 10.

김병희, 구승회(2023). "사진 콘텐츠를 활용한 장소 마케팅의 사례 연구: 경북 포항시를 중심으로." 광고연구, 138, pp. 107-136.

김병희, 김신동, 홍경수(2022). 『보랏빛 섬이 온다: 인구소멸 시대의 문화예술행정 이야기』. 서울: 학지사.

김병희, 전영철(2024). 『2024 영월 문화관광 콘텐츠 분석 연구』. 강원: 영월문화관광재단 문화도시센터.

김열규, 신동욱 편(1982). 『김동인 연구』. 서울: 새문사.

김예진, 김영국(2022). "로컬 커뮤니티 기반 관광마을 조성 사례 연구: 영월 예밀촌 마을 사례를 중심으로." 관광연구논총, 한양대학교 관광연구소, 34(4), pp. 177-196.

김용택(2004). "강가의 집(江家)." 『시가 내게로 왔다5: 내가 사랑하는 한시』. 서울: 마음산책. p. 121.

김유경, 김유신(2015). "도시 관광 브랜드."(pp. 49-57.). 『공공 브랜드의 이해』. 서울: 커뮤니케이션북스.

김유나(2021). 『브랜드 유니버스 플랫폼 전략』. 서울: 학지사.

김인엽(2025. 3. 26.). "영월, 탄광 등 석탄산업 유산 활용한 문화도시로 탈바꿈." 한국경제.

김재수(2024). 『치유산업에서 길을 찾다』. 서울: 매경출판.

김현우, 이상훈, 양근수(2021). "한눈으로 보는 단종문화제 53년의 발자취."(pp. 13-23.). 『단종문화제 53년 기억과 기록: 단종대왕 탄신 580년 기념 단종문화제 53주년 기념 백서』. 강원: 영월군.

네이버 지식백과(2024a). "단종애사."(한국현대문학대사전, 2004. 2. 25. 권영민)

네이버 지식백과(2024b). "영영이별 영이별." 한국학중앙연구원 향토문화전자대전.

다마무라 마사토시, 고지마 도시아키 편저, 민성원 역(2020). 『히가시카와 스타일』. 서울: 소화.

단종역사관(2024). "문화유산표준관리시스템." 강원: 영월군.

문화재청(2007. 12. 31.). "문화재청고시 제2007-127호(국가지정문화재 보물 지정)." 관보(그6), 16659, p. 788.

박소윤(2024. 6. 28.). "영월의 가장 오래된 새로움 속으로." 한국경제.

박승현(2017). "지방소멸과 지방창생: 재후(災後)의 관점에서 본 마스다 보고서." 일본비평, 16, pp. 158-183.

박정환(2015. 7. 8.). "박정자 낭독공연 '영영이별 영이별'." 뉴스1.

박지윤(2019). "체험 요소(4Es)를 적용시킨 된장박물관 공간기획에 관한 연구." 건국대학교 예술디자인대학원 석사논문. pp. 16-19.

배기동(2021. 9. 25.). "창령사 오백나한상 미스터리: 혹시 이곳에 단종의 얼굴이?" 한국일보.

서상우(2005). 『뮤지엄 건축: 도시 속의 박물관과 미술관』. 서울: 살림출판.

서영아(2021. 12. 5.). "지역과 유대 맺는 관계인구 창출: 고향 납세로 재정 파탄 예방." 동아일보.

서헌(2023). "인구소멸과 지역기반 관광(CBT)에 관한 고찰." 호텔리조트연구, 22(5), pp. 95-109.

송미령(2023. 6. 13.). "관계인구가 온다." 농수축산신문.

스탠리(2014. 1. 21.). "단종애사(1956): 1950년대 한국영화의 고전." https://m.blog.naver.com/filmclassic/202894729

신관호(2024. 6. 10.). "영월 김삿갓, 노마드 시인 김병연: 영월 관풍헌서 상설공연." 뉴스1.

신봉승(1983). "한국역사소설연구." 경희대학교 석사학위논문.

심경호(2018). 『김삿갓 한시』. 서울: 서정시학.

야마이리사 저, 이현옥 역(2023). 『경영은 모닥불처럼』. 서울: 컴인.

양근수, 이상훈, 김현우(2020). "단종의 역사와 궤를 함께하는 지자체들의 문화예술활동."(pp. 598-600). "단종의 생애와 충신의 역사를 배경으로 하는 문화 콘텐츠 작품."(pp. 601-608). 『단종백화(端宗白話): 조선 6대 선왕(先王) 단종 일대기와 충신들, 정순왕후에 관한 백과 사록』. 강원: 영월군.

양다솔(2024). 『영월, 산과 별을 넘으며』. 영월: 영월군.

양재룡(2010). 『영월지리여행』. 영월: 호야지리박물관.

양현미(2001). "박물관 연구와 박물관 정책: 문화 연구의 관점에서 본 우리나라 박물관 연구와 정책." 홍익대학교 박사학위논문.

영월군(1999). 『영월문화관광종합계획』. 강원: 영월군.

영월군(2021). 『영월문화도시 조성계획』. 강원: 영월군.

영월군(2022a). "무릉도원면 사람들의 요선계와 요선정, 요선암." 디지털

영월문화대전. https://yeongwol.grandculture.net/yeongwol/search/GC08300007?keyword=%EC%9A%94%EC%84%A0%EC%A0%95&page=1

영월군(2022b). "세시풍속." 디지털영월문화대전. https://yeongwol.grandculture.net/yeongwol/toc/GC08301243

영월군(2022c). "식생활." 디지털영월문화대전. https://yeongwol.grandculture.net/yeongwol/toc/GC08301204

영월군(2022d). "영월의 농특산물." 디지털영월문화대전. https://yeongwol.grandculture.net/yeongwol/search/GC08300012?keyword=%EC%96%B4%EC%88%98%EB%A6%AC%AC&page=1

영월군(2025). "탄광마을로의 시간 여행: 영월 마차탄광문화촌." I Love Gangwon. https://ilovegangwon.com/trip/10291

영월군청 문화관광체육과 박물관팀(2023). 『영월 박물관 이야기 공립 편: 2024 학교 교육과정 연계 박물관 교육과정 연구개발』. 강원: 영월군.

영월군청 홈페이지(2025a). "달마다 새롭게 달달영월." https://www.yw.go.kr/tour/index.do

영월군청 홈페이지(2025b). "영월 소개." https://www.yw.go.kr

영월문화관광재단 문화도시센터(2024). 『문화도시영월 2023』. 강원: 영월군.

영월문화원(2024). "지역의 향토인물." 강원: 영월문화원. http://ywcul.or.kr/bbs/board.php?bo_table=5_sub2&wr_id=6

오경근(2020. 3. 5.). "김삿갓 방랑의 시작과 종착 영월: 영월10경에 스민 김삿갓 병연, 청운의 한." 시사매거진, 263.

월요일에 yoon2043(2015. 7. 27.). "한국민조시인협회 김진중 회장: 민중의 희노애락을 3·4·5·6조 민조시(民調詩)로 이어나가는 시인."
https://blog.naver.com/yoon2043/220432666087

윤병화(2021). "신박물관학 측면에서의 영월지역 박물관 운영방안 연구." **아시아강원민속**, 35, pp. 203-229.

윤설민, 김홍렬(2022). "도시 브랜드의 구성개념 간 영향관계에 관한 연구: 대전광역시 지역 주민의 관점을 중심으로." 관광연구저널, 36(2), pp. 109-124.

윤택림, 함한희(2006). 『새로운 역사쓰기를 위한 구술사 연구방법론』. 서울: 아르케.

이명우(2017). 『방랑시인 김삿갓 시집』(개정증보판). 서울: 집문당.

이명진(2013). "신박물관학의 관점에서 본 부산 박물관의 발전방안 연구." 경성대학교 박사학위논문.

이보아(2001). 『박물관학 개론: 박물관 경영의 이론과 실제』. 서울: 김영사.

이보아(2003). 『성공한 박물관, 성공한 마케팅』. 역사넷.

이보아(2014). 『박물관 경영과 마케팅』. 서울: 김영사.

이보아, 이예나(2005). "문화원형 지향적인 박물관과 문화 콘텐츠 지향적인 박물관의 비교분석: 시장현황과 일반대중의 선호도에 따른 비교분석." 박물관학보, 8, pp. 3-26.

이상호, 이나경(2023). "지방소멸위험 지역의 최근 현황과 특징." **지역산업과고용**, 7, pp. 112-119.

이진경(2002a). 『노마디즘1』. 서울: 휴머니스트.

이진경(2002b). 『노마디즘2』. 서울: 휴머니스트.

이희복, 최지윤(2021). "우리나라 도시 브랜드 슬로건의 개성 비교: 광역시와 도를 중심으로." 광고연구, 128, pp. 69-96.

일본 총무성(2024). "関係人口." https://www.soumu.go.jp/kankeijinkou/about/index.html

임상오, 이보아, 전영철(2007). 『박물관 창조도시 영월』. 서울: 해남.

임종업(2009. 3. 3.). "17살에 사약받은 단종의 비극은 원색: 올해의 작가 서용선." 한겨레.

전성운(2019). "원생몽유록."(pp. 182-183.). 『한국고소설강의』. 서울: 돌베개.

전영철(2022). "인구소멸 시대 문화관광을 통한 섬 재생방안에 관한 연구: 일본 세토내예술제를 중심으로." 한국도서연구, 34(2), pp. 57-76.

정다은(2016). "박물관 마케팅 믹스와 브랜드 자산 및 관람객 행동 의도의 구조적 관계 검증." 중앙대학교 문화예술경영학과 석사학위논문.

정석범(2014. 5. 8.). "서용선 씨 화이트블럭서 개인전: 시각예술로 풀어낸 단종의 비극." 한국경제. p. 32.

정채령, 가정혜(2025). "축제참여자의 트리플 미디어의 이용이 기대와 태도에 미치는 영향 관계에서 축제참여자 유형의 조절된 매개 효과 분석." 관광연구논총, 37(2), pp. 137-166.

조한나, 김영미(2022). "워케이션을 통한 지방소멸 대응방안 연구: 전라남도를 중심으로." *Journal of Convergence Tourism Contents*, 8(3), pp. 75-90.

주지원(2023. 2. 13.). "단종의 죽음에 표정에 관한 서사를 더하다: 연극 영월행 일기." 위드인뉴스.

지원배, 유현중, 정해원(2021). "문화도시 활성화를 위한 도시 브랜드 전략의 탐색적 연구: 1차 법정문화도시를 중심으로." 아시아태평양융합연구교류논문지, 7(8), pp. 343-356.

질 들뢰즈, 펠릭스 가타리 저, 김재인 역(2001). 『천 개의 고원: 자본주의와 분열증』. 서울: 새물결.

최광민(2009). 『아침의 나라』 전5권. 서울: 스카이미디어.

최덕철(2024. 1. 16.). "개별 공간을 공유 공간으로 우리 동네 문화충전소: 문화도시영월4." https://m.monthly.chosun.com/client/mdaily/daily_view.asp?Newsnumb=20240119036&idx=19036&utm_source=chatgpt.com

최미경, 이무용(2022). "소도시의 도시 브랜딩 전략 수립 프로세스 연구: '옐로우시티 장성' 도시 브랜딩을 사례로." 문화경제연구, 25(1), pp. 213-258.

최범순, 지윤호(2022). "강원형 산악관광 콘텐츠 개발 연구: 정선·영월 운탄고도를 중심으로." 관광연구저널, 36(3), pp. 5-18.

하혜영, 류영아(2022. 11. 17.). "새로운 인구개념인 생활인구의 의미와 향후 과제." 이슈와 논점, 2013, 국회입법조사처. pp. 1-4.

한국학중앙연구원(2022a). "단종문화제와 영월 칡줄다리기의 전통." 향토문화전자대전. https://www.grandculture.net/yeongwol/toc/GC08300019

한국학중앙연구원(2022b). "배식단사." 향토문화전자대전. https://yeongwol.grandculture.net/yeongwol/toc/GC08300647?requestBy=%ec%a0%84%ea%b5%ad

한국학중앙연구원(2022c). "영월 무릉리 마애여래좌상." 향토문화전자대전. https://yeongwol.grandculture.net/yeongwol/toc/GC08300621#:~:text

한국학중앙연구원(2022d). "영월 섶다리 민속문화." 향토문화전자대전.

https://yeongwol.grandculture.net/yeongwol/toc/GC08300020?requestBy=%ec%a0%84%ea%b5%ad

한국학중앙연구원(2022e). "영월 창령사지." 향토문화전자대전. https://www.grandculture.net/yeongwol/toc/GC08300635

한국학중앙연구원(2022f). "영월향교." 향토문화전자대전. https://yeongwol.grandculture.net/yeongwol/toc/GC08301063?requestBy=%ec%a0%84%ea%b5%ad

한국학중앙연구원(2025). "봉래산가." 한국학진흥사업 성과포털. http://waks.aks.ac.kr/subject.aspx?dataID=36503

한국학중앙연구원 디지털영월문화대전(2024). "영월향토문화백과 삶의 이야기(구비전승·언어·문학): 문학 작품." https://www.grandculture.net/yeongwol/toc?search=I3/1

허경진 역(1997). 『김립 시선』. 서울: 평민사.

황윤정(2012. 11. 28). "사도세자 슬픔 간직한 정조, 단종 화첩 제작 지시." 연합뉴스. https://www.yna.co.kr/view/AKR20121128087500005

황현주(2022. 10. 25.). "데꾸유, 프라하: 국제박물관협의회(ICOM) 프라하 총회 참석기." Museum News. https://museumnews.kr/321column/

Aaker, D. A. (1995). *Building Strong Brands*. The Free Press.

Akiko, K. (2020). *Over Tourism*. Tokyo: Hakyei Press.

Anholt, S. (2006). "The Anholt-GMI City Brands Index: How the World Sees the World's Cities." *Place Branding, 2*(1), pp. 18-31.

Bernstein, J. S. (2014). *Standing Room Only: Marketing Insights for Engaging Performing Arts Audiences*. New York, NY: Palgrave

Macmillan.

Booms, B. H., & Bitner, M. J. (1981). "Marketing Strategies and Organizational Structures for Service Firms." Donnelly, J. H., & W. R. George(Eds.). *Marketing of Services*. Chicago, IL: American Marketing Association. pp. 47-51.

Braidotti, R. (1994). *Nomadic Subjects: Embodiment and Sexual Difference in Contemporary Feminist Theory*. Columbia University Press.

Città di Venezia(2017). 12 Good Rules for the Responsible Visitor.

Deleuze, G., & Guattari, F. (1987). *A Thousand Plateaus: Capitalism and Schizophrenia*. University of Minnesota Press.

Derrida, J. (1997). *Of Grammatology*. Johns Hopkins University Press.

Grene, M. (1966). *The Knower and the Known*. University of California Press.

Ipsos(2022. 4. 25.). "Anholt-Ipsos City Brands Index: London Maintains Top City Brand Ranking from 2020 to 2022. Paris Rises to Second and Sydney Lands in Third." https://www.ipsos.com/en/anholt-ipsos-city-brands-index-2022

Jungk, R. (1980). *Wieviel Touristen pro Hektar Strand?*. GEO, 10, pp. 154-156.

Marcel, G. (1951). *Homo Viator: Introduction to a Metaphysic of Hope*. Harper & Row.

Mtapuri, O., & Giampiccoli, A. (2019). "Tourism, community-based tourism and ecotourism: A definitional problematic." *South African*

Geographical Journal, 101(1), pp. 22-35.

NPO法人越後妻有里山協同機構(2024). 『大地の藝術祭 2024』. 東京: 現代企劃室.

Pine II, B. J., & Gilmore, J. H. (1998). "Welcome to the Experience Economy." *Harvard Business Review, 76*(4), pp. 97-105.

Pine II, B. J., & Gilmore, J. H. (1999). *The Experience Economy: Work is Theatre and Every Business a Stage*. Boston, MA: Harvard Business School Press.

Ricoeur, P. (1992). *Oneself as Another*. University of Chicago Press.

Schmitt, B. (1999). "Experiential Marketing." *Journal of Marketing Management, 15*(1-3), pp. 53-67.

UNWTO(2017). "Tourism and the Sustainable Development Goals: Journey to 2030." UNWTO.

Zeithaml, V. A., Bitner, M. J., & Gremler, D. D. (2012). *Services Marketing: Integrating Customer Focus Across the Firm* (6th ed.). New York, NY: McGraw-Hill · Irwin.

찾아보기

ㄱ

관계인구 17, 40, 43, 61, 120, 126, 283, 284, 285, 287, 302, 332, 333, 338, 343, 345, 347

관광 콘텐츠 36, 56

김병연 17, 50, 80, 195, 196, 197, 207, 208, 210, 211

김삿갓 15, 17, 33, 35, 37, 50, 51, 52, 53, 74, 80, 81, 91, 94, 96, 110, 121, 122, 195, 197, 198, 199, 200, 201, 202, 203, 204, 205, 206, 207, 208, 209, 210, 211, 212, 213, 214, 215, 216, 217, 218, 219, 222, 223, 224, 225, 244, 245

김삿갓문학관 52, 53, 94, 96, 122, 195, 209, 244

김삿갓문화제 39, 53

ㄴ

노마드 15, 16, 35, 39, 50, 110, 206, 207, 209, 211, 218, 219, 220, 221, 223, 224, 225

뉴트로드 39, 111

느린 관광 51

느린 여행 16, 38

ㄷ

단종 15, 17, 20, 22, 32, 34, 35, 37, 40, 42, 44, 45, 46, 47, 48, 50, 66, 67, 69, 72, 74, 76, 77, 78, 84, 89, 99, 107, 116, 121, 131, 137, 138, 139, 140, 141, 142, 143, 145, 146, 148, 149, 150, 152, 153, 156, 157, 159, 160, 161, 162, 164, 166, 168, 171, 172, 175, 176, 178, 240, 242, 243, 265

단종문화제 21, 23, 39, 43, 67, 73, 77, 93, 103, 108, 131, 156, 178, 179, 180, 182, 183, 185, 186, 187, 188, 189, 190

달달영월 34, 110, 292
도시 브랜드 23, 316, 338
디지털 노마드 16, 17, 33, 35, 37, 50, 121, 126, 127, 221, 223, 345

ㅁ

문화관광 17, 32, 131, 348
문화관광 콘텐츠 28, 37, 52, 120, 121, 126, 333, 335, 342
문화광산 19, 23, 24, 29, 30, 31, 32, 108, 112, 114, 116, 117, 190, 229, 273, 326, 333, 336, 343
문화도시 19, 25, 27, 33, 37, 109, 116, 118, 120, 128, 183, 234, 318, 325, 326, 331, 332, 338, 343, 344, 345, 346, 348
문화도시영월 24, 58, 61, 113, 114, 234, 292, 325, 326, 327, 328, 329, 330, 332, 333, 334, 339, 343, 346, 348
문화예술 49, 58, 95, 134
문화예술 마케팅 272, 273, 274
문화예술작품 23, 42, 46, 48, 219, 326, 339
문화예술 콘텐츠 42, 43, 289, 330

문화예술 프로그램 289, 331, 333, 343, 344
문화예술 플랫폼 341
문화충전도시 27, 28, 29, 325, 345
문화 콘텐츠 32, 33, 41, 117, 122, 132, 149, 170, 190, 318, 344, 347

ㅂ

박물관 58, 59, 91, 189, 229, 230, 231, 232, 233, 235, 236, 251, 255, 256, 257, 258, 259, 262, 263, 265, 266, 267, 268, 269, 270, 271, 272, 274, 275, 276, 277, 279, 280
박물관 고을 58, 91, 109, 235, 236
박영국 195, 244
방문자 경제 24
별마로천문대 326

ㅅ

사육신 90, 138, 164, 166, 174, 176, 181, 241
사진의 마을 128, 246
삼돌이축제 59
생활인구 110, 289, 290, 291, 292, 293

석탄산업 18, 20, 21, 23, 30, 32, 33, 36, 54, 55, 56, 57, 58, 61, 95, 107, 113, 123, 124, 127, 248, 341
수양대군 22, 40, 90, 137, 151, 154, 155, 158, 159, 160, 161, 163, 164, 165, 167, 170, 171, 174
슬로시티 35
신박물관학 233, 234

ㅇ

엄흥도 40, 78, 138, 144, 176
역사문화 21, 45, 107, 111, 184, 235, 287, 334, 335, 342
영월 10경 23, 75, 76, 89, 91, 288, 295
영월군 18, 24, 25, 27, 28, 29, 31, 33, 38, 52, 54, 55, 58, 65, 71, 91, 92, 95, 96, 97, 100, 102, 109, 112, 113, 118, 120, 122, 127, 132, 133, 134, 178, 184, 185, 188, 189, 195, 197, 218, 224, 229, 249, 250, 255, 273, 288, 292, 294, 300, 305, 332, 333, 334, 339, 340
왕방연 138, 144, 169, 172
운탄고도 57, 300
워케이션 16, 37, 38, 43, 51, 120, 287
월중도 241, 242
이응수 201, 205, 212, 213, 215, 216, 244

ㅈ

정순왕후 143, 145, 146, 148, 152, 157, 161, 167, 168, 171, 174, 180, 187, 190, 241, 265
지속가능성 16, 49, 109, 231, 315
지역기반 관광 286, 287

ㅊ

체험경제 262, 269, 270, 317

ㅎ

호모 비아토르 221, 222, 223, 224, 225
환경인문학 299

저자 소개

김병희(Kim Byoung Hee)

현재 서원대학교 광고홍보학과 교수이며, 한국공공브랜드진흥원 부원장으로 봉사하고 있다. 서울대학교를 졸업하고 한양대학교 광고홍보학과에서 광고학 박사학위를 받았다. 한국광고학회 제24대 회장, 한국PR학회 제15대 회장, 정부광고자문위원회 초대 위원장, 서울브랜드위원회 제4대 위원장으로 봉사했다. 그동안 『광고 카피 빛내주는 AI』(커뮤니케이션북스, 2025), 『12사도와 떠나는 섬티아고 순례길』(학지사비즈, 2024), 『보랏빛 섬이 온다』(학지사, 2022)를 비롯한 70여 권의 저서를 출간했다. 또한 「정부 정책광고의 메시지 수용 과정과 정부광고의 효과 측정을 위한 지수 개발」(2024), 「사진 콘텐츠를 활용한 장소 마케팅의 사례 연구: 경북 포항시를 중심으로」(2023)를 비롯한 120여 편의 논문을 국내외 주요 학술지에 발표했다. 한국갤럽학술논문상 대상(2011), 제1회 제일기획학술상 저술 부문 대상(2012), 교육부·한국연구재단의 우수 연구자 50인(2017) 등을 수상했고, 정부의 정책 소통에 기여한 공로를 인정받아 대통령 표창(2019)을 받았다.

이메일: kimthomas@hanmail.net

달달영월 두근두근
문화예술로 인구소멸을 넘어서는 영월군 이야기
Pit-a-patting Monthly Yeongwol County

2025년 8월 1일 1판 1쇄 인쇄
2025년 8월 5일 1판 1쇄 발행

지은이 • 김병희
펴낸이 • 김진환
펴낸곳 • **학지사비즈**

04031 서울특별시 마포구 양화로 15길 20 마인드월드빌딩
대표전화 • 02-330-5114 팩스 • 02-324-2345
등록번호 • 제2023-000041호

홈페이지 • http://www.hakjisa.co.kr
인스타그램 • https://www.instagram.com/hakjisabook

ISBN 979-11-93667-19-4 03320

정가 20,000원

저자와의 협약으로 인지는 생략합니다.
파본은 구입처에서 교환해 드립니다.

이 책을 무단으로 전재하거나 복제할 경우 저작권법에 따라 처벌을 받게 됩니다.

출판미디어기업 **학지사**

간호보건의학출판 **학지사메디컬** www.hakjisamd.co.kr
심리검사연구소 **인싸이트** www.inpsyt.co.kr
학술논문서비스 **뉴논문** www.newnonmun.com
교육연수원 **카운피아** www.counpia.com
대학교재전자책플랫폼 **캠퍼스북** www.campusbook.co.kr